2017年重庆市教育委员会人文社会科学研究高校意识形态捍卫新略研究项目（项目编号：17SKS043）

2018年重庆市教育委员会人文社会科学研究新时代高校意识形态育人战术研究项目（项目编号：18SKSZ057)

2020年重庆市高校"三全育人"综合改革精品项目：大数据背景下高职院校"12386"管理育人模式研究与实践。

国 | 研 | 文 | 库

高职院校思政育人新略

吴 清 卢文凤 丁翠娟 ————— 主编

光明日报出版社

图书在版编目（CIP）数据

高职院校思政育人新略 / 吴清，卢文凤，丁翠娟主编 . -- 北京：光明日报出版社，2021.4

ISBN 978 - 7 - 5194 - 5915 - 4

Ⅰ . ①高… Ⅱ . ①吴… ②卢… ③丁… Ⅲ . ①高等职业教育—思想政治教育—研究—中国 Ⅳ . ①G711

中国版本图书馆 CIP 数据核字（2021）第 065830 号

高职院校思政育人新略

GAOZHI YUANXIAO SIZHENG YUREN XINLUE

主　　编：吴　清　卢文凤　丁翠娟

责任编辑：黄　莺　　　　　　　责任校对：姚　红

封面设计：中联华文　　　　　　责任印制：曹　诤

出版发行：光明日报出版社

地　　址：北京市西城区永安路 106 号，100050

电　　话：010 - 63169890（咨询），010 - 63131930（邮购）

传　　真：010 - 63131930

网　　址：http：//book. gmw. cn

E - mail：huangying@ gmw. cn

法律顾问：北京德恒律师事务所龚柳方律师

印　　刷：三河市华东印刷有限公司

装　　订：三河市华东印刷有限公司

本书如有破损、缺页、装订错误，请与本社联系调换，电话：010 - 63131930

开　　本：170mm×240mm

字　　数：200 千字　　　　　　印　　张：15.5

版　　次：2021 年 4 月第 1 版　　印　　次：2021 年 4 月第 1 次印刷

书　　号：ISBN 978 - 7 - 5194 - 5915 - 4

定　　价：95.00 元

编委会

序　言

2019 年 12 月 7—8 日，习近平总书记在全国高校思想政治工作会议上指出，高校思想政治工作关系高校培养什么样的人、如何培养人以及为谁培养人这个根本问题。要坚持把立德树人作为中心环节，把思想政治工作贯串教育教学全过程，实现全程育人、全方位育人，努力开创我国高等教育事业发展新局面。作为教育的一种类型，高职教育是高等教育不可分割的一部分，其担负着为社会主义现代化建设培养高素质、专业化、创新型人才的重任，加强高职院校学生的思想政治教育，用新时代中国特色社会主义思想铸魂育人，引导学生"增强中国特色社会主义道路自信、理论自信、制度自信、文化自信，厚植爱国主义情怀，把爱国情、强国志、报国行自觉融入坚持和发展中国特色社会主义事业、建设社会主义现代化强国、实现中华民族伟大复兴的奋斗之中"，是高职院校的重要职责，也是培养德智体美劳全面发展的社会主义的建设者和接班人的关键。

本书是重庆市教育委员会高校人文社会科学研究项目——"高校意识形态捍卫新略研究"（项目编号 17SKS043）、"新时代高校意识形态育人战术研究"（项目编号 18SKSZ057）和"立德兴农"研创队的成果。旨在高举"中华魂魄"旗帜，突出一个"新"字，强调"点""线""面""墙"结合，极力吹响"冲锋号"，响播"迎战鼓"，巧打"讲坛战""争夺战""较量战""遭遇战""无烟战""阵地战"，提出"八位一体"的思想政治育人体系：集"政治育人""思想育人""全面育人""环境育人""网络育人""文化育人""实践育人""辅导育人"于一体的"组合拳"策略。本书集理论性、知识性和实用性一体，深入浅出、贴近生活、贴近师生，具有较强的针对性和可操作性，适用于高校师生教学和管理参考。

　　本书根据重庆三峡职业学院吴清和赵福奎老师策划的思路及提纲编写。重庆三峡职业学院丁翠娟和吴清老师编写第一、二章；重庆三峡职业学院杨吉林老师编写第三章；重庆三峡职业学院郭子魏老师编写第四章；重庆三峡职业学院周润老师编写第五章；重庆三峡职业学院马绍文老师编写第六章；重庆三峡职业学院孙杨老师和重庆幼儿师范高等专科学校程嘉奇老师编写第七、九章；重庆三峡职业学院卢文凤老师和重庆第二师范学院赵一欢老师编写第八、十章；重庆三峡职业学院赵福奎老师编写第十一章；重庆第二师范学院赵一欢老师负责校稿和编排。

　　本书在编写过程中，得到了重庆市教育委员会、重庆三峡职业学院、重庆第二师范学院、重庆幼儿师范高等专科学校的鼎力支持，还参考和使用了相关资料，吸收和借鉴了许多专家、学者的研究成果及著作，在此谨表谢意。

　　鉴于时间仓促、水平有限，书中疏漏不足和错误之处在所难免，敬请广大专家、学者、读者批评指正，以便今后修改完善。

课题组

2019 年 12 月

目 录
CONTENTS

第一章

瞄准"强筋壮骨"新需求，谋划高职思政的组合拳

20 世纪 80 年代末 90 年代初，世界形势发生了急剧变革，东欧剧变、苏联解体，波兰、东德、捷克斯洛伐克等社会主义国家的政治经济制度发生根本性变革，即由社会主义制度演变为资本主义制度，"二战"后形成的以苏联为首的社会主义阵营宣告瓦解。可以说，西方的和平演变政策是东欧剧变、苏联解体的重要原因。自中华人民共和国成立以来，西方敌对势力对我国的意识形态渗透从未终止，甚至呈现出愈演愈烈的态势，对我国的国家安全造成了极大的威胁。高职院校担负着为社会主义现代化建设培养高素质、专业化、创新型人才的重任，加强高职院校学生的思想政治教育，用习近平新时代中国特色社会主义思想铸魂育人，引导学生"增强中国特色社会主义道路自信、理论自信、制度自信、文化自信，厚植爱国主义情怀，把爱国情、强国志、报国行自觉融入坚持和发展中国特色社会主义事业、建设社会主义现代化强国、实现中华民族伟大复兴的奋斗之中"①，是高职院校的重要职责，也是培养德智体美劳全面发展的社会主义建设者和接班人的关键。

第一节　境外敌对势力威胁高职院校的安全

青年学生是社会主义事业的建设者和接班人，是国家未来的中坚力量，也是境外敌对势力的争夺对象。改革开放以来，尤其是东欧剧变后，境外敌对势力通过宗教传播、文化侵蚀、文化渗透、网络主导等方式不断诱导我国的青年

---

① 习近平主持召开学校思想政治理论课教师座谈会［EB/OL］. 中国军网，2019 - 03 - 18.

1

学生，严重威胁高职院校的安全，也给我国社会的安定团结带来了隐患。

一、境外宗教渗透影响大学生的科学信仰

宗教渗透，是指境外团体、组织或个人以颠覆我国的政体和社会主义制度、破坏我国的团结统一、控制我国的宗教团体和宗教事务、在我国境内非法建立和发展宗教组织和活动据点为目的而进行的各种宗教活动。苏东剧变之后，世界政治格局发生了极大变化，中国成为世界上最大的社会主义国家，也成为境外敌对势力进行宗教渗透的主要目标。高校是境外势力进行宗教渗透的重点，境外宗教正通过多种途径对青年大学生产生影响。在日益开放的多元文化背景下，部分大学生或阅读宗教书籍、出入教堂寺观、过宗教节日，或追奉宗教人士、参与宗教团体等，盲目地把宗教作为一种精神生活追求，高职院校逐渐出现了一股宗教文化热潮。

2004 年，戴艳君、马连鹏调查研究发现：大学生信教比例为 19.9%[1]。2005 年，李志英研究发现："信教大学生占调查总样本的 13.58%，与 2003 年相比上升了 4.38 个百分点。"[2] 2007 年，冼德庆对广东省的 18 所高校的大学生抽样调查显示：有 19.1% 的学生表示其信仰宗教，涉及佛教、基督教、道教、天主教、伊斯兰教等多种宗教。尽管这 19.1% 的大学生未必个个都是某种宗教的忠实教徒，但他们对某种宗教的认同却是非常明显的。[3] 2008 年的一项抽样调查数据显示：上海松江大学城 7 所高校学生中，有宗教信仰的比例高达 19%，有 67.5% 的未信教大学生表示对宗教信仰感兴趣。[4] 北方民族大学承担的"宁夏高校学生民族观念和宗教信仰状况"课题的调查数据显示：有 45% 的学生表示信仰宗教，信教的比例很高，信教的学生中有 37% 的人表示"信仰伊斯兰教"，26% "信仰佛教"。[5] 2010 年，吉林省 7 所高校大学生的问卷调查数据显示，明确表示自己信仰宗教的学生占被调查总数的 10.11%。其中信仰佛教的大学生占

---

[1] 戴艳君，马连鹏. 大众传播对青年学生信仰教育作用的调查分析 [J]. 辽宁教育研究，2004（2）.

[2] 李志英. 信教大学生的思想倾向及成因分析 [J]. 当代世界与社会主义，2007（1）.

[3] 冼德庆. 对广东高校学生宗教观的调查与分析 [J]. 高教探索，2008（2）.

[4] 何桂宏，何虎生. 当前我国高校"宗教文化热"的心理解读 [J]. 青海社会科学，2011（5）.

[5] 李晓宁. 校园"宗教热""民族热"现象对高校思想政治教育的影响及对策 [J]. 云南民族大学学报（哲学社会科学版），2008（5）.

50.75%，信仰基督教的占 32.09%，信仰伊斯兰教的占 11.94%，信仰其他宗教的占 5.22%。① 2011 年山东某高校在校大学生抽样调查显示，891 份有效问卷中，明确表示有宗教信仰的有 96 人，占调研总数的 10.77%，其中，信仰基督教的大学生占接受调查的信教大学生总数的 54%，信仰佛教的占 31%。② 同年，兰州地区大学生宗教信仰状况调查数据显示：967 份有效问卷中，赞成并信仰某种宗教的大学生占调查总人数的 23.3%。③ 而 2012 年刘秀伦课题组对西南、西北、东北及华东地区的重庆邮电大学、西藏职业技术学院、西北大学、塔里木大学、石河子大学、吉林大学、大连交通大学、浙江外国语学院等高校的大学生宗教信仰状况进行调查，在回收的 1638 份有效问卷中，有 22.3% 的大学生信仰宗教。④ 2013 年，华南理工大学课题组对广州地区 7 所高校的大学生的宗教信仰状况进行了抽样调查，在 781 份有效问卷中，信教的有 109 人，占总人数的 14%。

近 10 年来，高职院校逐渐出现"宗教热"现象。调查数据显示，在信仰宗教比例高的高职院校，信仰宗教的大学生占该校大学生的比例可达 45%（主要是西北地区高校少数民族大学生较多）；在大学生信仰宗教最少的高职院校，信仰宗教的大学生也能占该校大学生总数的 10% ~ 11%；在一般的高职院校中，信仰宗教的大学生占该校大学生总数的 20% 左右。相对于我国对信教人数占全国总人口 10% 的总体估计来说，这些比例显然是偏高的。近年来，西方的各种宗教文化对高校青年学生的影响和冲击比较普遍，平安夜、圣诞节、情人节、万圣节等以西方宗教文化为背景的节日对大学生的影响已经超过了元宵节、七夕节等传统节日。《圣经》作为一部宗教文化典籍被许多大学生接受，2006 年中国印刷发行的《圣经》达 4300 万册，2012 年达 1 亿册。⑤ 大学生信教的原因非常多样，有的受宗教书刊、宗教影视和宗教物品等宗教文化作品的影响，有的受社会上各种宗教活动的影响，有的受家庭背景、民族传统的影响，也有的

---

① 赵良. 当代大学生宗教信仰问题调查分析与对策 [D]. 长春：吉林农业大学，2011.
② 马莉，万光侠. 当代大学生宗教信仰调查与分析——以山东某高校为例 [J]. 宁夏社会科学，2012（2）.
③ 张久献. 大学生宗教信仰状况调查及对策研究——以兰州高校为例 [J]. 大众文艺，2011（17）.
④ 刘秀伦，侯治水，李小硕. 当代大学生宗教信仰现状及其对策 [J]. 黑龙江高教研究，2013（7）.
⑤ 中国印刷圣经超过 1 亿册 [EB/OL]. 新华网，2012 - 11 - 25.

是从众心理的影响。但是,不容忽视的是,境外势力对我国高职院校进行宗教渗透是其中一个主要原因。①

二、传播途径的网络化威胁大学生的信息安全意识

近年来,以美国为首的西方国家通过网络、外交、报纸杂志、广告、电影、电视、艺术表演、名人演讲、学术研讨会、美国之音广播、组织基金会等各种途径,向我国大量宣传西方的资本主义思想文化和意识形态,试图诋毁和批判我们的主流意识形态和民族文化。尼克松在《1999:不战而胜》一书中曾说,应该制订一个在铁幕里面同社会主义国家进行"和平竞赛的战略",即在军事遏制的基础上,发挥美国的经济优势,以经济援助和技术转让等条件,诱使社会主义国家"和平演变";开展"意识形态竞争",打"攻心战",扩散"自由和民主价值观",打开社会主义国家的"和平变革之门"。随着信息技术的飞速发展,网络已成为美国对我国输出美国价值观的主要途径。互联网已成为美国对华实施"和平演变"和对其他国家发动"颜色革命"的有力武器。为了更好地集中优势用好这一有力武器,美国政府决定从2011年10月1日起,美国之音将全面停止中文短波、中波以及卫星电视广播,全面取消粤语广播。这意味着美国政府对中国进行广播政治宣传的时代即将结束。不过,美国之音的中文网站将被保留。其普通话节目将转入互联网。美国广播理事会战略与预算委员会主席恩德斯·温布什是该计划的支持者。他说,在中国收听短波广播的人数过去几年一直微不足道,而中国现在是世界上使用互联网人数最多的国家。2011年2月15日,美国国务卿希拉里在华盛顿乔治大学发表网络自由讲演。她表示,美国国务院在使用阿拉伯语及波斯语发送"推特"信息后,还准备推出中文及俄文的"推特"账户。并且,美国当年花费2500万美元,用来保护网络作者,帮助他们突破网络限制。美国之音停播华语与"推特"被美国政府热捧,彰显了美国政府内部宣传手段的调整。从中不难看出,美国政府正日益重视互联网等新媒体的文化渗透影响力,希望借此加强对中国的宣传攻势。这也说明互联网已"成为敌对势力进行意识形态渗透着力利用的渠道和腐朽思想文化沉渣泛

---

① 莫岳云,李娜. 境外宗教渗透与高校意识形态安全的几个问题 [J]. 湖湘论坛,2014 (2).

起的一个传播途径"①。2010 年，美国国务卿希拉里在会见各大网络公司的负责人时公开表示，美国会利用网络推行"民主化进程"。美国政府希望利用网络达到政府目的。目前，控制国际互联网的 13 台域名根服务器全部被美国把持。美国不顾世界各国的强烈反对和多次要求，拒不交出根服务器的管理权，宣布美国商务部将无限期保留对 13 台域名根服务器的监控权，这样美国就在事实上把持着国际互联网的生杀大权，随时可以按照自己的想法给别国断网。2009 年 5月，微软公司根据美国政府禁令，切断了古巴、朝鲜、叙利亚、苏丹和伊朗等 5国用户的 MSN 接入服务，这表明美国利用互联网这一有力武器不仅用于文化渗透，也威胁其他国家的网络安全。② 当代大学生作为"数字原住民"，在我国网民中占据着主体地位，不仅数量多，而且在网上的活跃度也非常高。因此，美国等西方国家借助互联网试图影响我国大学生的国家意识、价值观、思维方式等。

三、全方位展开的文化渗透挑战大学生辨明是非的能力

在美国全球战略设计者眼中，中国是美国强大的"竞争对手"。通过对华文化渗透来影响中国的政治发展进程是战后美国历届政府对华战略的重要目标之一。冷战后，美国将促进资本主义意识形态在全球扩张作为其全球战略的重要组成部分，中国作为现存最大的社会主义国家，成为美国开展文化渗透的重点。

在具体实施中，美国对华文化渗透主要使用了三种方式。一是在理论层面上推行以"西方中心主义"为基础的各种人文、哲学社会科学理论，宣扬西方的社会制度和价值观念。二是在大众文化层面上通过各种媒介，如电影、电视、广播、国际互联网、书籍、刊物、广告等，传播美国的文化，影响中国民众的思维方式、行为方式和政治观念。例如，美国之音、自由亚洲电台就在中国周边地区设立了转播台，每天使用普通话和五种中国方言对华播音。三是在文化交流层面上通过各种非政府组织、基金会和民间机构举办演出、展览、音乐会、研讨会、颁奖、培训等活动。例如，美国亚洲基金会驻华办事处就在中国的四川、新疆两地的偏远地区举办了多期农民工维权和草根民主建设培训班。这些

---

① 李长春. 以改革创新精神加强改进思想政治工作 为推动党和国家事业发展提供有力的思想保证和精神力量 [N]. 人民日报, 2009 - 12 - 17 (2).

② 匡长福. 浅谈西方对华文化渗透的新路径 [J]. 思想理论教育导刊, 2011 (5).

培训班的表面目的似乎是促进人权保护和基层民主建设，实际上是通过误导受训民众的政治观念，培植亲美势力，为实现美国对华西化、分化以及和平演变的图谋积蓄基层支持力量。美国当前在对华文化渗透中也积极使用国际互联网这种便捷、双向互动的手段。美国前总统布什曾表示：互联网在中国的发展对中国的民主极为重要，如果互联网以在其他国家发展的那种方式进入中国，那么自由将迅速地在那片土地上站稳脚跟。美国等西方国家在互联网上设立了近百个中文网站，对中国实施全方位、全天候、不间断的舆论战，企图利用网络特有的穿透力突破传统的国家概念和框架，以近似强制的方式加强对华文化渗透，从根本上动摇中国传统文化。

目前，中国已超过美国成为世界第一大网络市场。在中国的网民中，30岁以下的网民占了70%，其中90%具有大专以上学历，且以思维活跃的科研人员、学生和教师为主。如果美国通过网络文化渗透将大多数中国青少年网民的世界观、人生观和价值观西化，将会在很大程度上影响中国未来的发展。因此，美国未来会加大对华网络文化渗透的力度，尤其是强化美式文化的吸引力和影响力，向中国青少年灌输西方意识形态，以期改变他们的思维方式和政治观念，进而侵蚀中国政府未来的执政基础。此外，美国在冷战后也一直寻求通过制度构建使其对华文化渗透更加机制化。总之，美国的文化渗透战略对中国的文化安全、国家安全构成严重威胁。美国力图通过对华文化渗透，控制中国民众的思想、意志、价值观念以及在此基础上建立起来的政治向心力和民族凝聚力，动摇中国政府的执政基础，弱化中国政府的执政能力。从长远看，美国对华文化渗透不但会损害中国的文化安全，威胁中国的国家安全，也会损害中国构建社会主义和谐社会的进程。

第二节　网络传播路径和信息爆炸式激增挑战高职院校思政育人能力

加强思想政治教育是高职院校人才培养的重要内容。当前，大学生在网民群体中占据着重要地位，不仅数量多，而且对网络有着较强的依赖，也有着较高的信息敏感度。但是，这些学生对网络中的谣言和不良言论的辨别能力有限，再加上网络具有去中心化、去权威化等特点，网上信息很容易诱导学生走上歧途。因此，加强学生的信息素养，引导学生正确使用网络，以网络为抓手加强学校思想政治教育，是新时代高职院校思政育人的重要着力点。

一、网络时空相对自由与责任模糊共生

人类在无数次主权被侵、边疆被占、生活被毁的切肤之痛中认识到，没有武装保护的主权是脆弱的主权，没有国防捍卫的边疆是濒危的边疆。基于此，人们产生了强烈的边防、海防、空防意识。而现在人们又走到了建立网防意识的时代关键点。因为网络可以兴国，也可以误国，甚至还可能会丧国。由此，国家的边疆也从实体的物理空间扩展到了无形的虚拟空间，其内涵发生了革命性的变化——由传统意义上主权国家管辖的地理空间拓展为国家安全和国家利益所涉及的空间范围。

目前，迅速发展的互联网正穿越传统国界，将地球上相距万里的信息绞在一起，网络可以轻而易举从一个国家进入另一个国家的腹地直至心脏部位，使得原有的国家防卫格局被打破，传统观念遭受巨大冲击。如今，边界、海域、空中的风吹草动都会迅速扩散到世界各地。在信息大爆炸的时代，相对于有形的实体空间，无形的网络空间更容易遭到入侵和破坏。对网络空间展开的多渠道、多形式的入侵和破坏，大多看不见、摸不着，但这种形式的入侵毁坏于无形、攻心于无声，可能导致的后果实在无法估量。

世界各国尤其是西方发达国家在网络国防建设问题上，不仅起步早，而且跑得快。其中，美国既是互联网的缔造者，也是最早关注网络安全防护建设的国家。20世纪90年代，美国率先提出网络战概念，并开始进行网络战的研究与实践。2002年，美国前总统布什签署了"国家安全第16号总统令"，要求美国国防部牵头制定网络战战略，开始从战略高度研究网络战。2003年，美国公布了《确保网络空间安全的国家战略》，对未来国家安全战略指导和网络安全管理机制产生了深远的影响。2006年，美国国防部公布《网络空间行动军事战略》，明确提出把谋求网络空间优势作为行动目标。2008年奥巴马政府执政后，用两个月时间研究发布了《网络空间政策评估》报告。2019年5月16日，白宫又公布了《网络空间国际战略报告》，首次清晰制定了美国针对网络空间的全盘计划，并将网络安全提升到与经济安全、军事安全同等重要的位置；同年7月14

日，美国国防部公布了《网络空间行动战略》部分内容。①

近些年来，我国被一些国家和地区列为主要的假想攻击对象，成为世界上遭受黑客攻击最多的国家之一，针对我国网络空间的恶意活动和犯罪行为一直呈上升态势。据不完全统计，2009 年我国被境外控制的计算机 IP 地址超过百万个，被黑客篡改的网站则多达数万，被各种网络病毒感染的计算机平均每月超过 1000 万台，约占全球感染主机数量的 30%。加强网络保卫力量建设，提高整体国家网络防卫能力，已成为维护国家安全的一项紧迫任务。

网络时空相对自由与责任的模糊主要表现在五个方面。第一，边界无形，空间范围不明确，打破了传统的国家防卫理念与格局。国家网络国防的主要目标是防范敌人对本国网络信息系统的技术性入侵和借助网络进行现实的颠覆和破坏活动。国家的网络防卫力量不是按照地理空间范围来部署，而是按照电子信息传输和网络系统构建的技术性环节来配置。第二，权利交错，利益交互，限制了国家防卫措施的选择度。网络的连通性是建立在各国对信息和技术的共用共享之上的，一些国家和网络行为主体（包括组织和个人）就是利用了这种依赖性攫取利益，从事网络攻击和破坏活动，而国家为此往往陷入两难的困境：明知一些信息和技术存在很大的风险，但又不得不使用，这加大了国家防卫过程中"杀敌一千，自损八百"的可能性。第三，网络攻击无处不在，防不胜防，加剧了攻与守的不对称性。在虚拟的、以数字为链接的网络空间中，任何主体在任何时间、任何地点都可能利用数据链条上的微小漏洞发动攻击，利用各式各样的信息平台随时传输、散播危害国家安全的言论和信息。这些攻击看不见、摸不着，毁坏于无形，攻心于无声，可谓防不胜防。第四，以高科技为支撑，凸显了科技水平在网络边疆防卫中的重要作用。网络边疆的值守已不再是传统意义上自然环境下的巡逻与放哨，而是在一台台计算机前的信息甄别与技术对抗。只有不断进行科技创新，才能抢占网络国防的制高点。第五，敌方多元化，要求提高网络边疆防卫的官民一体化水平。网络边疆的侵犯者除了组织化的侵略者之外，还可能是大量的个体化网民；除了蓄意破坏、训练有素的专业人员之外，还可能是漫无目的、图一时之快的普通黑客。单纯依靠政府和军队的网防策略很难应对这种敌方多元化和攻击方式多样化的挑战，必须充分发动社会

---

① 叶征，宝献．"网络国防"脆弱 后果不堪设想［N］．中国青年报，2011 – 12 – 09（9）.

力量，全民皆兵，官民一体，才能有效应对。①

二、"网络自由"与网络霸权并存

"网络自由"的噱头掩盖不了其网络霸权主义的本质。关于网络空间主权的适应性问题，一直存有争执。以美国为代表的西方发达国家，凭借其拥有的广大发展中国家望尘莫及的先进的科学技术，主张"先占者主权"，即所谓的"网络自由"。由于信息技术发展水平的巨大差距，网络自由只能是西方国家的自由，而不可能是平等的自由。当然，西方国家并不是不承认网络主权的存在，只是在网络主权问题上执行双重标准，在关乎自身利益的时候，宣称主权神圣不可侵犯，屡次借各种理由对中国等进行指责并提出维权要求；而在无关自身权益的时候，高调地抛出"网络自由"论调，宣称网络空间没有边界，不受限制。这种双重标准使其网络霸权主义的实质暴露无遗。自从 2013 年美国情报部门雇员斯诺登出走爆料以来，美国利用网络技术侵犯他国的行径就不再是秘密，但美国国务院对此事件极力辩护，并借机对其他国家进行指责。特别是 2015 年上半年以来，美国持续热炒所谓"中国黑客对美发动网络攻击"，将矛头直指中国。美国国防部长也曾明确表示，"网络攻击已成为美国遏制某些敌国的重要手段"。可见，美国这个在网络安全问题上叫嚣声最大的国家，其实却是对世界各国进行间谍活动最猖狂、对别国网络安全构成最大威胁的国家。"网络自由"只是其在网络空间推行霸权主义的幌子。②

西方等国家主张"网络自由"的目的并不单纯，而是谋划借助网络推行意识形态战略。互联网时代，美国等西方国家将网络空间作为意识形态战略的重点，通过网络向其他国家大肆推行资本主义的价值观。为达这一目的，西方国家极力维护其在网络空间的主导地位和话语权，并抛出了所谓的"网络自由"的说法。但是"网络自由"说到底还是西方国家为其意识形态输出战略而创制的概念，绝不可能是为了促进各国网络的自由平等发展，而是为其别有用心的意识形态战略在网络空间的推行提供合法性依据。

---

① 许开轶. 政治安全视域下的网络边疆治理 ［N］. 光明日报，2015 – 04 – 15（13）.
② 应对西方"网络自由"必须维护我国意识形态安全 ［EB/OL］. 新华网，2016 – 05 – 07.

同时，在倡导网络普及化的今天，很多人打着"网络自由""言论自由"的旗号，通过具有病毒式传播功能的网络散布谣言，借助传播网络虚假信息赚取人气，比如在微信朋友圈中经常看到关于小孩走失求扩散等消息，信息中的电话都是虚假的，地址的真实性亦需考证，类似的信息在网络上时常出现。对于网络上纷繁复杂的信息，当代大学生常作为围观群众，被网络信息吸引，甚至在不求证真相的情况下，手指一动就转发、点赞各类虚假信息，一些谣言也在弹指间传播，大学生无形中也成为虚假信息的传播者，成为某些网络噪声的推手。

三、网络信息的虚假性与真实性同在

"互联网＋"打破了校园传统媒体的垄断地位，各类新媒体、自媒体成为当代大学生生活的重要组成部分。新媒体较之传统媒体，没有严密的采编部门，也没有严格的采编分离制度。很多网站只是通过提供信息平台和技术服务，对已有的信息进行编辑、加工，从而获取信息的附加值。其信息来源主要包含两类：一是传统媒体生产的内容，二是公众生产的内容。其中，公众生产的媒体是新媒体的最大特色，同时也存在很大的风险。有些高职院校在校园网络建设中以防堵为主，忽略了网络开放性的特点。部分高职院校网络覆盖不全面，内容单一，校园网络仅仅涉及学校政策及通知公告层面，重平台建设而轻视传播效应，难以引起学生兴趣。校园主流网络作用不强，部分高职院校对校园网络舆论的引导工作重视不够，导致很多高职院校校园网络舆论建设杂乱无序。①很多大学生在网上或者"潜水"，或者充当"吃瓜群众"，甚至有部分大学生充当"网络水军"，大学生逐渐成为"网络舆论"的主体之一。新媒体的管理者们虽然有比较强的市场意识和技术敏锐性，却缺乏新闻专业精神和社会责任感，他们过度追求经济效益，诱使一些大学生充当"吃瓜群众"和"网络水军"，经常在网站中发布各种信息。网络的开放性及信息传播的广泛性、便捷性使得其在增加校园文化丰富性的同时，也影响了信息的可信度和可控性。在法律允许范围内，信息发布者可随时随地发布信息而不暴露自己的真实姓名和身份，进而使得高校网络舆论的不可控性大大增加，信息发布者敢于大胆评论，说真

---

① 张明．高校校园网络舆情问题探析［J］．当代教育理论与实践，2015（3）．

话、说实话，对于校园文化建设有着积极的推动作用，然而另一方面，开放性和匿名性容易使得高校网络舆论产生负面影响，甚至会被一些别有用心的人利用，散播各类有害、虚假言论。大学生对"网络谎言"缺乏辨识力和免疫力，很容易被这些负面信息影响。很多情况下部分大学生发布的信息往往不具备真实性，是由他们根据自己的生活杜撰或者部分人共同劳动集成的，带有浓厚的主观色彩，可能存在很多对事实的误读和歪曲，这些信息的真实性、准确性和可靠性受到质疑。新媒体中网络自由化和匿名化赋予大学生的"网络记者"身份使得部分大学生感觉在网络中可以逃避社会监督和道德约束，以至于有些学生在网络上发泄自己对社会和学校的不满和怨恨，诱使"网络舆论"方向偏离。而在自媒体中每一位大学生都有可能是信息的中心点，信息的传播方式由过去的点到面的单向传播方式发展成为交互性极强的爆炸式传播模式，大学生在各类校园舆论中也逐渐占据了主体地位。网络的开放性增加了当前高职院校校园舆论的纷繁复杂。海量的没有经过严格审核的信息尤其是别有用心之人利用网络造势的言论、渲染西方资本主义的价值观的信息等借助网络进行传播，容易诱导大学生走上歧途。虽然高职院校大学生具有较高的文化修养，基本能够理性地看待网络上的一些事实，愿意遵守网络的相关规定，服从学校的网络管控，但仍有部分大学生盲目跟风，对某些网络舆论不能保持理性，甚至发表破坏校园和谐稳定的言论；网络中的一些不良信息，比如色情暴力、反动言论以及很多负面信息可能会影响大学生的世界观、人生观和价值观，对大学生的成长成才造成威胁，甚至给国家发展带来负面影响。[①]

从长远来看，网络不良信息影响校园网络的健康发展，制约着当代大学生正确的世界观、人生观和价值观的形成，影响他们对中国特色社会主义道路自信、制度自信、理论自信和文化自信的认识，也给高职院校网络思想政治教育工作的开展带来了很大困难。

---

① 张明. 高校校园网络舆情问题探析 [J]. 当代教育理论与实践，2015（3）.

第三节　社会思潮的竞相登场动摇高职院校学生的文化认同

改革开放以来，不仅国外先进的技术传入我国，西方社会思潮也以势不可当之势涌入。大学生正处于世界观、人生观、价值观形成的关键期，各种社会思潮的竞相登场，直接考验大学生明辨是非的能力，影响大学生的文化认同。

一、各种社会思潮竞相登场威胁大学生的文化认同

改革开放40年来，我国各行各业都取得了突飞猛进的成就，人们的物质生活有了极大提高，精神生活日益丰富。然而，西方各种社会思潮的竞相登场某种程度上威胁着高职院校学生的文化认同。

诚然，新自由主义关于市场经济的论述将"诚信意识"提到新的高度，大学生在日常交往中具有较强的诚信意识，无论是勤工俭学还是创业，基本都会按照市场经济秩序，讲究诚信，为更好地进入社会打下了较好的基础。但新自由主义打着"自由、民主、平等"的旗号，倡导私有化、市场化、自由化，对大学生的金钱观、消费观等产生了消极影响。部分大学生的思想越来越自私，将金钱放在第一位，盲目追求自身利益的最大化，进而迷失了人生方向，受到物质主义的驱使，行为取向功利化，以追求利益、金钱为人生的价值目标，把追求感官享受作为人生目的，把世俗的快乐作为人生追求，渴望无节制的物欲享受，超前消费、物质至上。比如，一些大学生不考虑家庭经济实力，盲目追求品牌，大肆购买奢侈品，攀比心理严重，进行炫耀消费。近年来，"校园贷""裸贷"、电信诈骗等在大学校园并不陌生，少数大学生甚至因无力偿还高利贷而付出宝贵生命。

随着全球一体化，各种西方社会思潮在我国交互发生作用，对大学生产生了较深的影响。"民主"一词频现各大新闻媒体，中外学者对"民主"的概念和内涵进行了较为深刻的探讨，一定程度上强化了大学生的"民主"意识，也增强了其法治观念。然而，各种西方社会思潮本质上代表着资产阶级利益，突出个人本位、个人利益至上。受其影响，部分高职院校学生盲目鼓吹资产阶级

政治观，传播资产阶级自由化观念，缺乏强烈的本土文化认同，给社会造成不良影响，甚至威胁社会安全。

我们可以看到，在大学生群体中，麦当劳、肯德基在我国很受欢迎，欧美大片受学生追捧。这些行为表征着我国当代大学生对西方文化认同的增强，甚至产生一定的依赖。在多元文化冲击下，青年学生作为社会的栋梁若对本土文化陌生而盲目崇拜西方文化，将对我国社会安全造成严重的威胁。

二、历史虚无主义弱化党的领导

中国共产党作为执政党，领导了中国历史上意义最为深远的革命，完成了中国历史上最为彻底的社会变革。中国共产党之所以能够取得革命的成功，不仅有马克思主义思想的指导，也与广大人民群众的支持以及中国共产党的正确领导分不开。然而，长期以来，一些所谓的学者以淡化意识形态、追求务实精神为名，大兴历史翻案之风，借以达到他们否定共产党的领导、否定社会主义革命、推翻社会主义制度、把中国变成资本主义的附庸的目的。他们惯用的手法就是不断地蚕食近现代史，大搞历史虚无主义。某些怀有不法目的之人借否定"文革""大跃进"等，全盘否定社会主义制度；通过否定社会主义制度，进而否定中国社会主义革命的准备阶段——新民主主义革命阶段；通过宣扬共产主义渺茫论，给社会主义、共产主义冠以"乌托邦"的色彩；否定共产党的高级纲领，否定共产党的最终目标，进而否定共产党的初级纲领，再进而否定共产党的全部历史，否定共产党在中国产生、生存、发展、壮大的合理性。他们不仅反对共产党领导的新民主主义革命和社会主义革命，同时也反对历史上的一切真正的革命，他们反对孙中山领导的辛亥革命，反对义和团运动，反对太平天国运动，反对历史上一切农民的起义和农民的战争。在他们眼中没有真实的历史可言，历史就是可以由他们任意打扮的"小姑娘"，是可以由他们任意摆弄的玩偶，是可以为他们的政治目的服务的最佳工具。

历史虚无主义者否定毛泽东思想，贬低毛泽东的才能，否定毛泽东的政治品德，捏造史实，编造谎言，丑化毛泽东的伟大人格，在社会中造成了极其恶劣的影响。虽然说历史的规律是不以人的意志为转移的，是任何人都改变不了的，革命的发生正是这个规律的体现，历史的史实是不容篡改的，但不同的人有不同的历史观。在阶级社会里，历史观是有阶级性的。反动阶级为了达到自己的目的，肆意编造、篡改、歪解历史史实，是对历史的不尊重，也是对人民群众的不负责。历史虚无主义在大学生群体中的传播，不仅影响大学生的文化认同，也对国家安全造成严重的威胁。抵制历史虚无主义，引导大学生树立正确的历史观，是高职院校的重要职责。

三、多种社会思潮冲击主流意识形态

处于社会转型期的当代中国，迫切需要正确的价值观念引领社会的发展。而新自由主义、网络民粹主义、历史虚无主义、新儒学主义以及普世价值等冲击着我国主流意识形态，阻碍了正确的价值观念的形成及发展。新时期多元开放的价值观念以及复杂交互的传播土壤，助长了不良社会思潮的蔓延。这些不良社会思潮在高职院校的蔓延，给高职院校的人才培养带来极大挑战，甚至决定着高职院校人才培养的质量。

首先，不良社会思潮注重理论建构，通过制造学术陷阱骗取大学生的关注和认同。从 20 世纪后半叶到 21 世纪初，新自由主义、普世价值以及历史虚无主义等多种社会思潮不断进行理论的建构和完善，其在高职院校的影响力逐渐增强，受到很多大学生的关注。如新自由主义思潮建立在经济学理论基础之上，其中关于一般市场机制、货币政策以及产权制度等的理论有科学性和合理性的方面，使得这些不良社会思潮呈现出"学术性"的特征，但提倡者的关注对象主要集中在高校大学生身上。他们希望通过较为完善的理论建构在广大青年大学生中引发共鸣，以引起大学生的重视，进而潜移默化地向大学生渗透西方的价值观念。其次，随着信息时代的到来，报纸、电视、广播等传统的传播媒介的受众逐渐被新兴的新媒体、自媒体所吸引，西方资本主义国家开始以新的传媒作为助推器，利用网络媒介，争夺受众群体。互联网方便快捷、门槛低、时效性强、参与度高、具有直观性等特征，使得其成为广大高职院校学生获取信息、分享资讯、表达意见、学习分享的重要渠道。手机、电脑等移动终端在大学生中普及很广，几乎所有大学生都能够熟练运用微信、微博等社交软件。然而，新兴媒体在为大学生学习和生活提供前所未有的畅通体验的同时，也为不良社会思潮的扩散提供了载体和平台。部分不良社会思潮迅速抓住网络媒介，特别是利用具有覆盖面广和传播炸裂式高速特点的社交媒体平台，渲染炒作资本主义生产生活方式等。网络可以让天各一方的人联系在一起，也可以让毗邻

而居的人天各一方。由于新兴媒体的链式连接和主题选择功能，大学生的信息获取范围不断变窄，"信息茧房"效应造成接受错误理念的大学生更难听到正确的声音。在网络世界中，信息资讯交错杂乱，大学生的思想尚不够成熟，还缺乏相应的辨别能力和判断力，因此这在一定程度上增加了他们探究信息真实性的难度，也降低了他们去伪存真的积极性。大学生虽具备了一定的理论思维，但仍不够理性成熟，尤其是现代大学生逐步进入读图时代，他们对理论性的文字并没有太多兴趣，反而喜欢关注图文并茂的信息以及娱乐性的视频。一些不良社会思潮利用学生的这些特点，制造一些虚假的图片或者错误嫁接事实增强其真实感来迷惑学生以及拉拢学生，冲击高职院校校园主流意识形态的话语权。最后，西方某些别有用心之徒在网络上宣扬社会矛盾，并在高校传播，以此破坏高校中的师生关系、党群关系，干扰主流意识形态的价值导向。我国正处于社会转型期，正在为实现伟大复兴的"中国梦"而努力拼搏，在距离"两个一百年"奋斗目标越来越近中，社会结构中的一些矛盾仍在凸显，出现暂时的局部利益受损、冲突事件在所难免。当关系民生社稷、教育公平、教育资源的不均衡以及高校中的腐败官僚等与大学生学习和生活息息相关的问题时，更容易引发大学生群体的关注，甚至会形成群体性的意见。而一些不良社会思潮抱着"唯恐高校不乱"的态度，利用新媒体环境下大学生群体的弱点以及信息真实性难以考证的弊端，有选择地为大学生提供错误信息，营造具有价值偏向的媒介事实，影响大学生的价值判断。同时，他们还通过大学课堂、学术论坛、学术文章等形式传播不良信息；标题往往采用"内参""解密"等噱头，借助微信、微博等社交媒体平台，通过对中国政府行为以及高职院校管理中存在的不足和政策的漏洞，在突发事件中与西方发达国家的处理方案进行恶意对比，以此弱化政府公信力，消减高职院校主流意识形态，争夺受众。青年群体易受感性思维支配，情感判断往往大于理性表达，对极具煽动性的错误思潮难辨其实。同时青年群体作为中国特色社会主义建设的中坚力量，如果被不良社会思潮占据头脑，必然影响其对主流意识形态的接纳和理解。①

---

① 王路坦. 错误思潮冲击下主流意识形态话语权的时代境遇［J］. 贵州师范大学学报（社会科学版），2015（5）.

第四节　苏联解体和东欧剧变凸显高职院校
思政育人的重要性

20 世纪 80 年代末 90 年代初，世界接连发生两件大事：当时世界上最大的社会主义联邦制国家，可与美国比肩的超级大国——苏联，须臾之间戏剧性地土崩瓦解；东欧社会主义国家相继解体，由此国际共产主义运动进入较长时间的低潮期。究其原因，主要是因为苏联和东欧国家没有坚持马克思主义的指导思想和党的领导，背离社会主义方向的改革路线，放弃意识形态领域的斗争，放任西方敌对势力的"和平演变"，纵容国内外反党反社会主义的政治势力的破坏行为。前事不忘，后事之师。高职院校需"在党的坚强领导下，全面贯彻党的教育方针，坚持马克思主义指导地位，坚持中国特色社会主义教育发展道路，坚持社会主义办学方向，立足基本国情，遵循教育规律，坚持改革创新，以凝聚人心、完善人格、开发人力、培育人才、造福人民为工作目标，培养德智体美劳全面发展的社会主义建设者和接班人"①，以更好地适应我国社会主义现代化建设的需要。

一、马克思主义的指导地位遭到动摇

苏联解体和东欧剧变的根本原因在于背离了马克思主义的指导地位。作为社会主义国家，我国要吸取教训，坚定马克思主义的指导地位。2013 年 2 月 27 日在中央纪委全会上，习近平总书记怀着强烈的忧患意识，分析了封建王朝的兴衰更替，总结了苏共亡党的历史教训，并历数了消极腐败现象和不正之风的危害，通过摆事实、讲道理深入浅出地阐述了一些重大问题，振聋发聩，令人警醒。习近平总书记在总结苏共亡党教训中指出，我们国家无论体制、制度还是所走的道路，大到今天所面临的境遇，都与苏联有着相似或者相同的地方，如果处理好了，能走出一片艳阳天，走不好，苏共的昨天就是我们的明天。对于高职院校学生来说，他们是社会主义建设者和可靠接班人，要从思想上使他

①　习近平：坚持中国特色社会主义教育发展道路，培养德智体美劳全面发展的社会主义建设者和接班人［EB/OL］. 新华网，2018 - 09 - 11.

们坚定道路自信、制度自信、理论自信、文化自信，既要让他们充分坚定我们所走的道路，也要对这个道路中所面临的问题和遇到的曲折有正确的解读。苏联解体和东欧剧变是一块不能绕开的高地。为什么苏联在一夜之间解体？二十多年来可谓众说纷纭，学者们从各方面来分析，西方因素、内部原因、历史原因、苏联因素以及和平演变说、民族矛盾说、上层自决说、斯大林模式说、错误路线说、意识形态说、抛弃说、历史合理说、人心不足说等不一而足。列宁曾经说过：堡垒最容易从内部攻破。从事态的发生、发展和结果来看，对马克思主义指导地位的抛弃是苏联解体和东欧剧变的根本原因。"斯大林模式"的政治经济文化体制是一种高度集中和集权的体制，这种体制在国内外紧张局势下能够集中一切人力、财力和物力，适应备战和应战的需要，但是这种体制严重背离现代经济发展规律，抑制了企业、劳动者和地方政府的积极性；"斯大林模式"还在政治上无情地消灭各种反对派和压制持有不同政见的知识分子，在意识形态方面实行严格的管控，导致社会处于僵化、封闭、保守状态。斯大林作为最高决策者最终没有沿着列宁提出的新经济政策道路继续前进，而是错误地延续了战时共产主义的道路，形成了斯大林社会主义模式。这种体制没有满足人民不断增长的物质文化生活需要，因而逐步丧失了民众的支持。可以说，苏联是被人从内部攻破的，苏共的垮台和苏联的巨变，是一次来自上层的革命，很大程度上是苏联既得利益集团、苏联上层统治阶级内部矛盾产生的"自我政变"，是在"和平时代"对马克思主义指导地位的抛弃。

2016 年 10 月 24 日至 27 日，党的十八届六中全会研究全面从严治党重大问题，制定新形势下党内政治生活若干准则，修订《中国共产党党内监督条例（试行）》，会议认为加强党内监督是马克思主义政党的一贯要求，是我们党的优良传统和政治优势。党的执政地位，决定了党内监督在党和国家各种监督形式中是最基本的、第一位的。只有以党内监督带动其他监督、完善监督体系，才能为全面从严治党提供有力制度保障。在当前国内外形势日趋严峻的情况下，我们要拿出壮士断腕的气概，顺应时代潮流，与时俱进，才能使中华民族立于不败之地，实现中华民族伟大复兴的"中国梦"。

2016 年 12 月 7 日至 8 日，习近平总书记出席全国高校思想政治工作会议并发表重要讲话。他强调，高校思想政治工作关系高校培养什么样的人、如何培养人以及为谁培养人这个根本问题。要坚持把立德树人作为中心环节，把思想政治工作贯串教育教学全过程，实现全程育人、全方位育人，努力开创我国高等教育事业发展新局面。习近平总书记提出，要教育引导学生正确认识世界和中国发展大势，从我们党探索中国特色社会主义历史发展和伟大实践中，认识和把握人类社会发展的历史必然性，认识和把握中国特色社会主义的历史必然性，不断树立为共产主义远大理想和中国特色社会主义共同理想而奋斗的信念和信心；正确认识中国特色和国际比较，全面客观认识当代中国、看待外部世界；正确认识时代责任和历史使命，用中国梦激扬青春梦，为学生点亮理想的灯、照亮前行的路，激励学生自觉把个人的理想追求融入国家和民族的事业中，勇做走在时代前列的奋进者、开拓者；正确认识远大抱负，珍惜韶华、脚踏实地，把远大抱负落实到实际行动中，让勤奋学习成为青春飞扬的动力，让增长本领成为青春搏击的能量。① 高校要以立德树人为立校之本，以培养学生正确的政治方向为己任，将当代大学生培养成为有理想、有信仰的社会主义合格建设者和可靠接班人，用理想的光照亮前行的路，对理想和信仰不抛弃、不放弃，才能真正实现中华民族的伟大复兴。

二、共产主义信仰受到质疑

对于苏联政权来说，共产主义意识形态对于苏联政权具有超乎寻常的意义。正是在共产主义意识形态的引领下，俄共（布）在经济、文化都十分落后的俄国建立起了世界上第一个社会主义政权。而且也正是俄国落后的特殊国情，使得掌握了政权的俄共（布）在随后的社会政治生活中必须依赖共产主义意识形态，并在共产主义意识形态的指导之下，重塑人们的世界观、价值观、人生观，建构社会主义政治秩序。而且共产主义意识形态在苏维埃政权初期发挥了巨大的作用。可以看到，饱受沙皇反动统治剥削和压迫的广大民众，对于共产主义意识形态充满着向往，因为它向人们描绘了一幅强调实质性平等的蓝图，易于为人们所认同和接受。对于这种情况，格·阿·阿尔巴托夫曾指出，在苏维埃成立之初，共产主义意识形态激发了人们对美好未来社会的向往，激发了人们"要为美好理想的'每一寸土地'而战斗"的热情。② 而且在共产主义意识形态的指导之下，苏联的社会主义建设也的确取得了巨大的成就，例如，1937 年，

---

① 全国高校思想政治工作会议召开 [EB/OL]. 新华网，2016 - 12 - 09.
② 格·阿·阿尔巴托夫. 苏联政治内幕：知情者的见证 [M]. 徐葵，等，译. 北京：新华出版社，1998：320.

苏联已经由落后的农业国转变为工业国，并成为欧洲第一、世界第二强国。这样的成就，客观上增强了人们对共产主义意识形态的认同和接受，也激发着他们建设社会主义的积极性。A. 马雷什金在《关于我》一文中这样写道：三十年代就是这样载入史册的，假如随便翻阅一下当年任何一种报刊、任何一部受欢迎的小说，你都会受到战斗的劳动热情和创作灵感的气息的激励。一种投身到全国——从天南到海北——伟大的改天换地的行动中去的激情，占据着作家的心灵。① 然而，如果夺取政权时许下的种种诺言暂时得不到兑现，这种热情还可以维持一段时间，但是如果长期得不到兑现，那么，这种热情就无法继续保持，甚至会变为政治冷漠，共产主义意识形态的合法化功能就会受到冲击。事实上，由于苏联在经济发展过程中，一直贯彻着重工业尤其军事工业优先发展的战略，导致其经济结构的畸形，以至于造成这样一种状况：虽然苏联的经济取得了长足的发展，但是涉及民众生活的领域却没有得到较好的改善，他们并没有从经济发展中得到真正的实惠，他们的生活水平并没有得到稳步的提高。给人以强烈印象的是：一说到苏联民众的生活状况，马上想到的就是商品短缺、住房紧张、到处排长队等景象。因此，虽然苏联拥有了可以和西方发达资本主义国家相媲美的高精尖的军事技术，但是苏联却没有给民众带来充足的面包、黄油等日常生活物品。再加上虽然共产主义意识形态宣传党员干部的先进性和"吃苦在前，享受在后"的品质，但在苏联社会中却出现了官僚特权阶层，贪污腐化之风盛行，和共产主义意识形态宣传中的党员干部的形象截然相反，这必然使得人们对共产主义意识形态的认同度下降，也削弱着人们对苏共、对社会主义制度的信任度。到了戈尔巴乔夫时期，人们对共产主义意识形态的认同并没有得到改观，反而由于他所倡导的不留历史"空白点"和"公开性""民主化"遭到进一步的削弱。西方学者麦肯齐和柯伦明确指出，"努力挖掘斯大林主义的根源导致了对列宁主义的批评"，"不知不觉地戈尔巴乔夫打开了揭露性的潘多拉盒子，这使整个苏联制度和意识形态都受到了破坏的威胁"。② "历史热"导致了人们对历史的质疑声不断高涨，使苏共的政治威信骤降，苏联国内出现了普遍的"信仰转移"。经济危机、社会动乱加之信仰转移，苏联国内的民众对

---

① 阿·梅特钦科. 继往开来——论苏联文学发展中的若干问题［M］. 石田，等，译. 北京：商务印书馆，1995：229.

② MACKENZIE D，CURRAN M W. A History of Russia the soviet Union and Beyond（4th ed）［M］. Cambridge，MA：Wadsworth publishing Company，1993：818.

共产主义意识形态主导下的苏联失去了重整旗鼓的信心。同时，西方资本主义国家又加强了对苏联的意识形态渗透，不断通过广播、电台、影视、书籍等各种新闻媒介，诱使苏联民众将资本主义国家的生活和苏联这一阶段的社会生活状况形成对比，在这种手段下，对苏联造成冲击。总之，苏共意识形态衰落导致信仰转移，在苏联存续多年的共产主义意识形态衰落了。

三、信仰危机不断突显

苏联领导人戈尔巴乔夫追捧"人道的、民主的社会主义"改革，主张思想多元化，放弃了马克思主义的指导地位。苏共对马克思主义的放弃，给当时的苏联社会带来极大的混乱，导致人们信仰的缺失，也为西方社会思潮的传入提供了机会，进而使得苏共的领导地位受到动摇。大量的反动媒体趁机制造混乱，丑化当时的领导人，将社会主义丑化为腐朽堕落的标志。他们非议苏共的光荣历史，损毁苏共的声誉和地位，使得人民群众对苏共领导丧失信心，同时大量的反对派、西化的知识分子以及政治犯开始抬头，他们煽动群众，对当时政局进行攻击和诽谤，刺激民族主义抬头，加速了苏联的解体。意识形态的混乱和对马克思主义的背弃使苏联陷入了分裂的危险境地，党内顽固派和民主派的斗争也愈来愈激烈，背离马克思主义后导致的信仰缺失和冷战的背景，使得西方敌对势力有机可乘，掀起了对苏联、对社会主义更为猛烈的舆论进攻，国外势力勾结国内反动派，政治事件频频发生，给国内经济建设以及整个国际共产主义运动带来了极大的损失。苏联人民的信仰缺失为西方思潮的渗入提供了丰沃的土壤，西方的意识形态宣传机器甚至直接开进苏联进行运转。苏联的思想界、理论界一片混乱，纷纷展开对苏共和社会主义制度的批判，甚至诽谤、辱骂。党的阵地首先从思想上沦陷。处于世界观、人生观、价值观形成关键期的苏联大学生，更是缺乏坚定的信仰，部分大学生不但对资产阶级生活方式缺乏批判，反而崇尚西方膨胀式的"富足"生活，向往西方语境下的自由、民主、平等，而苏联共产党对大学生的思想政治教育工作重视不足。一场针对苏共甚至社会主义制度的信任危机全面展开并向纵深蔓延。民众在没有选择一种新的信仰时，便毅然决然地抛弃了斯大林—苏联模式的社会主义，导致苏联国内大众信仰缺失，也加速了苏联衰落，还对日后苏联人民的精神面貌、革命斗志产生了消极影响。

中国古语"君者，舟也；庶人者，水也；水则载舟，水则覆舟"，充分展示了人民群众在推动历史变革中起到的巨大作用。理想与现实之间形成的强烈反差，加之官僚特权阶层转嫁给穷苦人民的巨大压力，使得苏联的人民群众普遍感受到斯大林—苏联社会主义模式与理想中的社会主义存在较大差距，苏联的社会主义模式逐渐在本国甚至东欧阵营失去了人民群众的支持。人民群众意识到要想继续前进，振兴国家，需要变更斯大林模式，寻觅更科学的社会发展方向。正因此，东欧剧变后，各国都宣布彻底与斯大林—苏联社会主义模式决裂，朝着经济市场化、政治民主化方向转轨。

苏共后期民众信仰的缺失不仅源自对现实的失望，也要归咎于思想工作环节的薄弱。党的各项思想教育活动开展得虽多，但往往滥于程式，流于口号，与现实脱节。与此同时，西方自由主义思想却在慢慢渗透进新生代的学习、工作和生活中。对多数高校大学生来说，不仅伟大的十月社会主义革命、国内战争和外国武装干涉、工业化和集体化，就连伟大的卫国战争和战后的恢复都成了历史。相比起来，他们更容易接受新奇、奢靡的资本主义生活方式，年轻一代逐渐形成这样的思想："国家的马克思列宁主义思想与现实产生了相互的矛盾，马克思主义所强调的'资本主义的腐败没落'没有出现，代之而起的是日本以及西方先进国家所取得的前所未闻的科学技术及物质文明的进步。"这种思想对大学生产生了极大的危害，不仅影响其对国家的认同，也导致部分大学生生活奢靡化，不利于其健康成长。

第五节　高职院校思政育人面临的新挑战

虽然和平与发展是当今时代的主题，但随着世情、国情及党情的变化，高职院校思政育人也面临着前所未有的挑战。

一、"西化""分化"挑战高职院校思政育人能力

总体而言，当前国际社会关系趋于平缓，国家间的合作与交流日益频繁。随着我国综合国力的不断增强，我国在国际社会中发挥着重要作用，西方国家也逐步调整对我国的态度，不断加强与我国的合作与交流。然而，不容忽视的是，部分西方国家对我国意识形态的威胁并没有减弱，甚至呈现出愈演愈烈的趋势。这些国家调整手段和策略，充分借助互联网等平台加强对我国大学生的思想进行潜移默化的影响和侵蚀。在社会生活方面，由于我国正处于战略机遇

与挑战期，矛盾丛生，热点、难点问题很多，这些问题成为部分西方国家攻击我国的"靶子"。比如，对民生等热点问题的蓄意炒作，在个别人、个别事情上大做文章，从细微之处入手，将简单问题复杂化、个别问题无限扩大化，打着关心我国人民、鼓吹"民主""人权"的口号妄图激化我国人民内部矛盾，诱使民众对党和政府产生不信任感，甚至还支持一些别有用心的人挑起事端，故意制造混乱，引起社会恐慌。在政治生活方面，以美国为首的部分西方资本主义国家利用一些特殊的"公众人物"，对我国思想领域进行渗透和施压。2010年，美国前总统奥巴马在白宫会见达赖；美国时时接见境外一些民族分子、反对社会主义者，并为形形色色的敌对势力撑腰。美国逐渐成为邪教人物以及反社会分子的收容所，他们利用这些制造社会动乱的人对我国政治施压，编造各种谣言，制造形形色色的事件扰乱民心，进行不良思想渗透，甚至对我国进行政治打击，干涉并损害我国国家主权，破坏我国安定团结的政治局面。在经济方面，全球金融危机爆发后，美国一方面对外声称反对贸易保护主义，另一方面却暗中大搞贸易保护主义，口头上鼓吹贸易自由化，自己却在背地里搞贸易保护，他们甚至以国家安全为由排斥中国的企业，把经济问题政治化。2012年美国对"华为""中兴"等中国企业进行封杀，将其以经济为由影响他国政治生活的意图彰显无遗。他们动辄对中国产品进行反倾销调查，也多次提及中国对美国贸易顺差和人民币汇率。美国对中国一直实行技术封锁，对高技术产品实施限制措施，并想方设法打压中国企业，这一系列事实，表明美国企图以经济方面的打压措施将经济问题政治化，进而影响中国人民的文化认同，尤其是影响当代大学生。在军事和外交上，美国继续对中国构建C形包围圈，提出新的战略措施，频频制造"中国军事威胁论"，指责中国的军事不透明。公民有国籍，但互联网没有国界，他们利用各种手段进行资本主义思想渗透。当代大学生正处于世界观、人生观、价值观形成的关键阶段，难免受其影响，而这也正是以美国为首的西方资本主义国家的真实意图，即通过对中国青年的诱惑进而达到其政治颠覆的野心，这是需要我们时时警惕的。

二、全球化增加了高职院校思政育人难度

　　"全球化"最初是从经济领域开始，但却不仅仅单指经济的全球化。经济全球化直接或间接带来了国与国间政治、文化等的交流。当前全球化已成为我们无法回避的时代潮流，在给我们带来诸多便利的同时，也带来了挑战，尤其是对思想领域的冲击较大。对于西方国家而言，全球化不仅是市场法则的自然扩张进程，也伴随着思想领域的扩张。

全球化伊始，"西风压倒东风"的世界格局构建了"西方"审视"东方"的"东方主义"思维模式。"东方主义"话语在国际上的传播对当代中国的思想领域构成威胁：虚构的历史假象代替真实的历史事实，质疑英雄邱少云等言论试图解构中国共产党的执政地位，潜在威胁着社会主义发展方向，同时试图建构西方发达资本主义国家对社会主义中国的永恒优越感，诱使其作为一种思维模式和文化心理在世界范围内传播。此外，西方国家企图通过经济全球化来掌控世界经济大权并影响世界人民的消费观念。部分青少年没有出国经历，西方国家利用五花八门的产品诱惑中国青年，企图影响中国青年的消费观念。比如青少年喜爱的麦当劳、肯德基以及一些日常生活用品，包括 iPhone 手机、iPad 等，甚至有大学生通过不恰当的等途径购买外国先进的产品，而这正是美国等通过产品扭曲大学生思想的不良企图。这种被动接受其物质产品的行为会无意识地渗透到青年人的生活理念和价值观念中，最后导致不仅衣食住行盲目模仿西方国家，价值观也易被西化。其次，部分西方资本主义大国欲通过文化全球化进行文化渗透，以此影响和改变我国青年人的文化取向和价值观念。影视大片是美国在文化全球化中推行美国文化的重要工具，也是广大青年所乐于接受的。然而，这些影片中宣扬的个人主义、拜金主义、享乐主义等西方资本主义思想观念也随之涌入，使得部分大学生产生较为严重的不劳而获思想，企图通过各种急功近利的手段过上美好生活，盲目追求名牌效应。大肆消费、超前消费在青年群体中较为盛行，反而以节约为耻以浪费为荣，抛弃了中华民族长期以来艰苦朴素、独立自强的优良传统，这正中西方发达资本主义国家的下怀，他们将所谓的"审美""品位"等消费观念植入青年学生内心，并将"消费"异化为"财富"、权力、身份和地位的象征，把消费的自由扩大为个人的自由、思想的自由、政治的自由，把人的物质欲望的膨胀和满足简单地理解为达到"自由理想""民主世界"的必经之路，将描绘的"消费主义"作为一种新的思想观念，并在中国社会产生不良影响。此外，部分西方资本主义思想观念也逐步渗透到高校教师群体中，一些教师在公开课堂上，过度神化西方，甚至将生活中的不满意、个人的恩怨发泄给学生，造成了极其恶劣的影响。西方国家在对我国进行持续的"和平演变"的过程中展开了种类繁多的"颜色革命"，使得高职院校的思政育人遭到前所未有的挑战和威胁。

三、新问题凸显干扰马克思主义指导地位

改革开放 40 年来，在经济全球化、现代信息技术等的冲击下，思想领域出现了一系列新问题、新挑战，干扰马克思主义的指导地位。首先，以美国为首的西方资本主义国家对中国进行和平演变，他们不断改变策略和手段，企图使社会主义国家在思想文化等方面向西方靠拢，企图颠覆社会主义制度。他们通过所谓的非政府组织、基金会等多种方法和手段，在中国宣扬资本主义价值观念，攻击社会主义制度，同时利用经济、文化、教育、科技等领域的交流合作机会对中国的知识分子、政府官员和企业家等进行资本主义思想文化的渗透，西方的宪政民主、普世价值等不良社会思潮与我国主流的思想形态争夺话语权，并借助各种手段在高校渗透，导致部分人信息选择、政治立场和价值取向的迷茫甚至错位。部分高校负责人片面地将学校主要任务放在教学工作上，对思想文化领域的教育重视不够，常常通过做一些空洞的文章应付了事，大话、套话、空话盛行，以至于让大学生认为是"精心准备讲废话，认认真真走形式"。虽然也有专家学者套用马克思主义经典著作，大搬中央文件，但写出来的东西单调乏味，很难激发大学生的兴趣，甚至在部分高校出现"文化圈地"现象，各种学派"占山为王，党同伐异"，"有的圈子意识很强，总想竖起什么旗子，在自己周围画一个圈子"。部分高校管理者对新问题的认识不足，尚未采取强有力的举措，也未能健全高校党委的统一领导。这些问题不仅给高校思政育人带来不良影响，也会影响国家政治安全。

第二章

审视"本领恐慌"新特征，盯紧高职
思政的"前阵地"

　　高职院校思想政治教育工作事关马克思主义在高职院校的指导地位，事关培养中国特色社会主义事业的建设者和接班人，事关中华民族伟大复兴"中国梦"的实现，事关中国特色社会主义事业的长远发展，所以高职院校需高度重视思想政治教育工作。然而，当前高职院校在开展思想政治教育工作的过程中仍然存在很多的问题。高职院校作为思想政治教育的主阵地，需高度重视思想政治教育的重要性，以先进的思想观念引领学生的发展，促进学生的成长，培养德智体美劳全面发展的社会主义建设者和接班人，为实现"两个一百年"的奋斗目标而不懈努力。

第一节　高职院校思政育人面临的困境

一、三个"认同"不强

　　目前，部分高职院校教师缺乏理论认同、政治认同和情感认同，使得马克思主义在高职院校的指导地位尚未受到足够重视。

　　首先，理论认同不强。一些学科课程中不讲授马克思主义的相关内容，部分学校的管理人员对从事马克思主义教育工作的教师和研究人员不够重视，对马克思主义的理论认同缺乏。

　　其次，政治认同不强。高等教育作为上层建筑的重要组成部分，承担着人才培养、科学研究、社会服务、文化传承与创新、国际交流与合作等职能，是推动社会发展不可或缺的重要力量。高职院校作为高等教育的有机组成部分，在推动社会发展中发挥着不可替代的作用。然而，当前部分高职院校教师缺乏强烈的政治认同，对高职院校的职能认识不清，受功利主义价值观影响，过度追求个体利益，偏离了社会主义办学方向。比如部分高职院校教育管理者缺乏政治信仰，以权谋取荣誉、职称、奖项、项目等，弄虚作假，扭曲是非，在社会上造成恶劣影响。

最后，情感认同不强。2004 年，我国将"马克思主义"设为一级学科，"马克思主义"学科的教授以及学习马克思主义专业的学生的规模不断扩大。但很多人只是把马克思主义作为获取个人名利地位的敲门砖，而对马克思主义缺乏强烈的情感认同，不会运用马克思主义的立场和方法解决问题和分析问题。在课堂上，有些高职院校教师照本宣科，将马克思主义教条化，严重影响学生对马克思主义的情感认同。

二、"三不"现象较为普遍

当前部分高职院校在思想政治教育工作中存在"三不"现象，即"不愿抓""不敢抓""不会抓"，使得高职院校思想政治工作难以跟上社会发展需求，具有一定的滞后性和保守性。

第一，不愿抓。部分高职院校教育管理者没有认识到思想政治教育工作的全局性和战略性意义，也没有认识到思想政治教育工作关系到中国特色社会主义建设的成败、关系到国家建设事业是否后继有人、关系到国家富强和民族振兴，缺乏敏锐的判断力和大局意识，对思想政治教育工作方面出现的问题缺乏全面客观的分析。有些高职院校教育管理者虽然对思想政治教育工作有所关注，但却片面认为学校的学科、专业和思想政治教育工作的关系不大，因而忽视了高职院校思想政治教育工作。还有部分高职院校在思想政治教育工作上职责分工不明确，缺乏常态化的工作机制，以至于在出现问题时互相推诿，互相指责，不愿承担责任，甚至根本不重视思想政治教育工作中存在的问题。

第二，不敢抓。一些高职院校教育管理者在面对学校内部和社会上的错误言论时，因害怕得罪人而采取漠视的态度，不敢坚决抵制错误言论，更别提积极引导学生树立正确的思想观念，导致一些错误的思想流入高职院校，部分人员在高职院校大肆宣传西方资本主义价值观，还有一些归国留学者过度美化西方思想体系，宣扬西方的"普世价值"和新自由主义思想，痛批中国的社会主义制度。部分高职院校教育管理者不敢对这些行为进行批评教育，对西方资本主义的本质、"普世价值"背后的理论基础等缺乏批判，在思想政治教育工作中显得软弱，给不法分子以可乘之机，导致部分高职院校学生的思想受到不良思想的影响。

第三，不会抓。随着"互联网＋"的快速发展，新媒体、自媒体等崭露头角。在新媒体、自媒体的助力下，高职院校日渐成为各种思想竞相碰撞之地。思想的繁荣固然彰显了高职院校的科学研究、文化传承与创新、国际交流与合作等职能，但也给高职院校的管理工作带来挑战，尤其是不良思想的侵入给高职院校学生的思想带来消极影响。所以，高职院校教育管理者需改变工作方法，创新工作手段，以更好地适应文化繁荣带来的挑战。然而，部分高职院校教育管理者在思想政治教育工作上忽视了工作方法的创新，分不清主要矛盾和次要矛盾以及矛盾的主要方面和次要方面，思想政治教育方式陈旧，对师生的思想缺乏科学的引领，过度采用灌输式教育方法，导致高职院校的思想政治教育工作缺乏有效性。

第二节 深刻认识到高职院校思政育人的重要性

思想政治教育关乎国家的安定团结，在社会发展中具有重要作用。高职院校作为思想政治教育的主阵地，需高度重视思想政治教育工作，以保证人才培养的质量。

一、高职院校思政育人的重要性

2015 年 1 月，中共中央办公厅、国务院办公厅印发的《关于进一步加强和改进新形势下高校宣传思想工作的意见》明确提出，高校肩负着学习研究宣传马克思主义，培育和弘扬社会主义核心价值观，为实现中华民族伟大复兴的中国梦提供人才保障和智力支持的重要任务。做好高校宣传思想工作，加强高校意识形态阵地建设是一项战略工程、固本工程、铸魂工程，事关党对高校的领导，事关全面贯彻党的教育方针，事关中国特色社会主义事业后继有人，对于巩固马克思主义的指导地位，巩固全党全国人民团结奋斗的共同思想基础，具有十分重要而深远的意义。① 高职院校作为高等教育的有机组成部分，需充分认识到其在宣传思想工作方面的重要作用，加强思政育人，着力培养德智体美劳全面发展的社会主义建设者和接班人。

第一，"为谁服务"的问题，是高职院校必须要明确的首要问题，体现着高职院校办学的宗旨。毋庸置疑，世界各国高校的主要任务都是为其社会培养符合其阶级属性的建设者。这些高校在课程设置上，将思想政治教育放在与专业课同等重要的地位，甚至比专业课更重要。在美国，所有的大学，无论公立还是私立，都会设置 3~5 门具有资本主义色彩的通识课程。美国教育家托马斯·里克纳指出，"学术课程在价值观培养方面的作用是一个沉睡中的巨人""如果我们不能把这种课程利用为培养价值观和伦理意识的手段，我们就正在浪费一个大好的时机"。韩国教育部也规定"国民伦理"课为大学生的必修课或者选修课。显然，世界各国都非常重视思想宣传方面的课程，并将主流价值观贯穿于教学以及社会实践的全过程。我国的高等教育在属性上是社会主义的，高等教育的办学方向必须要捍卫国家和民族的利益，坚持符合国家和社会需求的办学方向。2018 年 5 月，习近平总书记在北京大学考察时明确提出，我国社会主义教育就是要培养社会主义建设者和接班人，高校要牢牢抓住培养社会主义建设者和接班人这个根本任务，坚持办学正确政治方向，引导广大师生做社会主义核心价值观的坚定信仰者、积极传播者、模范践行者，努力建设中国特色世界一流大学。②

第二，"服务什么"的问题，关系着高职院校在社会中的地位和存在的意义。高职院校承担着人才培养、科学研究、社会服务、文化传承创新、国际交流与合作等职能，如何在实现这些职能的同时维护思想宣传工作的持续开展，是高职院校的关注点。在人才培养方面，我国高职院校努力坚持立德树人的根本任务，将社会主义核心价值观贯穿于人才培养的始终，致力于培养社会主义事业的合格建设者和可靠接班人；在科学研究方面，虽然科学无国界，学术无禁区，但科学家有国籍，科学研究中将马克思主义指导思想贯穿始终，遵守社会主义的科学伦理道德，这样科学研究不仅为世界科学技术的进步服务，更为

---

① 中共中央办公厅、国务院办公厅印发《关于进一步加强和改进新形势下高校宣传思想工作的意见》[EB/OL]. 中国政府网，2015 - 01 - 19.
② 习近平在北京大学考察时强调 抓住培养社会主义建设者和接班人根本任务 努力建设中国特色世界一流大学 [EB/OL]. 新华社，2018 - 05 - 02.

我国的安全稳定、社会发展和民族腾飞服务，为顺利实现我国伟大的"中国梦"服务；在社会服务方面，高职院校努力营造和谐的文化氛围，在产学研结合方面坚守底线，坚持为社会主义文化服务的方针；在文化传承与创新方面，高职院校坚持弘扬中华民族的优秀传统文化，弘扬社会主义先进文化，着力唤醒高职院校广大师生的文化自觉和文化自信，激发文化自强意识；在国际交流与合作方面，高职院校坚持"走出去"与"引进来"相结合的原则，不断加强与世界各国的交流与合作，推进产学研的转化，促进社会的发展。

第三，"怎样服务"的问题，关系到高职院校在思想宣传工作方面是否把握领导权和话语权的问题。高职院校必须要牢牢把握思想宣传工作的领导权和话语权，做到守土有责、守土负责、守土尽责。习近平总书记指出："宣传思想工作就是要巩固马克思主义在意识形态领域的指导地位，巩固全党全国人民团结奋斗的共同思想基础。"① 目前高职院校思想宣传工作面临的环境日益复杂，范围更加广泛，传播途径和方式发生很大变化，矛盾和斗争丛生。在这种形势下，"怎样服务""如何服务"不仅关系主流思想的地位问题，也关系当代大学生的价值取向和对主流思想的认同问题。首先，高职院校必须要履行在国家改革和发展中所担负的责任和使命，坚持正确的政治方向，坚定政治立场，勇挑重担，敢抓敢管、善抓善管、敢于亮剑，增强政治自信。其次，高职院校要做好领头羊，坚定理想信念，加强和改进教师的思想政治教育工作，切实提高教师的责任感和使命感。教师作为人才培养者，站在教育工作的第一线，他们的言行举止无形中对学生产生影响并左右学生的判断，因此，高职院校教师必须要有良好的政治素养、坚定的政治信念。最后，高职院校要大力开展各项活动，用好第一课堂和第二课堂，加强中华优秀传统文化在大学的传播，以校园媒体建设为抓手，营造健康舆论，聚集正能量，不断推出校园文化成果，形成特色校园文化，发挥校园文化的熏陶作用。

二、加强高职院校思政育人的策略

面对日趋复杂的形势，高职院校要从战略高度审视思考思想宣传工作，强化协同作战思维，用好组合拳，把高职院校建成抵御西方敌对势力渗透的坚强

① 习近平在全国宣传思想工作会议上强调 胸怀大局把握大势着眼大事 努力把宣传思想工作做得更好［EB/OL］. 共产党员网，2013－08－19.

堡垒。这不仅是高职院校的职责所在，也是高职院校培养人才的逻辑起点。具体来说，高职院校必须要依靠广大教师和大学生，防御战与进攻战交织进行，理论武器和实践武器并用，兼顾实体课堂和校园网络，切实提升师生的思想政治素质。

第一，要将广大教师和学生紧密团结起来，切实做好思想宣传工作。高职院校青年师生是敌对势力进行渗透分化的重点人群，是加强思政育人的主要依靠力量，我们必须要充分团结青年师生。首先，我们必须要发动、组织和调动广大学生的力量，采取恰当的方法和策略，激发学生的担当意识，引导其"忠于祖国、忠于人民，了解中华民族历史，秉承中华文化基因，有民族自豪感和文化自信心，把自己的理想同祖国的前途、把自己的人生同民族的命运紧密联系在一起，扎根人民，奉献国家"①。同时，还要着眼于学生的成长和发展，帮助其打牢思想和政治基础，使其不仅是在学校，未来走上工作岗位后依然是捍卫马克思主义的主要力量。其次，教师不仅肩负着教书育人的重任，也承担着思想宣传的工作。充分发挥广大教师的积极性和主动性，组织和动员广大教师，切实发挥其在课堂教学中的主导作用，进一步加强其职业素养，按照习近平总书记提出的教师要有理想信念、有道德情操、有扎实学识、有仁爱之心的标准，加强对高职院校青年教师的引导和教育，培养德才兼备的高职院校教师队伍，充分发挥其在思想道德建设方面的引领作用。

第二，打好防御战和进攻战。我们不仅要打好防御战，抵制西方敌对势力的进攻和渗透，还要在打好防御战的同时，开展攻击战，以攻为守，适时出击，防御战和进攻战交织进行，不给西方敌对势力以可乘之机。首先，要强化阵地意识，筑牢高职院校宣传思想工作的战斗堡垒，旗帜鲜明地弘扬主旋律、宣传主流思想；其次，要强化政治意识，主流思想问题关乎旗帜、关乎道路、关乎国家的政治安全，因此要牢牢把握高职院校宣传思想工作的话语权和领导权，打好组合拳；再次，要强化主动意识，掌握战争主动权，加强对西方敌对势力各种渗透的研判，并采取科学合理的应对措施，主动出击，争取战略的主动权；最后，要强化战斗意识，对西方敌对势力的渗透和不法分子心怀叵测的不当行为敢于亮剑，勇于发声，绝不妥协退让。

---

① 习近平在北京大学考察时强调 抓住培养社会主义建设者和接班人根本任务 努力建设中国特色世界一流大学［EB/OL］. 新华社，2018－05－02.

　　第三，不仅利用好理论武器，也要利用好实践武器。能否利用好理论武器和实践武器关系高职院校思政育人的成效。在理论方面，必须要加强高职院校师生的马克思列宁主义和共产主义的理想信念教育，坚定广大师生的道路自信、理论自信、制度自信，增强他们对各种错误思潮的政治辨识力和抵制力，同时要加强马克思主义理论研究，推进理论创新，构建具有中国特色的社会主义理论体系，打造中国特色的话语体系，提升马克思主义的感召力和说服力。在实践方面，要深入挖掘各类实践资源，用实践生活中活生生的事例感染人、教育人，强化对马克思主义和中国特色社会主义的认同，在教育教学中强化实践支撑，组织开展各类丰富多彩的社会实践活动，在实践中感悟，在实践中提升，并将实践上升为理论。此外，还要善于将理论和实践相结合，在实践基础上加强理论水平，充分发挥人才优势，不断推进马克思主义理论创新，讲中国好故事，传中国好声音。

　　第四，将网络宣传思想工作放在和学校教育教学同等重要的位置。课堂教学是传递价值观的重要阵地，在课堂上要坚持正确的价值导向，开展正面教育，严格课堂纪律，传播正能量，坚决抵制西方错误思潮入课堂。同时，一定要驾驭好网络主阵地。当前网络打破了传统校园媒体的空间界限，将大学生的生活与外面的世界紧密联系。由此，网络逐渐营造出影响大学生成长成才的重要舆论环境。因此，高职院校必须要高度重视网络教育，将网络空间变为传播主流思想的主阵地，建好主流网络。在加强网络管控的同时，以校园公众微信平台等为依托，营造导向鲜明、形式新颖、内容丰富的网络环境，并及时发现一些苗头性、倾向性问题，对网络上的各种负面信息和西方不良思想的渗透予以坚决回击，消除负面影响，争夺网络话语权。进一步加强课堂教学和网络的协同配合，统筹规划，紧密连接，既要合理管控，又要充分发挥各自优势，引导学生树立良好的价值观。

第三章

践行"政治育人"新战略，抢占思政教育的"制高点"

第一节　落实高职院校党委领导责任制，把好思政育人的"方向盘"

2014年12月第二十三次全国高等学校党的建设工作会议上，习近平总书记做出重要指示强调，高校肩负着学习研究宣传马克思主义、培养中国特色社会主义事业建设者和接班人的重大任务，加强党对高校的领导，加强和改进高校党的建设，牢牢把握高校意识形态工作领导权，是办好中国特色社会主义大学的根本保证。① 新时期思想领域建设作为中国特色社会主义实践的重要着力点，事关党的前途命运，事关国家长治久安，事关民族凝聚力和向心力。这种整体性战略思维彰显出宣传思想工作的全局性和根本性特征，高职院校宣传思想工作贵在总体布局，涵盖了目标定位、实践指导、督促检查、队伍建设等多个方面，而关键是要掌握主动权，不断强化主流思想的感召力和吸引力。既要掷地有声，又要润物无声，筑牢人才培养的生命线。

近几年，在一些领域出现了质疑当前改革、怀疑党的基本路线、否定和歪曲改革开放的错误言论，在新自由主义、历史虚无主义和民主社会主义等消极腐化思想的利诱下得以扩散，给我国主流思想的传播带来负面影响。比如，在纪念抗战胜利的活动中，多所高校的贴吧、论坛、微信群里散播"黄继光堵枪眼不合理""董存瑞炸碉堡系虚构"等不当言论，在网络的传播下，这些不当言

---

① 第二十三次全国高等学校党的建设工作会议情况综述（2014年）［EB/OL］. 新华社，2014 - 12 - 29.

论迅速扩散，在社会中产生了消极影响。

中共中央办公厅、国务院办公厅印发《关于进一步加强和改进新形势下高校宣传思想工作的意见》明确提出，"充分发挥高校党委的领导核心作用，坚持和完善党委领导下的校长负责制，建立健全高校党委统一领导、党政工团齐抓共管、党委宣传部门牵头协调、有关部门和院（系）共同参与的工作机制"。显然，高职院校党委和领导班子要对宣传思想工作负总责，牢牢把握思政育人的"方向盘"。具体而言，高职院校党委和领导班子要坚持党性原则，坚持党管宣传思想工作，坚持立德树人的根本任务，办好人民满意的高等教育；始终坚持大局意识，围绕育人本质开展工作，破解实践难题；强化理想信念教育，建设并培育广大师生的精神家园，推进社会主义核心价值观落地生根；发挥队伍建设成效，贯彻党管宣传思想工作和党管人才的要求，树立人才第一的资源理念；推动形成强大合力，树立科学的思政育人新理念，完善全员、全过程、全方位育人体制机制；推广总结实践经验，注重创新，找准节奏，增强工作韧性。

高职院校党委要认真履行宣传思想工作的管理"主体责任"，在抓好本级责任落实的同时完善责任体系和工作机制，一级抓一级、层层见落实、步步显真效，切实把宣传思想工作当作高职院校党委的一项极其重要的工作来抓好、抓实、抓深。

一、紧握"指挥棒"，牢牢把握宣传思想工作的领导权

一是要把宣传思想工作摆在重要位置。宣传思想工作关系全局，坚持党对宣传思想工作的领导是我们党在长期实践中获得的宝贵经验和制定的重要原则。加强党对宣传思想工作的领导，牢牢掌握党对宣传思想工作的主导权，是高职院校开展思政育人的前提和基础。高职院校党委必须切实加强党对新形势下宣传思想工作的领导，创新管理体制和工作机制，形成党政工团齐抓共管的局面，更好地为建设中国特色社会主义伟大事业提供强大精神动力、思想保证、舆论支持和文化条件。党委要进一步把思想和行动统一到中央精神上来，切实负起领导责任和政治责任。高职院校党委要强化政治责任和领导责任，把宣传思想工作纳入重要议事日程，经常研究，及时给予指导。高职院校党委书记、校长要旗帜鲜明地站在宣传思想工作第一线，敢于担当、敢于亮剑、敢于碰硬，始终坚持与党中央保持高度一致。要牢固树立抓宣传思想工作是本职、不抓是失职、抓不好是渎职的观念，把宣传思想工作作为党的建设和政权建设的重要内

容，纳入重要议事日程，纳入党建工作责任制，纳入领导班子、领导干部目标管理，与经济建设、政治建设、文化建设、社会建设、生态文明建设和党的建设紧密结合，一同部署、一同落实、一同检查、一同考核。加强组织领导和统筹指导，像分析经济形势一样定期分析研判宣传思想的形势，定期听取宣传思想工作汇报，定期在党内通报宣传思想工作情况，切实当好宣传思想工作的领导者、推动者、执行者。坚持"一把手"带头。肩负起宣传思想工作主体责任，"一把手"必须带头抓、直接抓、具体抓，切实当好"第一责任人"。各级党委（党组）"一把手"要旗帜鲜明地站在宣传思想工作第一线，牵头抓总、靠前指挥，做到"三个带头""三个亲自"，即带头抓宣传思想工作、带头管阵地把导向强队伍、带头批评错误观点和错误倾向，重要工作亲自部署、重要问题亲自过问、重大事件亲自处置，不能当"甩手掌柜"。

二是要强化政治意识。各级党委特别是领导干部要切实增强政治意识，真正负起政治责任，高度重视宣传思想工作，自觉坚持"两手抓、两手都要硬"的原则，对宣传思想工作中出现的问题，特别是一些事关政治方向、政治原则和祖国统一、民族团结、社会稳定的重大问题，要旗帜鲜明，敢抓敢管，坚决把好关口，牢牢把握正确的方向。落实宣传思想工作主体责任，是党组织应尽的政治责任、应有的政治担当，必须坚持原则，认真落实。要坚持问题导向，经常性地深入宣传思想工作第一线，善于回答思想领域的难点难题，敢于发声"亮剑"，同错误社会思潮进行斗争。要毫不动摇坚守"主阵地"、躬身不辍种好"责任田"，在提倡什么、反对什么上旗帜鲜明，在大是大非问题上敢于发声，在思想交锋中敢于亮剑，决不能有半点含糊和犹豫，决不能当"爱惜羽毛"的所谓"开明绅士"，坚决抵制"好人思维"、上推下卸、敷衍塞责、养痈遗患等。

三是要加强宣传思想工作队伍建设。各级党委要切实加强宣传思想工作部门领导班子的建设，抓好领导班子的配备和后备干部的培养，真正把那些政治立场坚定、思想理论修养好、组织领导能力强、熟悉宣传思想工作的优秀干部及时提拔到领导岗位上来，确保宣传思想工作的领导权牢牢掌握在忠诚于马克思主义、忠诚于党和人民的人的手中。要加强宣传教育工作队伍建设，选拔培养一批有远大的共产主义理想、坚定的马克思主义信仰和社会主义信念、宽厚的文化底蕴和专深的理论水平，以及对现实问题有着较强的观察、分析、把握和驾驭能力的领导干部和教师队伍。同时还要大力培养一批政治立场坚定、具有较强影响力的网络舆论"意见领袖"，包括名人引导员、"草根"评论员、微博微信人气王等，以使高职院校的宣传思想工作更接地气、聚人气，更富实效。

四是要凝聚工作合力。要完善齐抓共管的宣传思想工作机制，党委（党组）要统揽全局、协调各方，指导和推动本部门本单位把宣传思想工作要求融入部门工作职责，推动宣传思想工作与教育、教学、管理、科研、服务等工作更加紧密地结合起来。充分调动各条战线各个部门抓宣传思想工作的积极性，各司其职、各负其责、共同履责，切实形成党委统一领导、党政齐抓共管、宣传部门组织协调、有关部门分工负责的工作格局。把宣传思想工作情况作为领导班子考核的重要指标，学校党委每半年至少专题研究一次宣传思想工作，研判形势，部署工作，有效应对宣传思想工作面临的各种挑战。

二、杜绝"空谈家"，严格落实宣传思想工作主体责任

一是切实履行把好方向、管好导向之责。把好前进的"方向盘""导航仪"，是党委（党组）抓宣传思想工作第一位的责任。当年毛泽东同志就把不问方向、不问路线的人比作"倒骑毛驴的张果老"，虽然面朝东方蓬莱，但路走错了，永远都到不了目的地。要始终坚持马克思主义的指导地位，用中国特色社会主义理论体系一思想、凝聚共识，确保在"举什么旗、走什么路、朝着什么方向努力"等根本问题上绝不含糊、绝无偏差。认真贯彻中央关于宣传思想工作的决策部署，严守政治纪律和政治规矩，严守组织纪律和宣传纪律，坚决维护中央权威，始终站稳政治立场、保持政治定力、把准政治方向，在思想上、政治上、行动上与党中央保持高度一致。

二是切实履行巩固壮大主流思想文化之责。习近平同志多次指出，要巩固马克思主义的指导地位、巩固全党全国人民团结奋斗的共同思想基础。履行主体责任，说到底是对巩固马克思主义的指导地位负责，对巩固全党全国人民团结奋斗的共同思想基础负责。只有做到这"两个巩固"，主流思想文化的"根据地"才会壮大，争取人心的"同心圆"才会扩大。要坚持党性和人民性相统一，坚持团结稳定鼓劲、正面宣传为主，弘扬主旋律、传播正能量，把"四个全面"战略布局和中央决策部署在高职院校的生动实践中宣传好，把党和政府的声音传播好，把社会的主流思想展示好。

第二节 坚守思想政治工作生命线，拧紧"总开关"

思想宣传阵地，是人们的思想、意识、认知、判断等的集散地，思想宣传阵地发出的主流声音，很大程度上影响甚至左右着人们的意识和认知判断。高职院校党委要坚守思想宣传阵地，把好思想舆论的"总开关"，发挥好思想宣传引领思想、凝心聚力的作用。

一、打好"舆论战"，壮大高职院校的主流思想舆论

2013年8月，习近平总书记在全国宣传思想工作会议上的重要讲话强调："宣传思想工作就是要巩固马克思主义在意识形态领域的指导地位，巩固全党全国人民团结奋斗的共同思想基础。"①马克思主义是我们立党立国的根本指导思想，是社会主义意识形态的旗帜和灵魂。只有坚持马克思主义的指导地位，用马克思主义中国化的最新成果武装全党、教育人民，不断巩固和发展中国特色社会主义，才能统一思想、凝聚人心，并有效引领和整合社会思潮，团结不同社会阶层、不同认识水平的人们为坚持和发展中国特色社会主义、为实现"中国梦"而奋斗。要切实肩负起捍卫马克思主义话语体系的历史责任，把它作为党的命脉来坚守、重要阵地来捍卫，下功夫掌握它、虔诚信奉它、忠诚捍卫它，并以此改造思想、塑造灵魂，成为指导行动的根本指南。当前，高职院校必须坚持以马克思主义中国化最新理论成果和中国特色社会主义理论体系为核心轴，深刻领会习近平总书记关于思想宣传工作的新思想、新观点、新论断、新要求。高校党委和领导班子要切实担负起政治责任和领导责任，做到"虔诚而执着、至信而深厚"，坚持"两个巩固"，增强"四个自信"，汇聚实现"两个一百年"奋斗目标和中华民族伟大复兴中国梦的强大正能量。要学会"十个指头弹钢琴"，始终绷紧政治纪律和政治规矩这根弦，牢牢把握宣传思想工作的领导权和主导权，抢占宣传思想工作制高点，唱响时代主旋律。马克思主义在当代中国的具体体现，就是党在当前的政策、路线、方针和理论成果。因此，弘扬马克思主义，在当前最重要的工作就是不遗余力地宣传党的系列政策、路线、方针

---

① 习近平：意识形态工作是党的一项极端重要的工作 [EB/OL]. 新华网，2013 - 08 - 20.

和中国特色社会主义理论成果,用中国特色社会主义最新理论成果和党的政策、路线、方针,武装师生员工的头脑,指导高职院校各项工作的开展。

二、坚持"原则性",切实捍卫两个"毫不动摇"

首先,毫不动摇地坚持社会主义核心价值体系。社会主义核心价值体系是社会主义的本质体现,抓住了这个"价值体系",就找准了领导宣传思想工作的关键点和突破口。要把培育和践行社会主义核心价值观的要求体现到制度设计、法规制定、文明创建和社会管理之中,为培育社会主义核心价值观创造良好的滋养条件和土壤环境。要切实增强党的思想理论工作的说服力和战斗力,充分发挥其提升价值认同、协调利益整合、强化力量凝聚、抑制不良思想和行为的重要作用,坚持不懈地倡导"富强、民主、文明、和谐、自由、平等、公正、法治、爱国、敬业、诚信、友善",积极培育和践行社会主义核心价值观,构建实现"中国梦"的强大精神支柱。高职院校要加大社会主义核心价值观教育,"把培育和弘扬社会主义核心价值观作为凝魂聚气、强基固本的基础工程,弘扬中国精神,弘扬中华传统美德,加强道德教育和实践,提升师生思想道德素质,使社会主义核心价值观内化于心、外化于行,成为全体师生的价值追求和自觉行动"①。

其次,毫不动摇地坚持党性和人民性相统一的基本要求。坚持党性和人民性的统一,就是要坚持正确政治方向,站稳政治立场,切实解决好"为了谁、依靠谁、我是谁"的根本问题,坚持以全体人民整体、长远、根本利益为工作原则,大力宣传马克思主义关于人民性、人民利益的科学概念、科学观点,不被形形色色的错误思想所误导、左右。

第三节 践行当代核心价值观,构筑"管控网"

一、打响"攻坚战",牢牢守住高职院校宣传思想工作的"主阵地"

高职院校作为培养中国特色社会主义建设者和接班人的摇篮,思想理论建

---

① 中共中央办公厅、国务院办公厅印发《关于进一步加强和改进新形势下高校宣传思想工作的意见》[EB/OL]. 新华网,2015-01-19.

设直接关系到社会主义办学方向。要牢牢守住思想宣传工作的"主阵地",需做到四个方面。

一是加强理想信念教育,以马克思列宁主义、毛泽东思想、邓小平理论、"三个代表"重要思想、科学发展观为指导,广泛开展中国特色社会主义理论体系学习教育活动,深入贯彻落实习近平总书记系列重要讲话精神,引导师生深刻领会党中央治国理政新理念新思想新战略,坚定中国特色社会主义道路自信、理论自信、制度自信、文化自信。充分运用各种传播手段、宣传阵地和精神文化产品,加强形势政策教育,引导广大师生把国家梦、民族梦与大学梦、个人梦有机结合起来,自觉为实现"两个一百年"目标、实现中华民族伟大复兴的中国梦不懈奋斗。同时,要按照党的十八届三中、四中、五中、六中全会精神,加强对全面深化改革、全面推进依法治国的正面宣传和舆论引导,及时回答师生关心的重大思想认识问题,进一步统一思想、凝聚共识。要加强党委理论中心组学习,领导干部要带头学习,发挥好示范引领作用。实施思想引领工程,贴近师生接受习惯,创新学习载体形式,举办"领导、专家进校园"形势报告会、"理论名家讲堂"、"学理论·读经典"等活动,不断增强理论学习效果。

二是大力推进中国特色社会主义理论体系和习近平系列重要讲话精神进教材、进课堂、进头脑。要充分发挥思想政治理论课作为大学生思想政治教育主渠道、主阵地作用,深化思想政治理论课综合改革,用好马克思主义理论研究和建设工程重点教材,组织编写教辅资料,加强培训督查,推动教材体系向教学体系转化。制定实施思想政治理论课教师队伍建设五年规划,健全新上岗培训、全员轮训、技能竞赛、骨干研修、择优资助、国内外访学为一体的培养体系。开足开好必修选修课程,完善教学质量评价体系,引导教师用贴近学生的话语、先进的技术手段和时代元素,丰富教学内容,改进教学方法,提高教学质量。要扎实推进高校思想理论建设。充分发挥高校学科和专家优势,深化中国特色社会主义理论体系的研究和阐释,把学习研究习近平总书记重要讲话纳入中国特色社会主义理论研究总体规划,努力用科学的理论阐释坚定师生对中国特色社会主义的道路自信、理论自信和制度自信,坚定对实现中华民族伟大复兴中国梦的自信。重点建设好一批马克思主义理论研究和建设创新基地,编写一批马克思主义理论专业教材,培养一批马克思主义理论学科带头人,造就一批马克思主义理论教育家。大力开展全面建成小康社会、全面深化改革和全面推进依法治国的重大问题研究,实施中国特色新型高校智库建设推进计划,整合优质资源，组织多学科、跨领域的协同研究，打造一批服务党和政府科学决策的国家智库。

三是培育和践行社会主义核心价值观，引导师生树立正确的世界观、人生观、价值观。加强宣传教育一直是党领导人民取得革命和社会主义建设胜利的法宝，也是培育和践行社会主义核心价值观的基本途径。面对新的复杂形势，宣传工作需要以改革创新的精神冲破教条，开拓社会主义核心价值观宣传教育的新局面。用社会主义核心价值观引领社会思潮、凝聚社会共识。培育社会主义核心价值观的主要目的是化解社会矛盾、促进社会和谐，进而在凝聚社会共识中实现中华民族伟大复兴、在共享社会发展成果中建设中华民族共同家园。在社会转型期，收入差距拉大、社会利益多元、社会思潮纷呈、社会分化显著、社会冲突加剧，"仇富""仇官"的心态滋长，各种利益和观念的对立使社会各个阶层难以形成共识，社会认同度降低，价值观世界也呈现出复杂态势。面对这种现实情况，增强社会团结、化解社会冲突的一个关键是以求真务实的精神坦诚面对现实矛盾，以社会主义核心价值观凝聚社会共识，在提高社会认同中构筑共同愿景，形成建设中国特色社会主义、实现中华民族伟大复兴的中国梦的强大合力。首先，要深入开展中国特色社会主义宣传教育，坚定全党和全社会全面深化改革的意志和决心。全面深化改革是新时期化解复杂矛盾的战略决策，是大势所趋、人心所向，是实现国家长治久安和繁荣稳定的基础。宣传工作要高举改革创新的旗帜，坚定全党和全国人民的改革信心，为全面深化改革创造良好的氛围。其次，要深入研究社会主义核心价值观的理论和实际问题，深刻解读社会主义核心价值观的丰富内涵和实践要求，为实践发展提供学理支撑。培育和践行社会主义核心价值观依然存在大量的理论和现实问题，有待于从认识上进一步深化。比如，如何界定社会主义核心价值观与中国传统价值观、西方价值观的关系；如何体现社会主义的本质；如何在新的经济技术和文化条件下有的放矢地进行宣传教育，等等。而且，社会主义核心价值观的内涵也是处于不断丰富和发展之中，需要在实践基础上不断探索。因此，开展社会主义核心价值观宣传教育需要展开深入的科学研究。要取得有分量有价值的研究成果，必须遵循科学研究的规律，跳出千篇一律的宣传话语套路，潜心研究、认真调查、发现问题、升华认识。最后，要加强社会思潮动态分析，强化社会热点难点问题的正面引导，在尊重差异中扩大社会认同，在包容多样中形成思想共识。如今，各种社会利益趋于多元，各个阶层、各个地域的人们都有着不同的甚至相互冲突的利益，也决定了人们的观念必然呈现多元的态势，要回到过去单一思想、单一价值体系的时代已经不再可能。面对这一现实，宣传思想工作必须承认客观现实的合理性，尊重不同的观点，尊重少数人的利益，在此基础上寻求和扩大社会共识。

四是弘扬中华优秀传统文化，推动中华优秀传统文化融入教育教学，加强革命文化和社会主义先进文化教育，弘扬民族精神和时代精神。党的十八大以来，习近平总书记多次强调要传承和弘扬中华优秀传统文化。他在会见第四届全国道德模范及提名奖获得者时指出："中华文明源远流长，孕育了中华民族的宝贵精神品格，培育了中国人民的崇高价值追求。自强不息、厚德载物的思想，支撑着中华民族生生不息、薪火相传。"中华民族之所以几千年屹立于世界民族之林，历经磨难，一次次凤凰涅槃，成为人类发展史上的奇观，最根本的就是深深植根于民族基因的伟大精神支撑和崇高价值追求。习近平总书记明确指出："优秀传统文化可以说是中华民族永远不能离别的精神家园。"中华文化中包含着许多为人类所共同遵循的普遍性的生存智慧。"老子、孔子、墨子、孟子、庄子等中国诸子百家学说至今仍然具有世界性的文化意义。"这些"思想家上究天文、下穷地理，广泛探讨人与人、人与社会、人与自然关系的真谛，提出了博大精深的思想体系"。强调老子、孔子等人的思想中包含了许多反映人与人、人与社会、人与自然和谐生存发展规律的真理性认识，这些思想"思考和表达了人类生存与发展的根本问题，其智慧光芒穿透历史，思想价值跨越时空，历久弥新，成为人类共有的精神财富"。同时，习近平总书记把传承和弘扬中华优秀传统文化提升到中国的发展特色和发展道路的层面以及增强文化自信和道路自信的层面，指出："要讲清楚每个国家和民族的历史传统、文化积淀、基本国情不同，其发展道路必然有着自己的特色……讲清楚中国特色社会主义植根于中华文化沃土……独特的文化传统，独特的历史命运，独特的基本国情，注定了我们必然要走适合自己特点的发展道路。"① "要讲清楚中华优秀传统文化的历史渊源、发展脉络、基本走向，讲清楚中华文化的独特创造、价值理念、鲜明特色，增强文化自信和价值观自信。"② 这种高度肯定中华优秀传统文化是人类

---

① 习近平在全国宣传思想工作会议上强调　胸怀大局把握大势着眼大事　努力把宣传思想工作做得更好［EB/OL］. 共产党员网, 2013-08-19.

② 中共中央政治局进行第十三次集体学习　习近平主持［EB/OL］. 中国政府网, 2014-02-25.

共有精神财富且具有世界普遍文化意义的思想观点,在我们党历代领导人的讲话中尚属首次,体现了我们党对于中华传统优秀文化本质意义的新认识和新高度。对此,需要做到以下"五要"。

1. 要科学认识传统文化和优秀传统文化。如何对待中国传统文化,是个老生常谈的问题。近代以来,无论在学术领域还是政治层面上,在对待传统文化的问题上,历来存在两种对立的、错误的极端观点:一种是把传统文化说得一团漆黑的民族文化虚无主义;一种是死守旧有文化传统的文化复古主义。但无论是民族文化虚无主义还是文化复古主义,在今天看来都是错误的,应予以摒弃。习近平总书记在纪念孔子诞辰 2565 周年国际学术研讨会的讲话中指出:"中国共产党人是马克思主义者,坚持马克思主义的科学学说,坚持和发展中国特色社会主义,但中国共产党人不是历史虚无主义者,也不是文化虚无主义者。我们从来认为,马克思主义基本原理必须同中国具体实际紧密结合起来,应该科学对待民族传统文化,科学对待世界各国文化,用人类创造的一切优秀思想文化成果武装自己。"① 对历史文化特别是先人传承下来的道德规范,要坚持古为今用、推陈出新,有鉴别地加以对待,有扬弃地予以继承。"有鉴别"就不是全盘肯定或全盘否定的态度,不是历史虚无主义或文化保守主义的态度;"有扬弃"是在经过分析鉴别的基础上,坚决剔除其过时落后的糟粕后,积极继承吸收其合理优秀的成分。对存在合理内核又具有旧时代要素的内容,要取其精华、去其糟粕。对明显不符合当今时代要求的内容,要加以摒弃。一定的文化形成于特定的社会环境,但由于文化具有滞后性,因而当社会制度和经济发展的环境发生变化时,传统文化并没有消失,反而是跨阶段地影响与制约社会的现代化进程。因此,我们在尊重传统的基础上,要有选择地吸收和创造性地综合,用历史和科学的观点来考察中国的传统文化,切实把握和深入理解传统文化的本质内容,弘扬优秀传统文化,并在新的历史条件下,根据现代化的基本精神理念,有选择性地、合理地吸收、改造、发展和创新。

2. 要大力研究和挖掘优秀传统文化。长期以来,我们在民族传统文化的继承与发展方面缺乏科学规划,甚至仅仅将其归为学术研究,尤其是根据时代特征和当前任务,在清理和发掘民族传统文化的积极内涵、赋予民族传统文化以时代精神和适宜形式等方面做得还不够。因此,要真正提高中华民族传统文

① 习近平纪念孔子诞辰 2565 周年讲话 [EB/OL]. 人民网,2014 - 09 - 25.

的吸引力和影响力，使之发扬光大，就需要做好整理工作和开发工作。实现民族传统文化的现代化，赋予民族传统文化以时代精神和旺盛活力，离不开整合本土文化与外来文化，离不开引进和培植新的文化要素和文化精神。在这方面，哲学和人文社会科学肩负着创新民族文化的重大历史责任。当我们以冷静、求实的态度观察人类社会的各种文明，就不难发现，西方文明及其价值体系能够向全世界传播和扩散，西方国家的哲学和人文社会科学功不可没。它们为西方文明价值观披上了"普世价值"的外衣，增强了西方文明在世界各地的吸引力和感召力。我们弘扬中华文明，也要大力发挥哲学和人文社会科学的作用。通过繁荣和发展哲学、人文社会科学，推动中华民族传统文化的整理、开发和创新，让世界真正了解、喜欢和向往中华民族的传统文化，扩大中华文明在国际社会的影响力。我们要虚心学习其他国家的经验和做法，加大保护民族优秀文化的力度，尤其是保护好传统优秀文化中的各种物质和非物质的文化资源和文化遗产。

3. 要将弘扬优秀传统文化与"中国梦"、社会主义核心价值观结合起来。实现中华民族伟大复兴的"中国梦"，是全体中华儿女的共同梦想。社会主义核心价值观是中华民族的核心价值观，融社会主义的价值特性与中华民族的文化特性于一体。社会主义核心价值观必然根植于中国传统文化的深厚土壤，中国传统文化的"和谐""仁爱""诚信""天下为公"等思想，之所以能够成为社会主义核心价值观的内容，就在于这些思想既符合中国社会发展的客观要求，也反映了人们的普遍愿望及基本诉求。这就要求我们必须将弘扬优秀传统文化与社会主义核心价值观的宣传教育结合起来，一方面要做好对优秀传统文化深层价值理念及其现代意义的挖掘和阐释，把优秀传统文化讲仁爱、重民本、守诚信、崇正义、尚和合、求大同等价值理念的义理讲透、意义讲足、现代性讲好；另一方面要做好运用优秀传统文化的思想资源阐发社会主义核心价值观的工作。无论是"富强、民主、文明、和谐"，还是"自由、平等、公正、法治"，或是"爱国、敬业、诚信、友善"，我们的优秀传统文化中都有着非常丰富的思想素材。用活这些思想素材，是用中国思想智慧讲述中国价值理念的客观要求，是把社会主义核心价值观讲到当代中国人心坎上的有效路径之一。习近平总书记深刻指出中华优秀传统文化是人们进行道德教育修养的"好教材"，强调"要始终把弘扬中华民族传统美德……作为极为重要的战略任务来抓，为实现中华民族伟大复兴的中国梦提供强大精神力量和有力道德支撑"。① 他还进一步把弘扬中华优秀传统文化作为建设社会主义核心价值观的重要思想资源，要求"深入挖掘和阐发中华优秀传统文化讲仁爱、重民本、守诚信、崇正义、尚和合、求大同的时代价值，使中华优秀传统文化成为涵养社会主义核心价值观的重要源泉"②。

4. 要把优秀传统文化融入学校立德树人的实践中。弘扬和传承优秀传统文化主要在于入心入脑，要内化为我们每个人的日常言行，而不是流于形式。这要求我们从基础教育抓起，发挥第一课堂主渠道作用，在教学、研究体系中坚守中华民族的文化基因和精神命脉。当前，优秀传统文化教育还有一些问题，如一些教材中的"中国味"淡化，教育内容的系统性、整体性还明显不足，重知识讲授、轻精神内涵阐释的现象还比较普遍，一些高校还没有把优秀传统文化教育列为必修课，课程和教材体系有待完善，教师队伍整体素质有待提升，全社会共同参与的教育合力有待加强等。解决这些问题，要在人才培养方案中增加优秀传统文化课程，把传统文化课作为必修课程，使学生在学校教育中始终受到优秀传统文化的熏陶和感化，把优秀传统文化的学习与学生思想道德素养的培育结合起来；要拓展中华传统文化类课程建设，使之成为提升学生人文素养和优秀传统文化素养的重要载体；要加强优秀传统文化学科专业和研究平台建设，为传统文化的学习、研究、传播及专业人才的培养搭建平台。

5. 要保持特色不断创新。习近平总书记指出，要"努力实现传统文化的创造性转化、创新性发展，使之与现实文化相融相通，共同服务以文化人的时代任务"③。对优秀传统文化如何"创造性转化、创新性发展"是我们必须关注的重大现实问题。尊重传统不能食古不化，"一股脑儿都拿到今天来照套照用"，更不能作茧自缚。文化的生命力在于创新。"两创"方针的鲜明指向，就是立足于实践，把跨越时空、超越国度、富有永恒魅力、具有当代价值的文化精神弘扬起来，以兼收并蓄的包容精神，借鉴其他优秀文明成果，通过转化再造、丰

① 习近平谈思想道德建设：为实现中国梦提供强大精神力量［EB/OL］. 中国网，2015 - 12 - 31.
② 习近平谈思想道德建设：为实现中国梦提供强大精神力量［EB/OL］. 中国网，2015 - 12 - 31.
③ 习近平：实现传统文化创造性转化，不能一股脑儿拿到今天照套照用［EB/OL］. 新华网，2014 - 09 - 21.

富发展，焕发新的生命力。

二、拉起"高压线"，牢牢把握高职院校宣传思想工作的管理权

一是抓好课堂主阵地管理。把坚持党的基本路线作为教学基本要求，制定加强高职院校课堂教学管理办法，严格执行教师教学考核、教材使用、教学过程督导制度，对在课堂教学中传播错误观点和言论的，要给予严肃批评教育；对态度顽固、不听教育劝阻的，要视情况调离、解聘；对散布反动言论或从事非法活动的，要依法依纪严肃处理。聘任外籍人员担任教师，要严格执行国家有关规定。要毫不放松地加强各类阵地管理，拉起"高压线"，把好"准入关"，绝不给错误思想提供传播渠道。

二是抓好宣传思想阵地管理。严格对校报校刊出版物的内容审核，加强对广播电视、讲座论坛报告会、网络新媒体、师生社团、海报宣传栏等校园宣传思想阵地的管理，也包括以校园新闻网、博客、微信、人人网等社交网络软件构成的新媒体形式。特别是，随着信息技术的不断进步和发展，网络成为高职院校师生获取信息、表达意见、参与公共事务的重要渠道，一些倾向性、苗头性问题，最容易先从网上反映出来。对外来讲学、举办的论坛等实行外事部门和直接责任部门会签制度，开展"双审核"和追踪管理，实行严格的审核制度，审核主讲人的背景、讲稿的内容，并实施全程管控，确保宣传思想工作的安全。必须从战略和全局的高度充分认识高校舆论阵地建设的现实紧迫性和极端重要性，切实把阵地建设和管理作为学校宣传思想工作的基础工程，确保舆论导向的正确性。做好宣传思想工作，用好管好阵地是关键，筑牢抵御渗透的防火墙。

三是抓好宣传思想工作的队伍建设。党的事业成败，关键在人。首先，选优配强领导班子至关重要，也是履行主体责任的应有之义。要严格执行干部标准，大力加强宣传思想工作部门领导班子建设，真正把那些信念坚定、为民服务、勤政务实、敢于担当、清正廉洁、善于做宣传思想工作的优秀干部选拔到领导岗位上来，确保宣传思想工作领导权牢牢掌握在忠于党、忠于人民、忠于马克思主义的人手里。对敢抓敢管、敢于同错误倾向做斗争的同志要公开支持、大胆使用，对不适合、不适应的要及时调整。其次，抓好思想政治教育教师队伍建设。最后，抓好党建队伍、辅导员队伍、群团队伍的建设。

三、重视"话语谋划"，牢牢把握宣传思想工作的话语权

一是要创新新时期宣传思想工作话语体系。强化主流引领，牢牢把握宣传思想工作的话语权。不断壮大主流思想舆论，努力寻求宣传思想工作与高等教育在立德树人、文化传承和校园文化建设方面的有机结合点。提高马克思主义指导思想的说服力和感召力、传播力和影响力。要注重用中国的理论、中国的学术、中国的文化解读马克思主义中国化最新成果，形成中国特色、中国风格、中国气派的话语体系。特别是要针对西方学术话语占据主导的现状，发挥高校人才优势和学科优势，增强责任感紧迫感，深入总结提炼我们在中国道路中创造的新思想新经验新做法，着力打造融通中外、具有普遍适用性和广泛接受度的新概念新范畴新表述，讲好中国故事，传播好中国声音。要建立高校宣传思想工作研究中心，及时掌握思想动态，研究宣传思想工作规律，充分发挥理论专家作用，主动引导思想舆论。健全社会思潮和舆情分析研判机制，及时发现和处理倾向性、苗头性问题，切实把握工作主动权。

二是引领"话语权"，提高我国主流思想的国际影响深度。"被动坚守不如主动出击。"我们不仅要做好国内管理工作，更要"深谋远虑""先声夺人""先发制人"，积极参与宣传思想工作的国际研究与管控工作，不断增强我国传统文化和中国特色社会主义的国际影响力，从而提高我国主流思想的国际影响深度。一方面，我国要对全球化背景下思想的多元化保持高度警惕，主动参与全球化进程，加强宣传思想工作的战略研究与国际合作，为我国宣传思想工作的发展打造稳定和谐的国际环境；另一方面，要继续实施"走出去"战略，为世界走进中国、了解中国、认知中国提供平台，不断扩大我国主流思想的国际影响力。我们要打造诸如孔子学院这样的思想文化输出平台，推动"一带一路"的经济社会发展互惠措施，逐步增强我国主流思想的国际影响深度。借助现代传媒技术，尤其是"互联网＋传播"这样的宣传技巧，积极向国际社会介绍、宣传中国经济、文化、社会、政治等制度，重点将我国优秀传统文化、主流思想的先进性、优越性、特色性展现给全世界，宣传好中国经济、社会发展给全世界带来的好处，以此增强世界各国对我国主流思想的肯定、认同与赞赏。

三是要抢占话语权，把握好先机。对于宣传舆论要前瞻研判、快速反应，必须把抢占舆论先机作为重要策略，快速甄别事实、深度研判情况、及时处置化解，必要时"先斩后奏"，确保先入为主、掌握主动。要采取定性分析与定量

分析、人工搜索与技术检测、综合分析与专题分析等相结合的方法，准确分析思想舆情状况，科学预测舆情发展走势，增强处置工作的前瞻性。要深入剖析舆情特别是负面舆情问题背后的深层次问题，弄清楚哪些是我们工作纰漏造成的，哪些是群众好心办坏事导致的，哪些是意见领袖推波助澜的，哪些是敌对分子扭曲炒作的，第一时间拿出针对性的处置办法，避免出现"谣言面前，真相也投降"的被动局面。同时要积极回应、有效引导。事实表明，一些公共事件的酝酿扩大，往往是不够阳光使然。特别是网络时代多元快捷的信息获取方式，任何试图"瞒"和"捂"的举动只会适得其反。要及时回应社会关切问题，针对一些群众对党和政府工作的具体意见、对由现实利益问题引发的不满、对因社会变革冲击而产生的非理性心态等，通过建立健全信息发布机制和政策解读机制，及时发出权威声音，有针对性地解疑释惑，疏解情绪，化解矛盾。要有针对性地做好引导工作，对涉及敌我斗争的，要及时应对和驳斥；对属于人民内部矛盾的极端诉求，坚持疏堵结合、以疏为主，删堵不良信息，配合有关部门化解矛盾；对涉及个体利益的合理诉求，该引导的发布正面信息，该回应的给予合理解释，严防别有用心的人借机炒作。

第四节　提升高职院校师德修养，严把"政审关"

一、强调"起跑线"，严把教师"入口关"

一是国家要提高教师的经济、政治地位。让最优秀的人热爱教育、投身教育，让教师真正成为"太阳底下最光辉的职业"，以此吸引优秀人才，这是根本。纵观世界，所有发达国家均以重视教育、重视教师而使得全民族素质提升、国家兴旺发达。

二是把好教师"入口关"。高职院校要坚持"德才兼备，以德为先"的标准，通过考试、考核、实地调查、座谈访问、查阅档案材料等，全方位了解考察对象，引进综合素质高的人才充实教师队伍。

二、重视"末路难"，加强对高职院校教师的培养和考核

帮助和引导广大中青年教师克服不足，健康成长，是高职院校党委一项极

其重要的政治任务。在实际工作中，需要做到五个导向。

一是坚定政治方向。政治上的坚定源自理论上的清醒。高职院校党委的首要责任，就是要把广大中青年教师紧密团结在党的周围，引导其进一步增强对中国特色社会主义的思想认同、政治认同、情感认同，进一步坚定道路自信、理论自信、制度自信，牢固树立社会主义核心价值观，特别是牢固树立"四个意识"，始终与党和国家同心同德、同向同行。牢牢把握高职院校宣传思想工作的领导权和话语权，必须坚持以中国特色的社会主义教育为核心，以思想理论建设为根本，大力加强对教师思想的引领。做好高职院校宣传思想工作，关键在教师。教师思想政治水平、道德素质和精神面貌，决定了高职院校宣传思想工作研究、传播和教育的质量，因此必须通过加强教育，增强高职院校教师的政治素养、师德修养和职业素质。要深入开展党性党风教育，学习党史、国史，增进对走中国特色社会主义道路的政治认同、思想认同、情感认同。要深入开展形势政策教育，深刻理解世情、国情、党情的发展变化，正确认识热点难点问题，坚定理想信念，增强为实现中国梦而奋斗的责任感和使命感。

二是牢记国家使命。建设社会主义现代化国家，实现中华民族伟大复兴的中国梦，为高职院校教师施展才华提供了广阔舞台，而解决我国前进路上遇到的深层次矛盾和问题，又给广大教师提出了新的使命。在这样一个伟大时代，我们要着力引导中青年教师把个人兴趣与国家战略结合起来，把学术价值和社会效益结合起来，面向国家重大需求，承接重大任务，争取重大突破。

三是强化社会责任。当前我国正处于社会转型期，人们思想的独立性、选择性、多样性、差异性日益增强，需要高职院校教师在引领社会风尚、凝聚社会共识、促进社会文明进步中发挥带头作用。要引导中青年教师带头践行社会主义核心价值观，牢固树立社会主义法治理念，针对社会热点问题发出理性声音，激发和传递正能量。

四是坚持育人为本。我们所培养的学生能不能成长为中国特色社会主义事业的合格建设者和可靠接班人，根本上取决于教师能不能担负起立德树人的责任。我们要引导中青年教师把立德树人放在学校工作的中心，把思想政治教育特别是社会主义核心价值观教育放在立德树人的首位，引领学生全面健康成长，培养国家民族未来的栋梁。

五是树立优良学风。我们要弘扬理论联系实际的风气，既要积极吸收借鉴国外有益文明成果，又要立足中国实际，研究中国问题。要弘扬"十年磨一剑"

的学风，克服急于求成的心态。弘扬团结包容的风气，引导中青年教师主动参与集体攻关，加强沟通、包容、协同。

真正将这五个导向落到实处，需要抓好以下四个方面工作。

一是必须强化教育和树立导向。要健全政治理论学习制度，加强思想政治教育，提高高职院校教师的道德素养。要对中青年教师加强思想理论教育，使之掌握马克思主义的基本立场观点方法；加强党史国史教育，使之深刻认识为什么西方的发展道路不适合中国，坚持不懈用中国特色社会主义理论体系武装教师头脑，增强教师对中国特色社会主义的思想认同、理论认同、情感认同；实行学术安全培训制度，深入推进哲学社会科学教学科研骨干和思想政治理论课骨干教师研修工作，重视在优秀青年教师中发展党员。要扎实推进师德建设，落实高校教师职业道德规范，完善师德建设长效机制，实行师德一票否决制，完善加强高职院校学风建设办法，健全学术不端行为监督查处机制。教书育人是一种特殊的劳动，是一种深入学生内心深处的、形式千变万化的、外界难以直接监督的自觉劳动，是一种极为细致复杂的艰辛的劳动。要把教书育人内化为教师的自觉行为，在很大程度上依赖于教师个人的师德觉悟和思想境界。加强师德建设，要多渠道、分层次、按计划、有针对性地开展各种形式的师德教育。在加强和改进教师思想政治教育、职业道德教育、社会公德教育、家庭美德教育的同时，重视法制教育和心理健康教育，引导其遵纪守法，严谨治学。要大力培养和提高教师的职业光荣感、历史使命感和社会责任感，要动员和组织教师认真学习中国传统和世界优秀思想文化的精髓，传承文明、发扬光大。明确教师必须要以培养优秀人才、发展先进文化和推进社会进步为己任，站在时代最前列，努力成为为人民服务的典范；必须要深刻领会并努力践行社会主义核心价值体系，牢固树立正确的世界观、人生观和价值观，自觉抵制各种腐朽思想的影响；必须要自觉履行教书育人的神圣职责，以身作则，言传身教，为人师表，以高尚的情操引领学生健康成长。建立中青年教师社会实践和校外挂职制度，让广大中青年教师走出校门，通过深入的考察实践，了解国情社情民情，深化对中国特色社会主义的认识，增强实现中国梦的信心。通过有针对性的社会调研，让中青年教师深入基层一线，使自己的学术研究与社会现实结合得更加紧密。通过有计划的挂职锻炼、交流任职，使中青年教师更加真切地感受国家跳动的脉搏，了解国家的重大需求，融入国家发展的洪流，增强社会责任感和使命感。要积极引导中青年教师围绕国家发展中的重大理论和现实问题，开展深入研究，推进理论创新，构建中国特色的概念、范式、理论框架和话语体系；围绕国家重大战略和经济社会发展中的热点问题，开展政策研究和决策咨询研究，提供有价值的方案建议；围绕实施创新驱动发展战略，加强基础研究和应用研究，推进产学研合作和协同创新，努力实现核心技术突破；引导中青年教师发挥国际交流活跃的优势，更好地向世界宣传和展示中国。

二是严格管理和执纪问责。高职院校是宣传思想工作的主阵地，是各种观念和思潮交汇碰撞的地方，必须一手抓管理，一手抓问责。首先要建立和完善考核机制。加强课堂教学的建设管理，建立课程标准和教案评价制度，坚持课堂教学守纪律、公开言论守规矩，所有教育教学活动都不得出现违背党和国家大政方针、违背宪法和法律、危害国家安全、破坏民族团结等言行，对违反师德的教师要进行必要的批评教育和相应的处罚，对情节严重并造成恶劣影响的要坚决实行"一票否决制"。对违反法律法规、校规校纪的，要依法依规及时处理。要把师德建设作为学校精神文明建设及教育教学工作考核的主要内容。对教师的考核应突出教书育人的实绩，重点考核教师的职业道德状况、教学态度、育人效果等。要将师德建设与教师人事分配制度改革结合起来，把师德要求落实到师资管理的政策导向中。其次要建立和完善激励机制。通过发挥对教师考核评价体系这个指挥棒的作用，明确将教书育人、服务社会、文化传承等作为评价体系的重要内容，实行师德"一票否决制"，推行"代表作"制度、"技术推广"制度、"服务社会"制度，更多地关注那些经得起历史检验、高质量、有影响力的科学或技术或文化成果。多维多元地评价教师的贡献，让那些呕心沥血培养学生的教师、为社会做出突出贡献的教师、勇攀科学高峰的教师、默默无闻从事基础工作的教师，都能得到全面公正的评价。进一步搞好评选表彰教书育人先进个人和集体的工作。各级教育行政部门和学校对师德和教书育人成绩突出者，要予以表彰和奖励，并在教师职务评聘晋升、评优树模、干部选拔、绩效分配等方面优先考虑。

三是优化和谐工作环境，营造良好师德氛围。从精神层面来讲，师德建设是在宽松和谐的环境下潜移默化进行的。首先要刚柔相济，在刚性管理中融入情感激励，充分认识、尊重、理解教师，给予他们更多的信任、理解和宽容，让管理在信任中产生力量，在理解中换取真情，在宽容中凝聚人心。其次要在评价过程中注重教师发展。注重以教师的主体性发展为目的的评价，用欣赏的眼光看待教师，对教师的崇高地位予以尊重呵护，和教师进行心灵深处的交流沟通，对教师工作业绩做出积极评判。再次要在科学管理中强化民主参与。参与本身也是一种激励，让教师参与管理、参与决策，就会促使教师把校长的工作目标变成大家的共识，形成推动学校发展的合力，增强主人翁责任意识，从而凝神聚气地做好各项工作。最后要在和谐关系中营造团队精神。学校要更多地关注教师的独立性、创造性，关注人的个性发展、人的存在与价值、人的情感与沟通，创造一种用良好的氛围稳定人、用共同的理想凝聚人、用发展的成就鼓舞人、用奋斗的目标激励人的和谐氛围，让人人都感受到工作的乐趣，树立成功的信心！

四是探索教师定期注册制度。一个聘用期内综合考核一次，特别是要将师德作为考核的重要标准。考核合格者予以注册，继续聘用，将考核不合格者淘汰出教师队伍。

第五节　培育可靠接班人，打赢"无烟战"

在新的时代条件下，以移动互联网为载体的新兴媒体日益成为思想、信息和社会舆论的主要集散地，尤其是微博、微信等社交媒体的兴起，使社会舆论形成、发展的内在机制和基本形态都发生深刻变化，一幅"人人都是通讯社""个个都是麦克风"的社会图景已经呈现在我们面前。在此背景下，高职院校师生的思想空前活跃，同时，各种思想鱼龙混杂，容易产生不良影响。这迫切要求我们加大工作创新的力度，更加讲究策略和方法，不断提高宣传思想工作的科学化水平。

一、"明形势"，提高宣传思想工作的领导水平

主动加强网络阵地建设，提高高职院校宣传思想工作的领导水平。一方面，我们需要密切关注网络发展的新动向新趋势，借力新媒体新平台，主动融入师生关注度高、使用频繁的网络社区；另一方面，必须建设和掌握可信、可管、可控的网络阵地，这样才可能在丰富思想内涵、引领价值追求、提升审美品位、增强文化底蕴上下功夫，为高职院校党委牢牢把握思想政治教育和宣传思想工作的领导权奠定基础。要主动走到宣传思想工作前沿，用深入浅出、生动活泼的话语为青年学生答疑解惑，更好地向他们宣传社会主义主流思想。具体包括：

一是高度重视网络作为思想政治教育主渠道的作用，充分用好各类网络平台，建好网络阵地，通过平等对话和高质量的发言，引导青年，赢得青年信任。将学校长期建设的思想政治教育品牌项目和优秀成果上网上线，努力扩大校园网络文化的红色地带。学校读书会、中华经典诵读、大学生社会实践活动等是思想教育工作的传统品牌和创新项目，高职院校要将其利用好、发展好。学校的各项重大政治性活动也都在相应的专题网站和官方微博上发布，让更多学生便利分享，扩大宣传效果，开拓网络文化红色地带。

二是学校网站和系部网页要设计针对学生的活动，鼓励学生参与学校管理的"校务建议"版块，在网络良性互动中增强学生的主人翁意识。学校将"校领导和学生座谈会"所反映的问题和答复处理意见在网站公布，方便学生了解情况和进行监督。党委宣传部坚持指导开展网络舆情收集研判工作，坚持每周一报，送有关校领导参考，实现学生网站自我管理、勇担责任和学校工作改进完善的良性循环。

三是开办心理网站，多平台疏导学生心理问题。针对大学生心智未熟以及因入学不适应、人际交往受挫和学习压力、考试压力、就业压力而发生的自闭、抑郁、焦虑等心理问题或心理疾病，开通专门的微信公众平台。

四是着眼大学文化特点和大学生性格特征，培育活泼向上的校园网络文化环境。一方面，要组织名师系列讲坛、中外优秀文化讲座、校友系列讲座专题讲座等论坛讲座资源上网上线，让学生共享，满足学生对学术文化的需求；另一方面，又以学生为主角，举办诸如毕业典礼与学位授予仪式、学生年度人物评选揭晓颁奖典礼、校园歌手总决赛等生动活泼、积极向上的校园文化活动，这些活动或通过网络直播或全程摄录后上传网络，供学生和家长观看、点击浏览。这种自我展示、自我欣赏的大学生网络文化，突出主体性，增强参与性，展示亲和力，在潜移默化中塑造学生活泼向上的人格和健康上网的习惯。

二、"重防范"，提升青年学生对不良信息的"免疫力"

加强网络素养教育，提升青年学生的认知水平和面对不良信息时的"免疫力"。高职院校要通过整合管理和教学科研等各方面资源，规划建设全校性的"网络教研室"，着力推动网络素养教育进入课堂教学，将其作为当代大学生思想政治教育的重要组成部分，放在与专业教育、通识教育同等重要的位置加以考量。一方面"系统讲授"，通过课堂教学的传统形式，全面、系统、深入地解读网络社会的各种新现象、新问题和新规律；另一方面"深度启发"，通过课堂互动、案例讨论、小组报告、课外实践等多种途径，使学生深刻理解课堂讲授要点，以加快养成网络社会中健康成长的基本技能和素质。

三、"早计划"，健全舆情综合防控体系

进一步健全舆情综合防控体系，完善工作机制。包括建立健全组织保障机制、舆情搜集机制、分析研判机制、应急预警机制、应对处置机制和总结评估机制等，切实提高对网络舆情的引导应对能力，提高对虚拟社会的管控能力。高职院校要建立 24 小时舆情报送值班制度，设立专门队伍，使学校能在第一时间掌握舆情动态，第一时间研究对策，第一时间开展工作，牢牢掌握工作主动权，力争先行一步，尽早采取措施，确保有效控制负面言论可能带来的不良影响。

四、"巧区分"，辨清问题类型及其应对策略

正确区分政治问题与学术问题、政治问题与具体利益诉求问题，采取有针对性的应对思路和策略。近年来，一些别有用心的人在网络上推波助澜，把学术问题和群众的个别利益问题与党的路线、方针、政策相联系，最终把矛头指向中国共产党和社会主义制度，对网络舆论和社会思想共识造成了很大的负面影响。对此，要沉着冷静应对，引导广大师生增强政治敏锐性和政治鉴别力。对学术问题，要实事求是，加强引导，注意处理好学术与政治、淡化与泛化、堵与疏的关系。对社会问题，要客观全面，具体分析，不能把由个别利益诉求引起的群体性事件一概说成是敌对势力的煽动和破坏。对政治问题，要立场坚定，旗帜鲜明，对触及党和国家的原则、底线的言行，要及时、有效、坚决地进行斗争。

第四章

开拓"思政育人"新视野，划设思想防范的"警戒线"

自 20 世纪 60 年代以来，伴随着西方行为主义政治学兴起，"意识形态"这一概念受到批评，英国当代著名哲学家、政治思想家奥克肖特曾指出："事实上，从这个词的经典使用方法中得出的唯一结论就是，它是，或者已经成了，一个毫无价值的概念。"① 时至 20 世纪 80 年代末 90 年代初东欧剧变和苏联解体，意识形态终结论愈加高涨，美国学者弗朗西斯·福山提出的"历史的终结"就是很好的代表。然而，现实世界的发展却似乎与学者们的判断截然相反。进入 21 世纪以来，新自由主义、民主社会主义等社会思潮激烈交锋；新疆暴恐案、昆明火车站暴恐案所引起的舆论交锋充分说明了以美国为首的西方资本主义国家加紧对社会主义国家尤其是中国进行没有硝烟的意识形态战争，对中国国家安全产生了严重威胁。

习近平总书记 2012 年 12 月在中央军委扩大会议上曾深刻指出：我们在社会制度与意识形态等方面都与西方国家存在完全的不同，这就决定了我们同西方国家的斗争和较量是不可调和的，因而必然是长期的、复杂的，有时甚至是十分尖锐的，因此，意识形态工作是党的一项极端重要的工作。意识形态工作本质上是一项思想工作，立德树人本质上是思想育人。高职院校作为党的宣传思想工作的重要阵地，是各种思潮聚集之地，也是青年学子聚集的场所，宣传思想工作应贯穿其教学、科研、管理各项工作之中，这关系着高职院校的社会主义办学方向。因此，必须高度重视高职院校的宣传思想工作。高职院校要牢牢掌握宣传思想工作的话语权，开拓思想育人的新视野，坚持底线思维，从政治、道德、法纪三个维度谋划高职院校宣传思想工作的"警戒线"，牢牢把握高

---

① 景跃进，张小劲. 政治学原理 [M]. 北京：中国人民大学出版社，2006：200.

职院校宣传思想工作的领导权、管理权、话语权。

第一节　高举"马列观"，教育师生构筑"政治界限"

正如列宁曾经批评"国家"这一概念被资产阶级学者弄得混乱不堪一样①，20世纪60年代以来，西方学者对意识形态的定义有着多种多样的表述。新时期，要牢牢把握意识形态工作领导权、管理权和话语权，就必须以马克思主义为指导，科学认识意识形态、把握意识形态。

一、构筑"政治界限"，坚持以马克思主义科学认识、把握"意识形态"

"意识形态"是一个现实性极强但又复杂的词语。现实生活中，"意识形态"在大多数人的头脑中是一个带有否定甚至是贬义的词语。而在政治学理论中，"意识形态"是一个复杂的概念，许多思想家和学者从不同的角度和出发点对其做出了不同的界定，各种定义莫衷一是，导致"意识形态"这一概念一定程度上被滥用或混淆。

意识形态又是政治学中的重要概念，它被认为是政治文化的核心内容，是使政治体系合理化的重要因素。并且，自20世纪60年代以来，意识形态研究的方法、途径和领域不断得到拓宽，意识形态研究已经与文学、社会学、教育学乃至心理学等学科结合，成了政治学研究的重要领域。

"意识形态"这个概念的理论渊源发轫于英国哲学家、科学巨擘弗兰西斯·培根在其著作《新工具》（1620）中提出的"四假象说"。培根认为由于人类自身或社会的因素在人们认识外部世界的过程中分别造成"种族假象""洞穴假象""市场假象""剧场假象"，这给人们认识外部世界造成了种种障碍。那么，人类应当怎样克服种种偏见和错误的观念从而形成正确的、科学的观念呢？这个问题成了促使意识形态概念产生的动力。

法国大革命时期的学者德·特拉西在其1801—1805年的著作《思想的要素》

---

① 列宁1919年7月11日在《论国家》中指出："国家问题是一个最复杂最难弄清的问题，也可说是一个被资产阶级的学者、作家和哲学家弄得最混乱的问题。"见列宁选集：第4卷［M］.北京：人民出版社，1995：24.

（又译为《意识形态原理》）中正式提出了他所创造的"意识形态"（Idéologie, ideology）这个名词，这是"意识形态"一词第一次出现。在特拉西那里，意识形态是一门研究解释人类观念上的偏见和成见的来源的科学，即"观念的科学"。这种提法一开始得到了拿破仑的支持，但后来由于拿破仑与意识形态家的政见不同，拿破仑又转而批判意识形态家是"空想家"，诘难意识形态破坏了国家的秩序。从此以后，"意识形态"被赋予了贬义，人们在很长时间对其弃之不用。

随着德国哲学家曼海姆的《意识形态与乌托邦》1929 年出版，以及马克思、恩格斯在 1845—1846 年合著的《德意志意识形态》1932 年首次出版面世，意识形态研究又重新流行起来。及至第二次世界大战后，学界关于意识形态的研究达到了顶峰，并成了一门系统的学问。虽然在 20 世纪五六十年代，行为主义把意识形态看作一种"官方思想"，认为当时是"意识形态终结"的时代。然而随着女权主义、生态主义等新的意识形态出现以及行为主义研究走向衰落，意识形态研究又受到了关注。

虽然马克思和恩格斯没有对意识形态做出一个统一的、清晰的界定，但是，在《德意志意识形态》《1844 年经济学哲学手稿》《共产党宣言》等著作中，马克思、恩格斯较为系统地论述了意识形态。在马克思、恩格斯看来，意识形态是与资产阶级联系在一起的特定概念，其内涵主要有：

第一，意识形态是一个包括政治法律思想、道德、哲学、宗教等具体形式的总体概念，是基于一定社会经济基础之上的上层建筑的一部分；第二，意识形态是社会生活过程在人脑中的反映，是社会的产物；第三，意识形态只反映统治阶级的利益和意志，是对社会现实错误的、扭曲的反映；第四，意识形态是一定社会历史阶段所特有的产物，当无产阶级掌握政权，消灭了阶级、剥削和压迫后，意识形态就会消失。

伟大的革命导师列宁创造性地发展了马克思和恩格斯的意识形态理论。在 1902 年《怎么办?》一书中，列宁认为意识形态不是资产阶级所特有的，无产阶级也具有意识形态，那就是社会主义的意识形态，亦即科学社会主义。无产阶级的意识形态在工人群众中不会自发地产生，需要通过外部的灌输。从此以后，意识形态已不仅仅与资产阶级相联系，而是一个中性的概念。

在马克思主义后来的发展过程中，意大利的葛兰西通过"文化霸权"理论，法国的阿尔都塞通过"意识形态国家机器"理论从不同角度深化发展了马克思主义意识形态学说。

要全面地理解意识形态这一概念必须掌握其基本特征，意识形态的内涵决定了其具有以下基本特征。

（一）阶级性

意识形态具有鲜明的阶级性，这是意识形态的本质特征。意识形态是为了维护和实现阶级利益与阶级统治而形成的一整套对现存政治体系进行解释的思想和信仰体系。它必然反映一定阶级或社会集团的要求和利益，并为该阶级或社会集团服务。在阶级社会中，意识形态总是代表一定阶级的根本利益。统治阶级与被统治阶级、处于没落的阶级与处于上升时期的新兴阶级，都必然有自己的意识形态，其目的在于维护本阶级的根本利益，或为巩固统治阶级既得利益辩护，或为变革社会提供理论依据。

在阶级社会中，占主导地位的意识形态，总是统治阶级的意识形态。"统治阶级的思想在每一时代都是占统治地位的思想。这就是说，一个阶级是社会上占统治地位的物质力量，同时也是社会上占统治地位的精神力量。……因而，这就是那些使某一个阶级成为统治阶级的关系在观念上的表现；因而这也就是这个阶级的统治思想。"① 意识形态鲜明的阶级性，要求一定的意识形态必然要在整体上论证该阶级和社会集团的利益及愿望的正当性和合法性，以便得到该阶级成员的广泛认同和支持，维护该阶级的利益。所以，在资本主义社会，资产阶级意识形态占统治地位；在社会主义社会，无产阶级意识形态同样具有强烈的阶级性，为无产阶级政治、经济、文化和社会的发展服务。

由于意识形态存在着鲜明的阶级性，所以，在阶级社会中，意识形态作为统治阶级的思想总是自觉地或不自觉地掩盖人们的现实生活和交往关系的真相，以便维护统治阶级的统治，而"每一个企图代替旧统治阶级地位的新阶级，就是为了达到自己的目的而不得不把自己的利益说成是社会全体成员的共同利益，抽象地说，就是赋予自己的思想以普遍的形式，把它们描绘成唯一合理的、有普遍意义的思想"②。统治阶级常常将自身的意识形态赋予普遍的性质而强加给全体社会成员。马克思、恩格斯也正是在这个层面上认为意识形态具有虚假性。

（二）总体性

意识形态作为与一定经济基础相适应的社会上层建筑的一部分，是由各种

---

① 马克思恩格斯选集：第 1 卷 ［M］. 北京：人民出版社，1995：98 - 99.
② 马克思恩格斯选集：第 1 卷 ［M］. 北京：人民出版社，1995：103.

政治法律思想、经济思想、社会思想、伦理、艺术、教育、哲学、宗教等具体的意识和观念形式形成的一整套思想和信仰体系。

在意识形态中，政治法律思想、经济思想和社会思想处于与现实政治联系最为紧密的第一层次，它们直接反映着统治阶级和社会利益集团的根本利益。意识形态这一部分直接维护着统治阶级的统治地位及根本利益。所以，在每一次革命和改革进行时，意识形态这一层次的斗争总是最激烈的。意识形态的第二层次是伦理、艺术、教育。这一部分与现实政治的联系没有第一层次那么密切，但是这部分的意识形态与社会成员的日常生活息息相关，并影响着人们的政治心理的形成和改变。意识形态的第三层次是哲学和宗教。这部分意识形态与现实政治的距离最远，却通过世界观和信仰的方式对现实政治给予决定性的影响。

意识形态的三个层次相互联系，相互影响。意识形态的斗争在各层次都会表现出来。如在 16 世纪达到高峰的文艺复兴运动就是新兴的资产阶级与封建贵族的斗争在艺术、哲学和宗教领域的体现。

（三）批判性

意识形态要维护特定的阶级利益就必须做出一系列的价值判断，主张某种观点，这样就使其必然自觉不自觉地排挤或反对与自己不同的观点和主张。这种排挤或反对主要是通过批判其他观点和主张来完成的。"一定意识形态总是要对异质意识形态进行抵制、排斥，不允许其他意识形态的干扰与侵袭"。①

任何意识形态在巩固自己的经济基础和上层建筑的同时，必然要与自己相对的意识形态进行批判和诋毁，通过多种手段和方法排除异己意识形态的干扰，在批判中进一步树立和巩固自己的意识形态。

当社会阶级力量对比发生变化时，各种意识形态相互斗争，意识形态的批判性就显著地表现出来，代表社会历史发展趋势的意识形态往往对现存的意识形态不满，于是提出对现存意识形态的批判，从而为社会成员提供一种理想的模式，指出应当如何来改变现实的方案。历史上，每当一个阶级取代另一个阶级的统治，成为社会新的统治阶级的过程，也就是新的意识形态批判旧的意识形态以取而代之成为主流意识形态的过程。当然，在阶级社会中，剥削阶级意识形态的批判性并不彻底，因为剥削阶级通过意识形态所要维护的是自己的阶

---

① 郑永廷，等. 社会主义意识形态发展研究［M］. 北京：人民出版社，2002：345.

级统治和剥削利益。而且，在剥削阶级占统治地位的社会，被批判的意识形态可能恰恰是符合社会发展规律的意识形态。马克思主义无产阶级意识形态是符合人类历史发展规律的意识形态，具有彻底的批判性。它既充当为自己进行论证和辩证的工具，更具有自我批判性。马克思主义不仅要对各种非马克思主义意识形态进行批判，也表现出对自身的自我批判，努力克服自身的不足，完善自我，与时俱进。

（四）相对独立性

作为一种意识和观念而存在的意识形态虽为社会存在所决定，但是它却是相对独立的存在。意识形态的相对独立性首先表现在意识形态的发展具有历史继承性。每一种意识形态都是在特定的经济基础上产生和发展起来的，但是，旧的意识形态并不会因为支持自己的社会存在已经消失而完全消失。新的意识形态与之前的意识形态并不是完全没有联系，而是保留了反映以前社会存在的那些思想因素。恩格斯曾经说过："每一个时代的哲学作为分工的一个特定的领域，都具有由它的先驱传给它而它便由此出发的特定的思想材料作为前提。"[1]一种新的意识形态的产生总是根据已经变化的社会现实，通过对以前意识形态中的思想元素进行扬弃来发展新的意识形态。马克思主义正是在对英法空想社会主义、英国古典政治经济学、德国古典哲学等人类文明合理扬弃，吸收其合理成分的基础上建立起来的。

意识形态的相对独立性还表现在意识形态与社会存在的变化并不是完全同步的。当社会存在并未完全向前发展的情况下，较之进步的意识形态也有可能产生。因为社会存在虽未完全向前发展，但是已经产生了进步的趋势，能够提供新的时代课题。科学社会主义就产生于资本主义内部，而当时资本主义社会并没有产生社会主义所需要的生产关系。另外，当社会存在发生了极大的改变后，意识形态也有可能滞后于社会存在的变化而依旧存在于社会当中，必须通过一个相对较长的历史时期才能完全退出历史舞台。

（五）渗透性

在现实生活中，意识形态各种形式之间会相互渗透。如人类关于生态保护的社会思想就与政治思想相互融合，形成了自 20 世纪 60 年代以来影响颇大的生态主义、生态社会主义等意识形态。

---

① 马克思恩格斯选集：第 2 卷［M］. 北京：人民出版社，1995：703 - 704.

同时，意识形态还会向非意识形态领域渗透。意识形态的这种渗透是以对社会心理的渗透为中介而完成的。统治阶级长期地、有意识地在社会成员政治社会化过程中，对社会成员进行某种意识形态的宣传、教育和灌输，使得意识形态所包含的强制性规范、思想秩序、信仰等逐渐渗透、内化为人们心理和行为上的自律自觉。这样，意识形态就影响和改变了社会成员的世界观、人生观、价值观以及思维方式和行为方式。意识形态通过这种渗透性进一步实现对经济基础的作用，进而最终实现对统治阶级的维护功能。

在经济全球化不断加强的背景下，意识形态的渗透性还表现为不同意识形态之间的相互渗透。随着世界经济的发展，各国政治、经济、文化等各方面关系不断密切。在这种情况下，各种意识形态之间也互相交错、渗透、吸纳、借鉴，使得世界意识形态格局错综复杂，同时也使社会主义与资本主义意识形态矛盾和斗争显现出扩大化趋势。

二、构筑"政治界限"，坚持马克思主义的指导地位

毫无疑问，意识形态作为人类精神世界的一种现象，其本身是丰富活跃的。然而，在任何一个社会、任何一个国家中，总要有一种思想体系占主导地位，起指导作用。这种占主导地位、起指导作用的思想体系规定政党和国家的性质，用以指明政党的奋斗目标和国家的发展方向。马克思指出："任何一个时代的统治思想始终都不过是统治阶级的思想。"① 中国作为社会主义国家，宪法在序言中毫不含糊地规定了马克思列宁主义、毛泽东思想、邓小平理论和"三个代表"重要思想、科学发展观、习近平新时代中国特色社会主义思想的指导地位。在我国意识形态领域占主导地位、起指导作用的只能是马克思主义。马克思主义的指导地位并不仅仅基于宪法的规定，在理论基础、历史依据和现实需要方面也有其必然性。

（一）马克思主义是工人阶级的科学世界观，是马克思主义指导地位形成的理论基础

马克思主义的基本原理正确揭示了事物的本质和规律、人类社会的本质和规律、必然趋势、资本主义的本质和发展规律、社会主义的本质和发展规律，是科学的世界观、历史观、社会主义观。同时，作为工人阶级的世界观和方法

---

① 马克思恩格斯选集：第 1 卷 [M]. 北京：人民出版社，1995：292.

论，马克思主义丝毫不掩盖自己的阶级属性。马克思、恩格斯明确指出："'思想'一旦离开'利益'，就一定会使自己出丑。"① 在阶级社会中，存在着不同的乃至根本对立的利益，因而人们行为的正当性或价值合理性，就在于追求大多数人的而不是少数人的利益。《共产党宣言》明确提出："无产阶级的运动是绝大多数人的、为绝大多数人谋利益的独立的运动。"② 工人阶级只有解放全人类才能最后解放自己，只有消灭一切阶级对立才能消灭作为阶级的自身，才能用自由人联合体代替阶级对立的社会，实现人的自由而全面的发展。这就表明，工人阶级的利益同最广大人民的根本利益完全一致，对于社会未来的发展来说，它代表的是整个人类的利益。因此，从理论基础上看，马克思主义作为科学的世界观和方法论，既科学地揭示了客观规律，更真实代表了最广泛的利益，使其成为我国的指导思想。

（二）中国革命、建设和改革的伟大成就，是马克思主义指导地位形成的历史依据

"中国无产阶级的先锋队，在十月革命以后学了马克思列宁主义，建立了中国共产党。接着就进入政治斗争，经过曲折的道路，走了二十八年，方才取得了基本的胜利。"③ 这是毛泽东同志对中国共产党在马克思主义指导下领导人民取得革命胜利的高度概括。改革开放以来，我们取得的一切成绩也是在马克思主义指导下取得的。党的十七大报告所总结的"新时期的十条宝贵经验"，其中第一条就是：把坚持马克思主义基本原理同推进马克思主义中国化结合起来。所以，中国近代以来的历史，改革开放四十年来的历史都表明，中国革命、建设和改革取得的伟大成就，靠的是坚持以马克思主义为指导，把马克思主义同中国实际相结合，这也是马克思主义成为指导思想的历史依据。

（三）实现中华民族伟大复兴中国梦的主要保障，是坚持马克思主义指导地位

21世纪以来，世界多极化、经济全球化趋势深入发展，科技革命加速推进，但世界和平与发展两大问题一个也没有解决，霸权主义和强权政治依然存在，世界还很不安宁。另一方面，我国仍处于并将长期处于社会主义初级阶段的基

---

① 马克思恩格斯全集：第2卷 [M]．北京：人民出版社，1957：103．
② 马克思恩格斯选集：第1卷 [M]．北京：人民出版社，1995：285．
③ 毛泽东选集：第4卷 [M]．北京：人民出版社，1991：1472．

本国情没有变，人民日益增长的美好生活需要和不平衡不充分的发展之间的矛盾这一社会主要矛盾没有变，我国是世界最大的发展中国家的国际地位没有变。我国将长期面对西方发达国家在经济、科技上占优势的压力，敌对势力从来没有放弃西化、分化和和平演变中国的图谋，从来没有停止在意识形态领域同我们的较量。我国的改革开放和现代化建设还面临着许多深层次的矛盾和问题，还会遇到各种可以预见的和难以预见的风险。要把中国特色社会主义事业不断推向前进，实现中华民族伟大复兴的中国梦，达到"两个一百年"伟大目标，一个根本的条件是，必须把 14 亿中国人民紧密地团结在一起。为此，就必须有一个科学理论作为人民团结奋斗的共同思想基础。没有一个共同的思想理论基础，思想乱了，人心就散了，力量不能凝聚起来，事业就不可能兴旺发达。旧中国"一盘散沙"受尽屈辱的历史证明了这一点，苏联解体的惨痛教训又提供了最新的历史证据。因此，一个国家要发展，必须以科学理论为指导巩固人民共同奋斗的思想基础。

三、构筑"政治界限"，要坚持划清"四个重大界限"

党的十七届四中全会通过的《中共中央关于加强和改进新形势下党的建设若干重大问题的决定》明确提出，"引导党员、干部增强政治敏锐性和政治鉴别力，筑牢思想防线，自觉划清马克思主义同反马克思主义的界限，社会主义公有制为主体、多种所有制经济共同发展的基本经济制度同私有化和单一公有制的界限，中国特色社会主义民主同西方资本主义民主的界限，社会主义思想文化同封建主义、资本主义腐朽思想文化的界限，坚决抵制各种错误思想影响，始终保持立场坚定、头脑清醒"①。

（一）要自觉划清马克思主义同反马克思主义的界限

马克思主义作为立党立国的根本指导思想，是中国特色社会主义意识形态的旗帜和灵魂。它是关于自然、社会和思维的发展规律的科学的世界观和方法论，深刻地揭示了客观世界尤其是人类社会发展的普遍规律，揭示了社会主义必然代替资本主义的历史规律，指明了无产阶级和劳动人民实现解放和发展的明确道路，是人们认识和改造世界的科学指南，包括马克思主义基本理论、列

---

① 中共中央关于加强和改进新形势下党的建设若干重大问题的决定［M］. 北京：人民出版社，2009：13.

宁主义、毛泽东思想和中国特色社会主义理论体系等主要理论内容。坚持马克思主义就是坚持学习和贯彻马克思主义的立场、观点和方法。反马克思主义就是目前流行的各种反对马克思主义的立场、观点和方法的社会思潮。划清两者界限，就必须在坚持掌握马克思主义的立场、观点和方法，指导社会主义现代化建设实践的同时，从根本上抵制各种反对马克思主义思想文化的渗透、侵蚀，用马克思主义教育和引导人民，自觉提高政治鉴别力，筑牢思想防线，坚定共产主义理想信念和中国特色社会主义发展道路。

（二）要自觉划清社会主义公有制为主体、多种所有制经济共同发展的基本经济制度同私有化和单一公有制的界限

以公有制为主体、多种所有制经济共同发展的基本经济制度，基本揭示了我国目前在社会主义初级阶段生产关系的本质特征，是对社会主义建设过程中正反两方面经验的科学总结，也是对马克思主义所有制理论的重要丰富和发展，是我国的基本经济制度。自觉划清社会主义公有制为主体、多种所有制经济共同发展的基本经济制度同私有化和单一公有制的界限就必须在坚持以公有制为主体，鼓励支持和引导非公有制经济发展的同时，清醒警惕和坚决反对各种主张私有化和单一公有制的观点和思潮，坚定不移地推进和完善社会主义市场经济体制改革。

（三）要自觉划清中国特色社会主义民主同西方资本主义民主的界限

社会主义民主是指社会主义国家的民主制度，是无产阶级领导人民群众经过艰苦的革命斗争并通过建立无产阶级政权而实现和不断发展的，是社会主义国家不可动摇的基本政治原则。我国是人民民主专政的社会主义国家，在坚持社会主义民主制度基本原则的同时，结合我国革命、建设和改革的具体历史的实践过程，创立了中国特色社会主义民主制度，主要包括人民代表大会制度、中国共产党领导的多党合作和政治协商制度、民族区域自治制度以及基层群众自治制度等基本制度。自觉划清中国特色社会主义民主同西方资本主义民主的界限，就是要引导广大人民群众在清醒认识到中国特色社会主义民主制度与西方资本主义民主制度的经济基础不同、建设主体不同、实现形式不同的同时，警惕西方民主论思潮背后的真实意图，切实推进中国特色社会主义民主政治制度建设。

（四）要自觉划清社会主义思想文化同封建主义、资本主义腐朽思想文化的界限

社会主义思想文化坚持以马克思主义和中国特色社会主义理论体系为指导思想，在继承和发扬中华民族优良传统的同时，展现无产阶级和劳动人民的世界观和政治本色。而封建主义和资本主义腐朽思想文化反映的是地主阶级、资产阶级的世界观和阶级本质。社会主义思想文化是面向现代化、面向世界、面向未来的，民族的、科学的、大众的先进文化，始终为我国经济发展和社会进步提供强大的精神动力和智力支持。而封建主义和资本主义腐朽思想文化则分别为封建地主阶级和资产阶级服务，是剥削阶级的思想文化。自觉划清社会主义思想文化同封建主义、资本主义腐朽思想文化的界限，就要认清和明晰社会主义先进思想文化与封建主义和资本主义腐朽思想文化的本质区别，自觉抵制封建主义、资本主义腐朽思想文化。坚持用社会主义先进思想文化占领文化阵地和领域，不断兴起社会主义文化建设新高潮，积极推动文化大发展大繁荣。

第二节 践行"价值观"，教育师生牢筑"道德防线"

一、把握社会主义核心价值观教育"六大机制"

（一）强化认同，构建学习教育机制

一要加强大学生的马克思主义理论教育，引导学生从人类社会发展规律的高度认识马克思主义的指导地位，特别注重中国选择马克思主义的科学性和历史必然性教育。二要注重马克思主义的科学指导与中国特色社会主义伟大成就的必然结果的教育，注重马克思主义理论的指导与中国美好未来的关系的教育。三要注重马克思主义的方法论教育，帮助青年大学生在纷繁复杂的思想意识中找准方向，在理论提升中确立人生追求。四要把中国特色社会主义共同理想教育与当代大学生的社会责任感教育结合起来，确立大学生的责任感、使命感。五要强化民族精神、时代精神和社会主义荣辱观的教育，特别注意将塑造大学生的个人精神面貌与大学生的个人健康成长结合起来。在教育的途径上，强调系统协调，多管齐下。充分发挥思想政治理论课教学在社会主义核心价值观教育中的主渠道、主阵地作用。同时，在专业课、基础课等教学活动中，有意识

地融入社会主义核心价值观的内容，为大学生成长成才引领航向和提供精神动力，不断深化对社会主义核心价值观的自我认同。

（二）注重养成，构建行为实践机制

要强化大学生价值观实践养成机制，注重增强大学生在日常行为和生活学习中对社会主义核心价值体系的认同感。首先，要利用大学校园文化建设的机制和设施，努力为他们提供丰富的精神食粮，努力营造思想自由碰撞的舆论氛围，让大学生在理论的思辨中、在观点的比较中把握社会主义核心价值体系的科学性。其次，要针对不同层次的教育对象提出不同的教育目标，使用不同的教育理论，在尊重差异、包容多样的前提下突出先进，带动后进。最后，要拓宽教育形式，加强实践锻炼。有计划、有目的、有步骤地充分利用学生的第二课堂、社团活动、假期社会实践、实习实训、"三下乡"志愿者活动等社会调查、社会公益活动、参观访问等多种形式的宣传教育实践活动，把理论教育与实践教育有机结合起来，把自我价值与社会价值统一起来，从而在实践中受到教育，得到提高。

（三）联系实际，构建激励保障机制

一是要针对不同对象，确定开展社会主义核心价值观教育的重点和难点。在教师队伍中，着重强调"爱岗敬业，教书育人，以身立教，铸造师魂"，克服只当"经师"不做"人师"和急功近利、学术浮躁的问题；在学生中，特别强调社会主义、爱国主义和集体主义，把自我价值融于社会价值之中，增强社会责任感。二是要坚持贴近学生、贴近实际、贴近生活的"三贴近"原则，帮助大学生思考和解决面临的学业、求职、生活、情感等多方面的问题与迷惘；切实关心贫困学生，高度重视学生的心理健康，解决学生心理困惑，塑造健全的人格和心智。三是要把社会主义核心价值体系具体化为学校管理的规定和学生文明公约，体现在学校管理的方方面面，落实在学生日常学习生活的每时每刻，构建全员、全过程、全方位的育人格局。

（四）加强建设，构建环境育人机制

大学育人的核心是文化育人。文化是一种精神财富，一种物质创造力。校园文化对引导学生坚定理想信念、增强责任感与使命感、牢固树立社会主义核心价值观具有重要作用。以优良校风、教风、学风为核心建设校园文化，开展健康向上的校园文化活动，注重营造大学生学习力、创造力、和谐力培养的文化，真正形成团结进取的校风、敬业求实的教风、勤奋刻苦的学风，让学生在良好的文化氛围中接受教育。校园文化建设一方面要优化、美化校园文化环境，注重文化内涵的建设；另一方面要充分彰显网络文化的教育功能。针对网络传播的独立性和无界性，以及大学生知识和阅历局限，缺乏基本的价值判断的现实，抢占网络思想教育阵地，加强对网络的监控、管理和利用，强化网络的正面宣传和影响力。

（五）发挥效应，构建示范带动机制

榜样是一种精神价值载体。大学生社会主义核心价值体系建设的重要内容，就是学习和宣传典型，发挥典型的示范带动作用。要注意发现和宣传"师德楷模""优秀教师""三好学生"等先进典型和事迹，使大家"看得见、摸得着、学得到"，把他们的崇高思想品德传播到师生员工中去，变成千百万人的自觉行动。不但要发挥领导干部和教师率先垂范的引领作用，还要广泛利用社会资源，通过广播电视、网络、报刊等载体，激励学生以先进人物为榜样，引导他们正确看待社会生活中的困惑和失衡现象，帮助他们提升精神境界，构筑抵御诱惑的坚固防线。

（六）形成合力，构建共管工作机制

大学生社会主义核心价值观教育是一项系统工程。一是要建立"党委统一领导、行政为主实施、部门分工负责、系部全面落实"的领导体制，把对大学生社会主义核心价值观教育作为加强和改善高职院校思想政治工作的重要方面贯穿于教学、管理、服务各个环节，相互渗透和促进，齐抓共管，形成合力。二是要强化全体教职工"育人为本、德育为先"的责任意识，确保教书育人、管理育人、服务育人、环境育人、文化育人的各项措施到位。三是要加强思想政治工作队伍建设，按照"政治强、业务精、作风正、纪律严"的要求，把好"人才"关，严格选拔和使用从事学生思想道德教育的教师和辅导员队伍，充分发挥思想政治理论课教师、学生辅导员、班主任在教育中的"传、帮、带"作用。

二、把握社会主义核心价值观教育的"三大基本方法"

将社会主义核心价值观转化为日常价值观。当一个社会的核心价值观确立以后，只有将它社会化、大众化、日常化，转化为人们的日常价值观和生活实践，才能逐步成为人们共同遵循和维护的价值取向、价值追求、价值尺度和价值原则，植根于人们的思想意识深处。要将社会主义核心价值观转化为社会公德、职业道德、家庭美德和个人品德，转化为机关准则、企业规章、社区公约、乡规民约和学生守则等，渗透到社会生活的各个方面；要以群众性实践活动和文化活动等多种形式为载体，引导人人参与、人人体验，逐步达到人人知晓、逐步认同、形成信仰。我国古代社会的"仁义礼智信"教育、美国的"多元、创新、乐观"美国精神教育、德国的政治教育和民族习惯教育、日本的"国民精神"教育、韩国的"爱国精神"教育、新加坡的"共同价值观念"教育，在把核心价值观转化为日常价值观方面，值得我们借鉴。

（一）培育共识

正确的价值观，只有被人民群众内化为思想，并转化为社会群体意识，才能为人们所自觉按其要求执行。核心价值观具有很强的包容度，它的生成是社会大部分成员在不同历史时期价值活动中形成的价值认同与价值凝聚。唯物史观告诉我们，我们一切社会生活、政治生活、精神生活，都深深扎根于社会物质生活方式之中，生产力是其中最具推动力的因素。实践是认识的基础、检验真理的桥梁，脱离实践去认识世界、改造世界是不可能的，否则只能陷入机械唯物主义与唯心主义。而实践的主体是人民群众，而不是个别英雄豪杰，人民群众是历史的创造者，因为只有人民群众合力才能推动历史进步。因此，我们的社会主义核心价值观必须关照最广大人民群众，急人民群众之所急，想人民群众之所想，切实维护好人民群众的根本利益。

那么，当前社会主义核心价值观作为马克思主义理论的最新成果，是中国特色社会主义理论的发展，反映了人民群众的根本利益，是广大人民群众的共同选择，所以我们要大力宣传社会主义核心价值观，同时要宣传人民群众中涌现出来的英雄模范与先进楷模。社会主义核心价值观的价值实现过程，就是一个转化的过程，即社会主义核心价值观由内在价值到外在价值的转变过程。社会主义核心价值观所蕴含的思想、观念、道德等内容，只有为人们所接受，并内化为各自积极向上的心理结构，外化为一种现实的个体动机和行为，其价值才能由内在到外在，即完成了转化的过程，社会主义核心价值观的作用才得以实现。人出于自身考量，对社会主义核心价值观进行反映、选样、评价、内化和外化等。在这个过程中，社会主义核心价值观通过人的能动的认知和接受，升华成为主体的精神基质使其思想得到补充，满足了主体自身的精神渴求，并外化为具体的实践行为，从而实现了社会主义核心价值观的功能。

建设社会主义核心价值观的实践主体是广大人民群众。马克思早就说过，人们奋斗所争取的一切，都与他们的利益有关。所以，人民不是为了创造历史而创造历史的，而是社会是属于人的社会，社会发展规律又必然是人参与的活动规律，包括人们在一定主观意志作用下的各种社会活动也不例外。对此，恩格斯曾用"平行四边形"原理做了形象而深刻的阐述。他指出"历史是这样创造的：最终的结果总是从许多单个的意志的相互冲突中产生出来的，而其中每一个意志，又是由于许多特殊的生活条件，才成为它所成为的那样。这样就有无数互相交错的力量，有无数个力的平行四边形，由此就产生一个合力，即历史结果"，他进一步指出：每个人的意志"融合为一个总的平均数，一个总的合力"。① 恩格斯关于社会发展规律的"合力论"，是对社会发展规律动力系统作用机制一个总的概括，既肯定了经济动力的基础性作用，又充分强调了上层建筑各种因素特别是人的意志的反作用。显然，这种社会发展观不仅是唯物主义的，而且充满了辩证法。无论何种社会活动，都需要深广的群众土壤，都离不开广大民众的积极参与。社会发展的一般规律和人民群众在历史上的作用紧密相连。列宁曾经指出："马克思主义和其他一切社会主义理论的不同之处在于，它出色地把以下两方面结合起来，既以完全科学的冷静态度去分析客观形势和演进的客观进程，又非常坚决地承认群众（当然，还有善于摸索到并建立起同某阶级的联系的个人、团体、组织、政党）的革命毅力、革命创造性、革命首创精神的意义。"② 我们每个民众都是社会的一分子，理应在建设社会主义核心价值观中多尽自己的一份力，为社会发展多做一份贡献。建设社会主义核心价值观使社会主义核心价值观被主体接受和掌握，并转化为社会群体意识，转化为人民的自觉追求，内化为人们的价值观念，外化为人们的自觉行动。

（二）引导心理

价值认同是指社会成员在价值理想、价值取向和价值目标等方面的一致性与统一性。人类的一切思想认同、文化认同和政治认同，归根结底可概括为价值认同。人民对社会主义核心价值观的认同，其实质上是一种价值认同。这里的"认同"是指接受主体对价值目标的接受及内化的一致。人民群众对社会主义核心价值观的价值认同，是指社会成员以社会主义核心价值观为指导，依据自己的价值实践在观念上对社会主义核心价值的认可，表现为共同价值观念的形成。它引领主体在实践上采取实际行动，克服各种困难，为实现社会主义核心价值观的价值目标而不懈努力。社会主义核心价值观的提出，是我们党积极应对国内外思想文化领域新形势新变化、加强社会主义文化安全建设的战略举

---

① 马克思恩格斯选集：第 4 卷 [M]．北京：人民出版社，1995：697．

② 列宁选集（修订版）：第 1 卷（第 5 版）[M]．北京：人民出版社，2012：747．

措，但它的影响力的真正发挥还必须通过一系列努力，强化人民对它的认同。

文化是维系民族团结和国家稳定的重要基础，是一个国家综合国力的重要组成部分。文化的强盛与安全不仅可以形成一个国家、一个民族巨大的凝聚力和广泛而高度的文化认同，而且这种认同感和凝聚力所形成的安全屏障可以极大地提高国家的整体安全度，因此赢得良好的国家安全环境，成为国家稳定发展的重要力量。

（三）构建话语体系

民间话语作为民间利益和情绪的表达方式，不仅包括民间传统文化保留的各种形式，还包括其在人们思想观念上留下的各种文化积淀。它反映了特定时代的民众生存状态、社会理想和权利诉求，成为民主政治建设的原动力。在现代伦理道德教化研究中，一种从以往的关注精英人物和重大事件，转为"目光向下"的注意普通民众的日常生活与文化的研究旨趣已经渐成风气。毛泽东同志在这方面是我们的典范，他善于把深奥的马克思主义理论用中国人喜闻乐见的方式表达出来，他的讲话与著作教育了现代人。例如，他在《改造我们的学习》中，讽刺那些在学习上浅尝辄止的人的状态，用了中国民间俗语"墙上芦苇，头重脚轻根底浅；山间竹笋，嘴尖皮厚腹中空"。讽刺那些毫无内容的文章则是"懒婆婆的裹脚布——又臭又长"，令人忍俊不禁又印象深刻。正统教化伦理是为统治阶级所倡导的、经过思想家加工定型的、作为社会主流的价值观念，主要表现为各种程式化的制度和理论。其形而上的思维方式、宏大的叙事结构、高远深邃的价值追求，使其显得光彩照人、超凡脱俗。民间话语则是民间文化的一部分，它源于人民大众的生活，规范并引导着大众的普遍行为模式，所以可以真实地反映一个民族整体的精神面貌。它是普通民众在表达上居于主流之外的话语观，在实际生活中自发形成，广泛表现在人们的风俗习惯、生活方式等非理论化的现实状态里；在语言表达上大都粗鄙不文，多为乡野村夫的社会等级秩序的话语观，在官僚士大夫阶层的教化和提倡下，渗透进人民群众的俚语俗言。但是，通俗的民间话语传达的却是民众对生活十分真切的感受和向往。它以相对自由生动的形式，真实地传达着普通大众的精神世界和民间社会生活的原貌。

三、完善校园社会主义核心价值观教育的"三大途径"

（一）优化健康校园环境

校园环境从性质上看，可分为硬环境和软环境。优化校园环境包括优化校园硬环境和优化校园软环境。校园软环境的优化必须借助一定的物质载体，没有校园硬环境的优化，优化校园软环境就会成为一句空话。因此，改善校园硬环境是优化校园环境的基础。

改善校园硬环境。硬环境包括学校的整体规划、空间布局和设计风格，有纪念性、象征性、激励性、装饰性的雕塑，校园的绿化、美化、净化程度，学生宿舍、食堂、教室、操场、图书馆、娱乐场所的建设和使用状况。具体地说，改善校园硬环境建设应做到合理地总体规划校园建设。在校园既有建设的基础上，统筹规划各种新建工程的布局，使整体的校园设计突出学校专业特色和传统，融个性、文化性、艺术性、科学性为一体。同时，不仅要考虑物质效益，也要追求最佳精神效果，力求达到育人功能、使用功能和审美需求的统一。如合理规划、布局和建造校园内人文景观；在学生经常光顾的地方，摆设有引导、教育意义的名人名言路牌、雕塑等，来振奋师生的精神，培养师生爱国、爱校的情感和意识。

重视绿化、美化、净化校园自然环境。优美怡人的校园自然环境可以潜移默化地感染和滋养学生，培养学生积极健康的审美意识、生态意识、环保意识、卫生意识。因此，学校需要加大投入让学校绿起来、美起来、干净起来，同时要让师生亲身参与到学校环境的净化、绿化、美化、治理工作中，共同保持和维护校园安静、祥和的氛围。完善学生学习活动场所的条件。学生学习活动的场所主要包括：教室、宿舍、食堂、图书馆、活动中心、体育场馆等。不断地改善学生学习活动场所的条件是社会发展的必然要求，是价值观教育本身发展的必然要求。因为随着社会生产力的发展，教育的重要性日益突显，需要加大对教育的投资，用于教育的基础物质设施建设。

完善校园软环境。校园仅仅拥有了引人注目的外观硬环境是绝对不够的，还必须进一步增加思想文化内涵，使丰富的思想文化弥漫在硬环境中，打造校园硬件环境内有声有色、有滋有味的软环境。软环境包括学校的校风、教风、学风、历史、名声和校园思潮、价值观念、规章制度、道德规范，还有墙报、板报、橱窗、校园广播、电视台、校园网、校刊校报等各种宣传园地和载体所营造的校园文化氛围。完善校园软环境，应注重以下几方面的工作。一是确立校训，加强校风建设。应根据学校自身的传统、特点、时代要求及培养任务，在长期的办学过程中，确立具有本校特色的校训，使之为全校师生共知，成为鼓舞学生奋进的力量，潜在地发挥激励作用。教师的教风、领导成员及机关工作人员的思想和行为将直接影响学生的学风，因为领导和教师成员及机关工作人员的品格、工作态度、治学态度、行为、价值取向都代表着学校的价值取向，成为学生仿效的对象，实际上影响着学生的思想和行为，激发着每个人的使命感和责任感。二是邀请杰出校友回校做报告、访问，利用他们的先进事迹教育学生，用榜样示范引导师生员工的价值取向。三是利用奖惩机制和监督机制，使校领导以身作则，身先士卒，带动教育管理者全心全意地为学校的全面发展而努力工作，使教师既当好传道授业解惑和学术追求上的楷模，又当好为人处世的榜样，使学生端正学习态度，明确学习目的，自觉追求知识、培养能力和道德品质。四是充分利用校园载体，积极宣传校园文化。一般来说，每所学校都会利用如广播、电视台、墙报、校报、校刊、校园网等校园载体，广泛、积极地宣传党的方针政策、时事政治，介绍学校概况、院系建设、科学知识、社会动态，公布校内的新闻、活动安排、好人好事，欣赏学生的各类作品，进行思想政治教育，等等。面对校园媒体所传播的各类文化信息，学生在耳濡目染的过程中，不断地、有意无意地认同、理解、选择了某些带有价值取向的信息，并将其整合到个体的价值体系中，为价值观的提升做好准备。五是加强法制法纪教育，优化治安环境。制定出台《校园治安管理规则》《学生行为守则》等，消灭校园内的消极文化现象，对校园内的广告张贴、杂货摊点进行严格管理，对不文明的行为和不遵守治安管理规定的现象进行批评、监督，直至纪律处分。

（二）发挥教师引导作用

一般来说，教师的学识在学生心目中享有较高的声誉，是模仿和敬重的对象。教师既要传授知识，教会学生思考、学习，也要培养学生的爱好兴趣、挖掘和发展学生的特长、教会学生处事和做人。这就要求教师首先要从各个学科本身的特点出发，用科学的知识、理念、方法教育学生，不断创新教育内容、教育模式、教育手段、教育理论来增强价值观教育的效果，有意识地引导和培养学生形成正确的价值观。其次要挤出时间和学生多相处，利用课余时间深入到教室，甚至学生宿舍，和学生交朋友、谈心，了解他们真实的内心需求，把握住他们思想变化的节奏，并尽一切可能地帮助他们解决学习和生活上存在的一些实际困难，使学生从内心感受到组织的关怀、教师的爱护和关心，进而把学校对他们的要求变为自身的内在需要。最后要以身作则、无私奉献、爱岗敬业。要求每位教师要通过言传身教的无形教育，用自己的政治立场、人格力量、治学态度、道德品质、价值追求潜移默化地影响学生的价值观，使其健康发展。

（三）组织丰富的校园活动

校园组织中有正式的组织，如班委会、团组织、学生会、党组织、校园广播台、网络管理服务中心等，也有非正式的、业余的、由志趣爱好相同的学生自愿组织起来的各种兴趣小组，如美术兴趣小组、数学兴趣小组、学雷锋小组等。还有大学的各种社团，如专业学术型的马克思主义哲学研究会、邓小平理论及科学发展观学习小组、党的基本知识学习小组、科普协会、电子爱好者协会等；文体娱乐型的如文学社、诗社、艺术团、演讲协会、足球协会、集邮协会、书法协会等；社会服务型的如无线电修理小组、科学咨询服务中心、青年志愿者小组等。参加这些组织，能够丰富学生的课余生活，锻炼学生的组织和交往能力，从不同维度去培养学生的责任意识、集体意识、义务意识、服务意识、审美意识等，培养学生形成一定的价值观。如在不同的年龄层次，分别加入少年先锋队、共青团组织、党组织，成为光荣的少先队员、共青团员、中国共产党党员。而学校对参加不同组织层次的学生提出的规定要求不同，所以学生的责任感、使命感、义务感不同，学生所追求的价值观也各不相同、各有层次。

各种校园活动，如辩论赛、时事竞赛、歌手大赛、演讲比赛、小品大赛、宿舍文化大奖赛、主持人大赛、服装设计大赛、运动会、体育竞赛等各类比赛；评选三好学生、优秀学生干部、优秀团员，争创文明宿舍，颁发各类奖学金等各类争先创优活动；还有书展、画展、书法展、沙龙、讲座、报告、联谊会、舞会、文化艺术节，等等。通过丰富多彩、格调高雅、健康有趣，寓教于学、寓教于乐、寓教于锻炼的各种校园活动，使学生们在相互交往中彼此增进友谊，在活动参与中增强自身的素质和能力，发展自己的特长，也逐步培养起自身良好的合作意识、竞争观念、审美观念。

社会实践活动，如有计划地开展军政训练、公益劳动和生产实习，每年寒暑假的社会调查、参观考察、科技服务活动，文明工程、青年志愿者工程、扶贫工程等系列主题活动，义务捐献活动，勤工助学活动等，在社会实践中完善和发展核心价值观。这些社会实践活动，能够使学生更充分地接触社会，亲眼看见改革开放以来企业、城乡社会发生的巨大变化，增进对民情、乡情、国情的了解，增进与人民群众的感情，增强社会责任感；能够使学生亲身体验党的路线、方针、政策的正确性，加深他们对中国特色社会主义理论的认识，树立为人民服务的思想，养成艰苦奋斗的作风；能够激发学生崇高的爱国主义热情，树立长远的理想，自觉地走上与实践相结合的成长道路。这些组织及活动丰富了课余生活，满足了学生精神生活的需求，并且有助于提高学生的思想文化素养，有利于形成健康的生活格调和思想意识，有助于提高对美的鉴赏能力，自觉抵制消极价值观和不良风气的侵蚀，对学生的社会主义、集体主义、艰苦奋斗价值观、爱国主义、道德价值观、审美价值观、团结友爱精神和遵纪守法等科学的思想和观念的形成，可以产生明显的或潜移默化的积极影响，最终有利于学生健康成长和正确价值观的形成。

第三节 齐唱"法治观"，教育师生严守"法纪红线"

一、明确高校法治观教育对落实依法治国的重要意义

1999 年 3 月九届全国人大二次会议通过的《中华人民共和国宪法修正案》确立了"依法治国，建设社会主义法治国家"的基本思想，从此中国加快了法治国家建设的步伐。法治国家建设离不开全国人民的共同努力，当代大学生可以在这一历史进程中贡献自己的力量。增强大学生的法律意识，提高大学生的法律素质，是做好法治国家建设这门大学问的基础课程。这既需要法学专业人才的孜孜追求，同样需要法治观教育培养下的广大在校大学生。基本的法律素质可为当代大学生投身于未来包括法治建设在内的国家建设保驾护航。党的十七大报告中明确指出：全面落实依法治国基本方略，加快建设社会主义法治国家。这是对十五大提出的"依法治国，建设社会主义法治国家"的进一步发展和持续。

依法治国，在政治上是广大人民群众依靠党的领导，在方式方法上是在管理国家、社会事务的过程中要依照宪法和法律规定办事，在目的上是保证各项工作的依法进行，在根本目标上是逐步实现社会主义民主的制度化、法律化，在效果上是保障制度和法律不因领导人的改变而改变。在依法治国基本方略的具体贯彻和实施过程中，高校法治观教育承载的是在思想政治教育中明确依法治国的基本内涵，明晰依法治国对于个人、公民、社会制度建设所具有的重大意义和切实利益，从而更好地带动当代高校大学生学习法治观的热情和兴趣。高校法治观教育的意义就是通过这样的基础性工作来达到完善国家上层建筑，进而促进经济发展的目的。

二、把握优化法治观教育内容的"三个方向"

（一）坚持马克思主义法治思想

在对待马克思法治观的问题上，受到学界马克思哲学观思潮的影响，存在

着"工具论"以及"实践论"的解读，而对马克思本人的法治观重视不够，轻马克思法治重西方法治的法学倾向一度影响了法治观教育研究者的研究思路。事实上，马克思的法学观点中包含强烈的对人的尊严和自由的人文关怀，这些实际上与法治的精髓相契合。但马克思的一些法学观点并没有得到足够的重视。马克思指出："法的关系正像国家形式一样，既不能从它们本身来理解，也不能从所谓人类精神的一般发展来理解，相反，它们根源于物质的生活关系。"① 这些马克思主义法学基本理论观点理应成为法治观教育的组成部分。

（二）对古代传统法律文化的借鉴和吸收

现代法治是一个舶来品，中国的现代法治缺乏本土化的传统根基确是一个不争的事实。而如何能够平衡两者之间的关系，尤其是在二者发生冲突时，使受教育者有一个相对比较清楚的认识是在法治观教育中必须重视的课题。如何借鉴并吸收中国优秀传统文化，不仅具有理论价值，更是法治观教育和法治发展维持长久生命力的源泉和动力。要做到传统文化与现代法治的平衡就必须认识到，对传统文化的深入认识和保持对现代法治的有效对接是一项长期而艰巨的任务，要在这个过程中体现真实性，能够在当下的法治观教育与价值构建中起到作用。中华文明是历史传承最为完整、最有承接性的民族文明。中国传统文化是我们中华民族经过几千年来的创造、发展、吸收、融合、批判、扬弃而逐步形成的一个内容非常庞大而又繁杂的复合体，其中既有精华，又有糟粕。对待古代传统，要坚持规范性与渐进性的统一，不能同传统一刀两断。坚持不是故步自封、墨守成规，发展也不是摒弃传统。历史给我们积累了博大精深、影响深远的法治文明，古代法制中有很多超越时空具有普遍价值的合理性因素，有生命力的内容，我们要取其精华部分，融合现代社会实践，使其发挥更强大的生命力，如依法治国与以德治国的提出就是基于传统立足现实的典范。但与此同时，中国封建文化中的礼法不分、天赋王权等思想，"无诉""耻诉"等观念，很显然已经不能适应现代社会的法治思想和时代精神，我们对此只能去除，只能作为研究历史视角的一部分。源远流长的传统文化赋予思想政治教育以强大的力量和精神，这使得我们在法治观教育过程中既要坚持正确的价值观，又要引领多元文化；既要有思想政治教育的自信心，又要有对多元文化的包容心。我们必须清楚地认识到对待悠久的历史和传统，要延续生存，就必须随时代的变化而做出相应调整，而每次的调整变革都需要面对计划与实施、理想与现实

---

① 马克思恩格斯文集：第 2 卷 [M]. 北京：人民出版社，2009：591.

之间的差距。变革之后，根据效果及时做出调整，才是保证改革成功的必经之路。

（三）对西方法治文化的借鉴和吸收

对西方法治的借鉴和吸收是中国法治发展无法回避的现实选择。西方法治理论和实践有着深厚的积淀，在对待西方法治的问题上，要注意防止照抄照搬、"食洋不化"，要坚持开放性与选择性的统一，要兼容并蓄、海纳百川。在法治观教育的课堂上不难发现，如果一味地遵循西方法治的逻辑则很难契合中国的具体语境，使学生产生心理上的认同，那么优秀的资源无法吸收，成为盲目的不假思索的引用西方法治的必然尴尬。因此，避免法治过程中的法律虚无主义和法治浪漫主义的思潮影响法治观教育，理性而谨慎地看待才是法治观教育应有的态度。

三、不断探索法治观教育方法上的"两大途径"

（一）发挥课堂教学在高校法治观教育中的主渠道作用

创新是国家发展的不竭动力。高校是创新人才培养的重要阵地，为学生的全面发展和个性发展提供支持，法治观教育的方法创新是一种尝试。创新是当下时髦的语汇，我们在讨论方法创新时必须坚持的一个前提基础是传统与经典教育方法的永不过时和科学性。利益主体的多样化带来价值观念的多样化，坚持思想政治教育的同时，还必须善于利用法治来调控人的行为，进而达到提高人的思想道德素质水平的目的。法治观教育是思想政治教育的组成部分，应与思想政治教育相契合，遵循思想政治教育的一般规律，但法治观教育的创新一定要建立在中国文化的根基之上才能保证创新的持久性和适合性，而基于法治观教育的特殊功能与使命，法治观教育理应有自己独特的方法和艺术。法治观教育的发展潜力在于知识间的交叉和融合以及不同语类的比较，比如法律和道德。而法治观教育要在方法上有所创新就需要不断地进行知识积累和学科交叉研究，法治观教育应该是人文教育和素质教育的结合，加强法治教育和道德教育的结合正是适应新需要的积极反映。《思想道德修养与法律基础》是思想政治理论课的组成部分，同时也是法治观教育的重要阵地。有学者提出《法律基础》"被合并"是法治观教育弱化的表现，对此笔者做意见上的保留。理由在于从中国国情的具体实际出发，这不是弱化，恰恰相反，"德治"与"法治"教育的结合将有效地促进社会道德和法律基本要求的内化以及受教育者主体道德法律意识的外化，也提供了更适合法治观教育的土壤和更强大的生长空间。道德教育和法治教育有机结合体现了马克思主义关于人的全面发展理论，贯彻了依法治国与以德治国相结合的治国方略，顺应了新时期大学生成长成才的发展规律。从一定意义上讲，法治观教育是对传统思想政治教育方法的创新和突破，为思想政治教育方法论的发展提供了新的思路，如果说思想政治教育是做人的工作，那么法治观教育的新方法则提供了切实可行的显而易见的证据。素质教育是面向学生的全面教育、差异教育、成功教育，也是面向学生的平等教育、个体教育。

（二）积极探索法治观教育第二课堂的新形式

大学文化的核心在于大学精神。张扬个性、崇尚自由与政治价值选择，与主流意识形态不是矛盾体，坚持主流价值也不能简单地同学生的思想一致画等号。第二课堂的实施丰富了思想政治教育工作的形式和手段，可以增强法治观教育的针对性和科学性。但仅仅依靠法治观教育不能满足大学生对人文精神和更高精神价值的追求，在当前社会经济和政治文化形态中，法治观教育提供了大学生对人文精神追求的重要基础——对个体权利的保护，对生命的尊重和保障。法治观教育的第二课堂要坚持科学精神与人文精神的统一，同时也要坚持管理性与教育性的统一、自律性与他律性的统一。要创新模式就要从学生的实际出发，同学生做朋友，寻找新途径。要善于解决学生的问题，在互动中达到提升思想认识的目的。第二课堂突破了教室的局限，给思想政治教育工作者以更大的工作灵活性和发挥空间，能够在广阔的实践中提炼并汲取思想养分，提炼出真知灼见。因此，我们一定要高度重视法治观教育在第二课堂的实施。而在第二课堂的创新探索上，教育部于2011年年底颁布的《社会主义核心价值体系融入中小学教育全过程指导纲要》对中小学法治观教育提出的指导原则为我们的大学生法治观教育提供有益的借鉴和思考。《纲要》指出：法制教育可到人民代表大会及其常务委员会会场、法院、律师事务所、监狱、少管所结合德育等课程和法制专题教育的要求，了解立法（含地方性法规）的民主过程，旁听案件的审理过程，开展模拟人大、法庭等活动，参观监狱和少管所。因此，我们很有必要在法治观教育的第二课堂中积极探索模拟法庭、模拟人大的形式，这样就真正做到了参与式、探索式的教育方式，也更容易激发学生的学习兴趣。

第五章

倡导"全面育人"新理念，拓宽思政育人的"覆盖面"

2016年12月，习近平总书记在全国高校思想政治工作会议上做了重要讲话，从全局和战略高度深刻阐述了加强和改进高校思想政治工作的重大意义、根本方向、目标任务和基本要求，指导着新形势下我国高校思想政治工作的开展。当前，要把学习贯彻习近平总书记重要讲话精神作为高职院校的首要政治任务。高职院校要深刻认识到思想政治工作突出的是"政治"、聚焦的是"思想"、使命在于培养"接班人"，努力构建"全员育人、全程育人、全方位育人"的育人体系与机制，全力攻坚拓宽高职院校固本铸魂工作的"覆盖面"。

"全面育人"通常被认为包括"全员、全程、全方位"育人三个方面。全员育人广义上指的是调动一切可以调动的力量（包括学校、家庭、社会等方面的力量）育人。相对狭义的理解即仅就高职院校方面而言，突破传统的仅靠学工部门育人的局面，在高职院校内部形成一个全员参与、责任明确、分工协作的教育群体，实际上就是明确了育人主体，即"谁来育人"问题。全程育人明确了育人工作的阶段性、连贯性、时间性、发展性，突出了育人的过程性与时间性。全方位育人是指德育、智育、体育等育人内容的丰富性和育人途径的多样性，全面提高学生的综合素质。"全员、全程、全方位"的育人机制构建了一个无缝隙的育人平台，是新形势下育人机制的重要创新，为大学生成长与成才提供可靠保障。①

---

① 胡扬名，谢倩，朱梅，等. 基于能力培养的高校全面育人机制建设研究［J］. 中国农业教育，2013（3）.

第一节 强化国家层面的宣传思想工作管控

全球化背景下，掌握宣传思想工作的话语权已经成为国家综合国力竞争的焦点，国家之间在思想领域的争夺和较量将一直存在。因此，加强我国主流思想领域的建设任重道远。

一、新时期国家宣传思想工作的现状

习近平总书记在中央国家安全委员会第一次会议上强调："要准确把握国家安全形势变化新特点新趋势，坚持总体国家安全观……增强忧患意识，做到居安思危，是我们治党治国必须始终坚持的一个重大原则。我们党要巩固执政地位，要团结带领人民坚持和发展中国特色社会主义，保证国家安全是头等大事。"① 宣传思想工作的安全是国家安全的重要组成部分，也是我国立党立国的根本。国家宣传思想工作的安全作为国家政治安全和文化安全的核心内容，对国家安全具有重要的战略影响。特别是随着经济全球化的发展，各国之间的交流与往来日益频繁，国家安全已不再仅仅以军事安全作为唯一的衡量标准。历史告诉我们，一个国家不重视宣传思想工作的安全，就可能会影响到国家与政权的存亡。

从当前来看，我国的宣传思想工作状况总体尚好，但仍面临诸多挑战。一方面，我国社会主义建设取得了巨大进步，综合国力不断增强。但是，我们也要看到，中国距世界强国的目标还存在一定差距，西方资本主义国家妄图"西化""分化"中国的企图仍然存在。另一方面，有些人认为，宣传思想工作的安全很大程度上就是政治制度安全，在冷战等特殊时期应予以重点关注，而在和平与发展时期则无须关注。特别是伴随着全球化浪潮，世界各国交往日益增多，国家间相互依存加深，有人认为应该更多地强调如何加强国际经贸合作，拓展国际生存空间，而强调国家的宣传思想工作安全是不合时宜的。这种观念忽视了宣传思想工作的重要性和紧迫性，易造成社会的分化，威胁国家的安定团结。

---

① 中央国家安全委员会第一次召开 习近平发表重要讲话 [EB/OL]. 中国政府网，2020 - 06 - 09.

事实上，新时期，加强宣传思想工作仍然非常重要。高职院校作为宣传思想工作的主阵地，做好宣传思想工作是一项战略工程、固本工程、铸魂工程，事关党对高职院校的领导，事关全面贯彻党的教育方针，事关中国特色社会主义事业后继有人，对于巩固马克思主义的指导地位、巩固全党全国人民团结奋斗的共同思想基础，具有十分重要而深远的意义。①

二、加强大学生国家安全和思想教育

高职院校作为弘扬主旋律、培养社会主义建设者和接班人的主阵地，承担着"为谁培养人，培养什么人"的历史使命。在当前我国实现"四个全面"战略布局的关键时期，高职院校是否能够抓住宣传思想工作的主动权，对实现中华民族伟大复兴的中国梦具有重大的理论意义与现实意义。② 当代大学生政治思想是否坚定，是否认同主流思想，对我国的发展至关重要。如何把国家安全理念和主流思想教育融合在高职院校思想政治理论教育中，是我们面临的重要课题。

（一）加强国家安全意识教育

自中华人民共和国成立以来，国家安全意识教育长时期占据核心地位。但随着"互联网＋"时代的到来，从内容到方法都表现出一定局限性。例如，过分强调国防教育，而对国家政治文化安全和国家主权安全重视不足。当今世界除了经济实力和军事实力等硬实力的较量外，还有以思想为核心的软实力竞争。当今西方势力对我国的政治和文化渗透与军事遏制、经济压制并行展开，这给我国国家安全构成巨大威胁。在高职院校的宣传思想工作中，要旗帜鲜明地坚持马克思主义的指导地位，加强对大学生的国家安全意识教育。

（二）加强政治认同和政治立场教育

政治认同教育和政治立场教育极其重要。政治认同，是指人民群众对国家的主流思想的接受、支持与内化以及对上层建筑的信任，直接关系着国家政权的稳定。大学生正处于思维活跃、易接受新事物的成长阶段，如何让他们树立中国特色社会主义制度自信、理论自信、文化自信，是高职院校进行政治认同教育亟待解决的问题。政治立场是指人们维护本阶级的根本利益和社会地位所

---

① 中共中央办公厅、国务院办公厅印发《关于进一步加强和改进新形势下高校宣传思想工作的意见》[EB/OL]. 中国政府网，2015－01－19.

② 耿进昂. 国家安全视角下的高校主流意识形态教育［J］. 学校党建与思想教育，2016（18）.

持的鲜明态度。当代大学生的政治立场教育，就是让他们准确把握社会主义核心价值体系和社会主义核心价值观，坚定在中国共产党领导下走中国特色社会主义道路、实现中华民族伟大复兴的中国梦，这是大学生政治立场教育的核心内容和根本目的。①

（三）创新高职院校思政育人的内容和方式

从国家安全视角看，当下我国高职院校思政育人的内容和方式存在一定的局限性。笔者认为，高职院校思政育人要突出批判性、时代性和实践性。首先，教育内容要突出批判性。高职院校是各种思想文化的交汇中心，高职院校思政育人需突出批判性。用批判的眼光看待民主社会主义、资产阶级自由化倾向等各种思潮，引导学生在批判非马克思主义思潮的过程中坚定马克思主义信仰。其次，教育内容要彰显时代性。正如毛泽东所说："马克思活着的时候，不能将后来出现的所有的问题都看到，也就不能在那时把所有的这些问题都加以解决。"② 毛泽东思想、邓小平理论、"三个代表"重要思想、科学发展观等理论成果，以及习近平总书记提出的"四个全面"战略布局，都具有鲜明的创新精神和时代精神。要用马克思主义中国化的最新理论成果武装头脑，不断地与时俱进，丰富和发展马克思主义。最后，教育内容要突出实践性。实践性是马克思主义的固有属性，理论联系实际是马克思主义理论的基本观点与方法。马克思在《费尔巴哈的提纲》中指出，"哲学家们只是用不同的方式解释世界，问题在于改变世界"。要教育大学生用马克思主义的基本立场、观点和方法，认识和分析各种政治问题和政治现象，使大学生形成正确的价值观念和价值判断。要坚持理论联系实际的原则，多安排学生参加各种社会实践活动，提倡在实践中学习马克思主义。马克思主义基本原理作为科学的世界观和方法论，既是我们立党立国的理论根基，也是维护我国安全的强大思想武器。大学生在建设中国特色社会主义、实现中华民族伟大复兴的时代进程中，要承担起维护我国思想领域安全的历史使命，要对马克思主义真学、真懂、真信、真用。③

---

① 耿进昂. 国家安全视角下的高校主流意识形态教育 [J]. 学校党建与思想教育，2016（18）.

② 毛泽东文集：第 8 卷 [M]. 北京：人民出版社，1999：5.

③ 耿进昂. 国家安全视角下的高校主流意识形态教育 [J]. 学校党建与思想教育，2016（18）.

第二节 加强社会层面的宣传思想工作的展开

宣传思想工作不是简单地局限在专门的组织、机构或个人有目的、有计划的活动上，而是由全社会各种力量共同参与的一项重要工作。所有的人员、所有的场所、所有的时机都可以进行主流思想教育。为了保证各种力量形成合力，全社会要分工协作，形成联动机制，保证各种社会力量协调配合，以辅助高职院校思政育人工作的开展。

把社会作为应用型人才培养的教育主体，把人才培养的舞台从学校延伸到社会，是合作教育模式和传统教育模式的明显区别。社会教育资源利用的程度，社会教育功能发挥得充分与否，取决于办学主体对社会教育主体的地位作用的认识程度。要利用广泛的社会资源，充分发挥社会这一教育主体的地位和作用。社会能为办学主体提供学校所不具备的教育环境，有效地实现了以课堂传授间接知识为主的学校教育环境与直接获取实际经验能力为主的现场环境有机结合，真正体现优势互补。社会能为办学主体提供丰富的人力资源，这种人力资源不仅能够弥补学校人才培养力量的不足，同时更有利于人才培养质量的提高。此外，将社会置于教育主体地位，还能使办学机制不断创新和完善，它将承载很多学校教育难以完成的教育职能。凭借和学校教育的通力合作，使人才培养更加贴近职业领域发展的需要，更好地发挥各种力量的整体效应，最大限度地彰显社会层面的思政育人功能。①

第三节 强化高职院校思政育人能力

一、强化高职院校思政育人能力的重要性

高职院校作为传播先进文化、培养全面发展的社会主义事业合格建设者和

---

① 王玉兰. 开发利用社会资源，发挥社会育人功能——社区管理专业合作教育途径探索 [J]. 天津职业大学学报（高等职业教育），2002（6）.

可靠接班人的主阵地，需高度重视思想宣传工作。

（一）抵制西方敌对势力不良思想渗透的迫切需要

敌对势力要颠覆一个政权，往往先从思想领域打开突破口。自中华人民共和国成立以来，西方敌对势力从未停止对我国思想领域的渗透，企图借助各种方式和手段"西化""分化"中国，妄图颠覆中国政权。高职院校作为培养高素质、创新型、专业化人才的摇篮，不仅是科学知识与技术生成、交流的平台，也是大学生世界观、人生观、价值观形成与完善的重要场所。当前，随着全球化进程的不断深化，特别是信息技术的迅猛发展，西方国家不断借助网络这一更为隐蔽的方式对我国进行不良思想渗透。高职院校是西方敌对势力企图进行不良思想渗透的重点，青年学生是西方敌对势力企图进行不良思想渗透的主要对象。因此，加强高职院校宣传思想工作，引导青年学生坚定正确的政治方向，正确辨析纷繁复杂的社会思潮，自觉抵制各种错误社会思潮和腐朽观念尤其迫切和必要。①

（二）实现中华民族伟大复兴的内在要求

大学阶段是青年大学生世界观、人生观、价值观形成和发展的重要阶段。这一时期，大学生能否正确辨识并自觉抵制各种不良社会思潮的诱导，能否把学习到的先进思想与理论内化于心、外化于行，能否形成一种高尚的道德风尚与情操，影响到中华民族伟大复兴的中国梦的实现。因此，加强高职院校宣传思想工作，加强高职院校师生共产主义理想信念教育，是实现中华民族伟大复兴的中国梦的内在要求。

二、新形势下强化高职院校思政育人能力的主要举措

（一）坚持社会主义核心价值观的引领

社会主义核心价值观是社会主义的核心与本质体现，是当前高职院校思政育人的核心。加强高职院校思政育人，首先应将社会主义核心价值观的培育和践行放在首要位置。社会主义核心价值观从国家、社会与公民个人3个层面提出了相应的价值要求，即国家层面的"富强、民主、文明、和谐"，社会层面的"自由、平等、公正、法治"和公民个人层面的"爱国、敬业、诚信、友善"，

---

① 马海燕．新形势下高校意识形态教育的困境与选择［J］．江西科技学院学报，2015（4）．

这为高职院校思政育人指明了方向。高职院校思政育人不能是空泛的知识灌输而应是真真切切的价值引导，应作为一项系统工程，号召高职院校各职能部门与广大教职员工密切配合、紧密协作方能实现思政育人工作的正常运行。新形势下，高职院校应树立全员、全程、全方位育人理念，在整合学校资源的基础上，做到常抓不懈、常做常新。要注重在总结经验中形成机制，打造一套科学合理、完整规范、实施有力的高职院校思政育人制度体系。各职能部门对学生的学习、生活、思想等方面的教育，应做到权责分明，分工明确，责任到人。

（二）推动高职院校思想政治理论课供给侧结构改革

思想政治理论课是高职院校宣传国家路线、方针、政策的重要途径之一，同时也是高职院校育人的重要阵地。当前高职院校思想政治理论课主要由《思想道德修养与法律基础》《中国近现代史纲要》《马克思主义基本原理概论》和《毛泽东思想与中国特色社会主义理论体系概论》等课程组成。在组织教学的过程中，这些课程各有侧重，形成相互补充、相得益彰的良好格局。《思想道德修养与法律基础》重点突出对高职院校大学生的道德教育和法治教育，把依法治国和以德治国的方略落实到大学生的思想与行为之中，帮助大学生加强自身修养，明辨真善美与假恶丑，树立正确的世界观、人生观、价值观以及依法维护社会秩序和自身权利的法治观。《中国近现代史纲要》着重讲述中国共产党领导中国人民从苦难中奋起、不断走向辉煌、奋力实现中华民族伟大复兴中国梦的伟大历程，帮助大学生深入了解国家民族历史和中国共产党历史，认清历史虚无主义的错误及其危害，引导大学生自觉成为中国梦的助推者、实践者。《马克思主义基本原理概论》着重帮助大学生们把握马克思主义的基本立场、观点和方法，学会用马克思主义观察世界、辨识真伪，帮助大学生准确把握社会发展规律及其趋势，真正用马克思主义科学理论武装头脑，指导实践。《毛泽东思想与中国特色社会主义理论体系概论》重点突出对中国国情的教育，引导大学生自觉抵制西方思潮和腐朽观念的侵蚀，坚定中国特色社会主义"四个自信"。

思想政治理论课是高职院校宣传思想工作的主平台、主渠道、主阵地，教师在课堂中应积极引导学生主动追求真理、认识社会，采用灵活多样的教学手段、方法，切实推动中国特色社会主义理论体系进教材进课堂进头脑。各门课程在教学内容设计和教学活动的实施过程中，都需要针对当代青年大学生的特点，充实鲜活的案例，充分借助现代教学手段，加强教学互动，切实增强教学的针对性和时效性。提升高职院校思想政治理论课的吸引力，既需要教师认识、适应和引导"需求侧"，又要着力加强"供给侧"，两端同时发力，才能达到预期成效。①

1. 把脉"需求侧"：以学生为本，关注学生需求

当前思想领域除了我国主流思想，还存在封建主义残余思想和形形色色的西方政治观点、价值观念等。高职院校如今已不再是与世隔绝的象牙塔，而成为思想文化激烈碰撞的重要场所。面对开放的社会和异质文化的传入，大学生时常感到迷茫，孰是孰非难以研判，亟待教师释疑解惑。提高高职院校思政课的吸引力，教师既要解决社会的现实思想意识问题，还要适应和引导大学生需求，真正帮助大学生解决学习、生活、交往等系列重要的人生问题，帮助他们厘清是非、坚定信仰，引导大学生"胸怀理想、志存高远"。

2. 加强"供给侧"：以教师为主导，提升思政课的吸引力

增强高职院校思想政治理论课的吸引力的关键在教师。笔者认为，"供给侧改革"带给高职院校思想政治理论课教师的最大的启发就是尽最大努力提供优质的思想政治教育资源供给，并促进这些资源得到有效利用，积极探索和创新教育教学模式，以最大限度地满足"需求端"的利益诉求。在借助互联网进行教育教学模式创新时，要避免陷入两个极端：一是完全否认新媒体对思想政治理论课教学的正向作用，恪守传统的以教师讲授为主的"一言堂"式的教学方法；二是因滥用多媒体而导致课堂教学陷入"非理性繁荣"，表面上看师生互动、学生参与度高，实际上却背离课程标准和教学大纲，难以达到应有的教学效果。由于高职院校思想政治理论课本身内容的政策性较强、理论有深度、思想有高度，在教学方式的选择上应充分考虑学生的认知水平和可接受程度，根据不同的教学内容采取适当的教学方式。一方面，通过运用案例教学法，配合正例和反例，既摆事实，又讲道理。对于主流观点的教学，应结合社会生活中不同的思想观点，引导学生比较甄别，厘清是非，进而做出正确的思想和行为选择。另一方面，对于与学生的日常生活联系比较紧密的课程内容，可以选择研讨式的教学法。具体做法是将学生划分为若干个小组加以讨论，接下来分享与提高，配合教师的分析与点评，最后由学生尝试总结促成理论升华，从而提

---

① 周君丽. 高校思政课吸引力问题研究——以"供给侧结构性改革"为视角［J］. 山东工会论坛，2016（4）.

高学生的获得感和成就感，进而提高课堂教学的吸引力。①

（三）坚持全员、全程、全方位育人，注重思想引导

高职院校思政育人是一项系统工程，要真正达到理想的效果，需要充分发挥全体教职员工特别是思想政治理论课教师、辅导员、班主任的作用，利用第一课堂、第二课堂教学的主阵地，改变传统的单一讲授型课堂教学模式，创新灵活互动的复合型教学模式。在开展形式多样的各种活动中，要突出思政育人的政治方向，要以爱国主义、民族精神引领学生进行社会主义核心价值观、荣辱观、法制观教育。要强化学生对国内、国际热点话题的引导和教育，要把课本知识与国内外形势、学生的行为和思想相结合，用马克思主义基本理论对学生进行思想教育，提高高职院校思政育人的实效性。高职院校辅导员是大学生健康成长的指导者、引路人和良师益友，是高职院校思政育人的主要依靠力量。要有效地实现这种"引领"，辅导员就必须切实把弘扬社会主义核心价值观落实到大学生思想政治教育工作体系中。要以实现中华民族伟大复兴中国梦的宣传教育为契机，推进社会主义核心价值观入脑入心；要积极鼓励支持学生参与具有良好社会影响的志愿服务、社会实践等，为大学生践行核心价值观创造有利条件；要以校园文化建设和品牌创建活动为载体，将社会主义核心价值观融入校园文化建设，营造良好的校园文化氛围。②

（四）夯实高校思想政治教育工作的形式创新

当今世界的竞争，不仅是物质硬实力的竞争，更是文化软实力的角逐。完善高职院校思政育人工作机制，不仅要有完备的硬件设施，还要在软环境方面进行创新。作为当代社会最重要的传播工具，网络理所当然地在高职院校思政育人工作中发挥作用。高职院校教育工作者应注重利用网络及时获取大量有价值的信息，快速、准确地掌握大学生普遍关注的重点、热点问题，及时沟通，并有针对性地开展工作。要用好丰富的马克思主义教育资源，遵循网络特点进行主流思想宣传，弘扬当代中国先进文化，发展文化软实力，增强文化自信。借助互联网平台加强思想政治教育，推动思想政治教育的形式、内容、手段的创新。要运用好互联网、微信等新媒体平台，大力宣扬我国优秀传统文化，传

---

① 周君丽. 高校思政课吸引力问题研究——以"供给侧结构性改革"为视角［J］. 山东工会论坛，2016（4）.
② 郑岩. 高校意识形态教育的功能审视［J］. 思想政治教育研究，2015（3）.

播中国共产党在革命、建设和改革实践中形成的红色文化，引导学生启迪心智、净化思想、陶冶情操、升华境界。①

在新媒体技术席卷全球的背景之下，与其说网络、手机等新型媒体给高职院校思政育人带来了挑战，不如说新媒体技术为高职院校思政育人拓展了宣传的平台，增加了交流的渠道。新媒体技术本身只是工具，真正容易出现问题的是以新媒体技术为载体而呈现在公众面前的各种社会思潮。因此，我们要努力做到让新媒体技术为我所用，发挥其正向功能，而不是单纯地排斥它。充分运用新媒体技术为我国高职院校思政育人服务，发挥其正确的舆论导向功能。要尊重学生的主体性，满足学生对新媒体、新技术的好奇心，鼓励其运用网络、手机等新媒体技术参与到课堂互动以及专业学习中来，让学生在阳光的环境下使用新媒体，同时也便于对其在新媒体平台上的思想言论进行监督，引导其走向正确的方向。高度重视加强校园网络等新媒体的管理和建设，建立思政育人的网络工作平台。②

在复杂的时代背景下，高职院校应以更开放的心态创新整合多方资源，持续完善高职院校思政育人工作机制，弘扬主旋律，传递正能量，促进大学生自身的政治敏锐性和鉴别力的提升，培养出既有社会担当又有国家情怀、既理性关注社会发展又有着健全身心的新时代大学生。

第四节　加强高职院校学生的自我思想教育

社会主义核心价值观既是科学社会主义的价值指向，又对大学生的思想和行为起到指导和规范作用。党的十六届六中全会指出，马克思主义指导思想、中国特色社会主义共同理想、以爱国主义为核心的民族精神和以改革创新为核心的时代精神、社会主义荣辱观，共同构成了社会主义核心价值体系的基本内容。党的十七大报告中提出"社会主义核心价值体系是社会主义意识形态的本质体现"，党的十八大又对社会主义核心价值观进行了高度概括，即"富强、民

① 王凌. 完善高校意识形态教育工作机制［N］. 光明日报，2016－07－30（10）.
② 马海燕. 新形势下高校意识形态教育的困境与选择［J］. 江西科技学院学报，2015（4）.

主、文明、和谐，自由、平等、公正、法治，爱国、敬业、诚信、友善"。当前是全面建成小康社会的关键阶段，正需要社会主义核心价值观的价值引领和由此迸发的强大精神动力。

大学生是中国特色社会主义事业的接班人和建设者，也是实现中华民族伟大复兴中国梦的生力军，他们的政治信仰是否正确、坚定，决定了中国梦能否实现、什么时候实现。如今，社会思想更为多元化，加强思想建设尤其重要。社会形势的变化要求我们要深入学习习近平总书记在全国宣传思想工作会议上的讲话精神，始终坚持"两个巩固"，强化阵地意识，加强大学生思想政治教育，培育和弘扬社会主义核心价值观，为实现中华民族伟大复兴的中国梦提供人才保障和智力支持。

一、当前高职院校思政育人面临的新形势

总体上看，我国高职院校思政育人面临的形势较为良好，与我国的经济、政治、社会发展相同步。但不可否认的是，我国高职院校思政育人仍面临诸多困境。

（一）社会思潮的多元化带来的挑战

一是新自由主义威胁我国的发展。抹黑国有企业，曲解混合所有制，鼓吹社会领域改革的全盘私有化，企图瓦解中国特色社会主义经济制度。二是用西方的宪政民主曲解依法治国。人为设置一些伪命题，如司法要不要独立？搞不搞三权分立？利用这些所谓"宪政民主"的概念企图制造思想混乱。三是用西方所谓的"普世价值"消解社会主义核心价值观。把社会主义核心价值观和西方的价值观画等号。四是用历史虚无主义否定和歪曲党史、国史、革命史和改革开放史，部分人歪曲历史事实，对一些英雄、历史人物搞所谓的"爆料"来扭曲历史。这些不良社会思潮易对大学生产生不良影响。[①]

（二）工作方式方法的形式主义较为严重

部分教育工作者的工作方式方法存在较为严重的形式主义，在开展思想政治教育的过程中难以吸引学生，也很难取得实效。杜绝形式主义，切实加强高职院校学生的思想政治教育，是高职院校努力的方向。

---

① 曲担娃. 加强大学生意识形态教育以促进社会主义核心价值观的形成 [J]. 现代经济信息，2016（10）.

（三）思想领域的斗争出现了新的情况

苏联解体后，西方一些大国便掉转枪口，把思想领域斗争的主要敌人指向中国，捏造出许多谬论。美国中情局出台"十条诫令"，企图依托其经济力量强化其文化软实力，推行其个人主义、享乐主义、拜金主义、消费主义、自由主义等西方腐朽的价值观，再通过历史虚无主义、戏说等手法抹黑中国共产党和社会主义，从中可以窥见美国颠覆中国的野心及其手段。

二、加强高职院校学生自我思想教育的策略

唯物辩证法认为，在事物的发展过程中，内因是事物变化的根据，外因是条件，外因必须通过内因才能起作用。西方各类反马克思主义、反社会主义、腐朽落后的社会思潮对于大学生而言属于外部影响因素，若要通过这些不良思想言论达到"西化"大学生的目的，还必须通过大学生对西方社会思潮认同这一内因才能发挥作用。而高职院校思政育人的重要作用就体现在这里，引导大学生进行自我思想教育，自觉提升自身思想素质，是高职院校思政育人的重要着力点。

（一）加强马克思主义理论的学习，引导大学生树立正确的观念

马克思主义是中国共产党的指导思想之一，是坚持中国特色社会主义道路和社会主义核心价值观必须坚持的理论思想。十八大报告中也指出要大力推进马克思主义中国化时代化大众化，推动中国特色社会主义理论体系进教材进课堂进头脑。在当今各种社会思潮混杂的形势下，加强马克思主义理论的学习，能够提高大学生辨别是非和认清事物的能力，运用马克思主义的观点和立场辨别一些错误的言论，引导大学生树立正确的观念。[①]

（二）创新实践活动，丰富大学生自我思想教育的内容

大学生自我思想教育要在创新实践活动上下功夫。第一，多开展党团实践活动。比如，开展爱国主义演讲活动，参观红色革命教育基地，举办社会主义核心价值观征文比赛等。第二，用校园展板、校报校刊、书籍出版等多种大众传媒的方式进行有效的宣传工作。第三，利用网络开展思想教育。与此同时，在宣传工作的过程中还要充分调动学生的积极性，鼓励大学生积极参与。

（三）抵制腐朽的外来文化，引导大学生明辨是非

新形势下抵御西方资本主义国家思想文化渗透，引导大学生明辨是非的任

---

① 赵楠. 培育社会主义核心价值观与大学生意识形态教育［J］. 高教论坛，2015（12）.

务非常艰巨。要以培育和践行社会主义核心价值观为契机，有效地应对西方文化渗透带来的挑战。社会主义和资本主义在思想领域中的较量和斗争依然是长期的、复杂的，有时甚至是非常尖锐的，西方国家加紧向全世界传播他们的价值观。我国正处于社会转型期，国内外事件纷纷扰扰，大学生的思想教育面临着空前复杂的形势。随着全球一体化的深入，当今国家的较量不再单单是经济发展水平的比拼，软实力的竞争日益凸显，而软实力的竞争主要体现在核心价值观的竞争上。我国要实现伟大复兴的中国梦，就必须重视软实力的建设，重视社会核心价值观的培育。历史经验告诉我们，核心价值观就是一个民族的根基，如果没有这个根基，一个民族的软实力也不会强大。① 当代大学生要胸怀大志，争做培育和践行社会主义核心价值观的模范和表率，"乘新时代春风，在祖国的万里长空放飞青春梦想，以社会主义建设者和接班人的使命担当，为全面建成小康社会、全面建设社会主义现代化强国而努力奋斗，让中华民族伟大复兴在我们的奋斗中梦想成真！"②

（四）发挥社会主义核心价值观的引领作用，规范大学生的行为

社会主义核心价值观是社会主义的价值取向，对大学生的思想和行为起到了指导和规范的作用。因此，在思想教育工作中充分发挥社会主义核心价值观的引领作用，"把培育和弘扬社会主义核心价值观作为凝魂聚气、强基固本的基础工程，弘扬中国精神，弘扬中华传统美德，加强道德教育和实践"③，有效地提升大学生的思想道德素质，使社会主义核心价值观内化于心、外化于行，成为大学生的价值追求和自觉行动。

综上所述，作为中国特色社会主义事业的接班人和建设者，大学生是实现中华民族伟大复兴"中国梦"的生力军。面对当前复杂多变的形势，必须加强大学生的思想教育，坚定他们的政治信仰。在大学生的思想教育中，我们要充分认识到思想教育的极端重要性，始终坚持"两个巩固"这一"总开关"，牢牢把握大学生思想教育的主动权、正确方向和着力点，强化阵地意识，坚持守土有责、守土负责、守土尽责，助推"中国梦"的实现。④

---

① 赵楠. 培育社会主义核心价值观与大学生意识形态教育 [J]. 高教论坛，2015（12）.

② 习近平在北京大学师生座谈会上的讲话 [N]. 人民日报，2018 – 05 – 02.

③ 中共中央办公厅、国务院办公厅印发《关于进一步加强和改进新形势下高校宣传思想工作的意见》[EB/OL]. 中国政府网，2015 – 01 – 15.

④ 董前程，刘经纬. 新形势下加强大学生社会主义意识形态教育的思考 [J]. 山西高等学校社会科学学报，2016，28（8）.

第六章

树立"实践育人"新观念，打造创新创业的"双阵地"

第一节　突出高职院校育人特色，筑牢立志躬行的"自律墙"

一、大学生的梦想与现实的矛盾

（一）大学生的梦想

梦想是人类对于美好事物的一种憧憬和渴望，梦想是人类最天真、最无邪、最美丽、最可爱的愿望。有梦想的生活才是真正意义上的生活。梦想，是激励一个国家、一个民族、一个人努力向前、不断进步的最大精神动力。大学，是最能激发青年人梦想的殿堂。每个大学生都有自己的梦想：从步入大学起，就开始实践他们的大学梦；再到离开大学，走向社会，开始实践他们的中国梦。对于大学生来说，不管是自己的大学梦，还是中国梦，都是人生梦的重要组成部分。大学就是他们实践自己不同梦想的必经阶段。大学梦、中国梦、人生梦，是大学生普遍具有的"三梦"。①

当代中国的大学生，应视祖国荣誉为自己的荣誉、祖国耻辱为自己的耻辱。因为当代大学生是民族的希望、祖国的未来，肩负着推进中国特色社会主义建设事业、实现中华民族伟大复兴的历史重任。要号召和引导大学生把追求个人理想与追求社会理想结合起来，从自己做起，从现在做起，努力学习，践履笃行，甘于奉献，在建设中国特色社会主义的伟大实践中，实现自身的价值，为

---

① 齐润生．大学生的梦想教育［J］．山西高等学校社会科学学报，2013，25（12）.

祖国、为人民创造更加灿烂美好的明天。

(二) 梦想与现实的矛盾

理想与现实存在一定的差距。理想来自现实，理想是对现实的不断否定，是对现实的更高要求。

我们对在校大学生进行问卷调查，了解到很多学生对自己的现状不满意，且更多的人对自己未来三到五年的规划不太清楚。学校学习生涯的迷茫，导致了光阴的虚度、机会的浪费，毕业后就不了业。如此的连锁反应让与就业息息相关的大学生深深感受到了他们进校前的理想和进校后的现实间的巨大差距。大学生活丰富多彩，给了学生无限的空间，于是有的同学过起了理想的大学生活：每天很晚起床，上课睡觉，不想上的课就翘课，晚上没事就待在宿舍上网聊天、打游戏，似乎把自己以前的梦想都抛在脑后。有的显得十分颓废，每天萎靡不振，忘记了自己读大学的初衷，读大学变成了"混文凭"。如果一个大学生一直颓废，也就注定他大学荒废，也就不用谈什么梦想。所以在大学，同学们一定要坚持自己的梦想，用梦想的力量来克服堕落处境，让内心的正义战胜自己的心魔。

人越长大梦想越少，这个说法其实并不准确，因为不是自己没有梦想，而是自己在现实生活中一步步把梦想遗忘。现实是残酷的，也许现实和梦想有很大的差别，但即便千难万险我们都应该坚持自己的梦想，大学是实现梦想的地方，也是我们彰显人生价值的地方。

很多人小时候的梦想很宏大，但随着年龄的增长，绝大多数人会觉得曾经的梦想不太现实，便一再降低对自己的要求。最后能实现初衷的，必定是自始至终坚持自己当初梦想的人，不论遇到多大困难，他们从未改变自己的追梦之路。马云曾经说过很多创业者"晚上想想千条路，早上起来走原路"。不是他们没有眼光，而是他们发现梦想与现实没有交流后就不假思索地放弃。俞敏洪在当了四年大学教师后偶然一天发现，自己并没有向着儿时的梦想前进，于是他毅然辞职、创业，创建新东方，取得巨大成功。无论将来富贵还是贫穷，曾经的梦想都不应放弃，一旦做出决定就应矢志不移地去践行。不是所有的目标都能达成，但这是一种对梦想和信仰的追求，过程是我们最大的享受。

一堵围墙使高校成为一个特殊的小社会，学校成了理想的天地。大学生从高中升入大学，经历了令人窒息的高考，满怀憧憬地步入大学校园。每一个学生脸上都是信心满满和对未来的憧憬，但转眼间大学毕业了，曾经的希望都变成了迷茫，以前自信坚定的脚步也疲惫无助地走着，不知要迈向何方。找不到理想的工作，待业在家，或从事着与"大学生"称呼不相符的工作，这就是大学毕业后的现实。理想与现实存在着巨大的差距。① 这就是大学生常常感慨的"理想很丰满，现实很骨感"。

二、摒弃错误的人生观

（一）利己主义的人生观

利己主义，指只顾自己利益而不顾别人利益和集体利益的思想。利己主义把利己看作人的天性，把个人利益看作高于一切的生活态度和行为准则。其特征是从极端自私的个人目的出发，不择手段地追逐名利、地位和享受。追逐个人名利，历来是一切利己主义者的人生目的。

利己主义在大学生当中也存在。表现在学习中，很多大学生选专业是为了自己以后从事这方面的工作能挣更多的钱，选课要打听一下哪个老师的论文比较好写，哪个老师脾气好，容易给高分，并没有结合自身的兴趣爱好以及综合素质来考虑。

在工作中，许多大学生为了当学生干部争得面红耳赤，甚至反目成仇，习惯抬高自己，贬低别人。还有的人就是"各人自扫门前雪，莫管他人瓦上霜"；有的人在开会时，通常为了保全自己，从来不提什么反对意见。

在生活中，有的大学生看到别的同学有困难也不去关心，许多大学生交友原则就是看与他交友是不是能在以后的生活中帮助自己，就连谈恋爱，都要看对方是不是能全心全意为自己服务，全然抛弃了爱情的真谛。

（二）享乐主义的人生观

享乐主义（Hedonism）产生于古希腊的爱利亚学派，是受到人们诋毁最多的一种哲学。享乐主义（Hedonism）又叫伊壁鸠鲁主义（Epicureanism），其认为享乐是人类最重要的追求，力求将享乐与痛苦的差距增至最大。

享乐主义的危害有三个。一是造成人们的精神颓废。享乐主义使人们尽情地追求物质上的享受和肉体上的快乐，容易使人们陷入意志消沉、缺乏进取精神的状态之中。二是造成社会财富和资源的巨大浪费。人们用一切手段进行享

---

① 向飞，廖顺群，杨欣怡. 大学生理想与现实矛盾的探究［J］. 读与写：教育教学刊，2012（4）.

受，用一切办法刺激自己的感官，必然造成人们消耗大量的社会财富，使本来就已经很紧张的自然和社会资源更加紧张。三是造成人际关系紧张，不利于社会的和谐稳定。大学生以享乐为人生目的，就必然只为自己，甚至不惜把自己的快乐建立在别人的痛苦之上。这样整个班集体就会成为一盘散沙，没有凝聚力。

大学时代本是一个人最富有理想的时代，然而，部分大学生受享乐主义的影响，放弃了对理想的追求，慢慢选择了现实，他们期望能维持一种物质上高于他人的生活水平。因此，经济收入不再主要用于对未来发展的积累、智力投资，如买书上培训课，而是用来个人消费，认为"能挣会花"才是能力，主张"拼命地挣钱，潇洒地消费"。

（三）拜金主义的人生观

拜金主义指对金钱痴迷至极，为了金钱不顾一切，事事只为获取金钱，时刻想着不择手段得到尽可能多的钱，认为金钱是物质生活的万能，甚至可以为了金钱牺牲一切。拜金主义认为金钱是衡量一切行为准则的标准，是一种思想道德观念的扭曲。

拜金主义的核心是金钱万能，认为钱是最重要的，对人最有意义。"有钱能使鬼推磨"，有了钱什么东西都可买到，任何愿望都能实现，正如莎士比亚在《雅典的泰门》一剧中深刻讽刺的一样，金子可以使"黑的变成白的，丑的变成美的，错的变成对的，卑贱变成富贵，老人变成少年，懦夫变成勇士"①。拜金主义者将金钱作为人生价值评价的唯一标准，作为人生追求的最终目的和全部内容。拜金主义用有无金钱和金钱多寡来衡量一个人的人生价值，淡化甚至泯灭对人格的完善和崇高理想的追求，忽视了对道德、婚姻、友谊等人生价值的追求。

随着社会的发展，在当代大学生中，就业压力使得他们普遍认为谈什么主义都是很空洞的事情，今后多挣钱挣大钱才是正事。大学生选专业，不是根据自己的爱好，而是根据就业情况的优劣，大学生以及家长都带有很大的功利性，他们以将来毕业后能否找到好工作赚大钱为标准去选择专业。进入大学后，他们不思进取，急功近利，荒废课本，在学校里就挖空心思赚钱，这也是现在大学生兼职工作火爆的原因。另外一个普遍的现象就是在当今高校中，大学生对

---

① ［英］威廉·莎士比亚. 雅典的泰门（第2版）［M］. 北京：大众文艺出版社，2010.

于马列课和思想道德修养课等理论基础课采取"60 分就足够"的应付态度。这种学习的功利化对于大学生的全面发展，尤其是培养他们正确的人生观和价值观有着很大的危害性。

由于拜金主义的存在，学校、家庭要对大学生正确引导。由于家庭富裕程度不一，家庭富裕的大学生由于父母在外赚钱无暇顾及孩子的学习及生活情况，从而使他们从父母身上接收到赚钱就是人生最重要的事情的信号，而贫穷的家庭由于经济压力会影响到孩子接受继续教育，同时会使孩子因为家庭不富裕而感到自卑，这样也会使孩子产生"金钱至上"的思想，认为只要有钱，就能脱离苦日子，过上舒服的日子。针对这两种情况，家长应该通过自己的一言一行来对子女进行示范，并试着让子女学会理财，而不是每个月按部就班地给生活费。家庭较好的父母应该给予孩子更多的关心，让他们知道在生活中除了金钱还有更重要的东西，比如亲情、友情。家庭并不富裕的父母，应该教导孩子缺钱不可怕，可怕的是缺少实现自身价值的精神。另外，家长要以身作则，不应该唯利是图，给孩子造成不好的印象。

学校也要正确引导大学生积极参加社会公益活动，让他们在服务班集体、服务社团、服务他人的活动中体验自身的价值，让他们知道金钱不是衡量自身价值的标准。丰富的社团活动可以开阔学生视野，完善知识结构，这样有助于学生全面地、客观地认识金钱。

三、树立正确的"三观"

"三观"指世界观、人生观、价值观，是一个人对世界、对人生的基本看法和根本观点，是人们最基本、最重要的精神支柱。三者互相渗透、相辅相成，决定着人们的理想信念，影响着人们的思想境界，指导着人们的行为选择，关系着人们的价值判断。当代大学生，是祖国的未来与希望，是中国特色社会主义的建设者和接班人，通过对其正确"三观"的培养，能提高他们的思想素质，树立正确的理想信念。作为积极想要加入中国共产党的大学生，正确认识马克思主义世界观、人生观、价值观是他们的必然选择。

（一）加强"三观"教育的必要性

大学对于大多数学生而言，是步入社会前最后的纯真时光。这个时期，大学生会接触到社会的一些现象。那么，在进入社会之前，树立良好的观念，对于其以后在社会的发展，以及对社会的贡献与建设而言，都是非常有效的。现代社会，经常会出现一些损害社会的高才生们。虽然他们具有非常高的智商，但是却因为观念的缺失以及良心的泯灭，而走上了危害社会的道路。这些反面实例可以反映出，即便有再高的知识技能，如果没有基本的做人标准，对于社会也是一种危害，也是毫无价值和意义的。而大学生对于我国社会主义建设而言，其无疑是未来建设的中流砥柱。通过思政教育，把握大学生思想的脉络，确立其正确完善的价值观以及人生观，从而培养真正有益于社会的高素质人才。①

1. 塑造大学生正确的思想观念

为什么要读书？大学生对这一问题的解读是对价值观最基础的解读。对于大学生而言，在进入社会之前，首先要想明白一件事，自己学习是为了什么？是为了找一份好的工作还是要通过学习继续深造，达到学术界的一个标榜。学习的价值在于能够实现物质以及精神上的双重满足，从而让学生们去刻苦学习，努力拼搏。价值观对于大学生的培养而言，一定要给予一些反面的例子。如地沟油事件，关于地沟油的制造与研发，经过专家鉴定，没有博士学位的人士，是无法研制这么困难的技术的。如果这些博士没有树立正确的思想观念，那么将给社会带来不可预计的危害。

2. 促进大学生全面发展

正确的"三观"教育，可以促进大学生全面发展。但有些高校在重视专门高级人才培养的同时，却忽略了人格的培养和心灵的教化，把学生当成零件来加工，高校成了经济发展的加工厂，影响了大学生的全面发展，一些人虽然掌握了一定的知识与技能，但没有健全的人格，那是很危险的。正如我国一位教育学家说的那样：智育不好是次品、体育不好是废品、德育不好是危险品。因此，高校一定要一以贯之地把德育工作放在首位，任何时候都不能放松和削弱。

（二）加强大学生"三观"教育的途径

1. "三观"教育贯穿于各学科之中

加强"三观"教育，必须做到五点：第一，要了解当代大学生的思想特点；第二，了解他们在复杂的国际国内环境之中的思想实际；第三，了解他们在现实面前对马克思主义理论的认识程度，洞察他们的模糊认识和思想困惑之所在及其产生的原因；第四，用历史的、现实的事例论理，以加强马克思主义理论的时代

---

① 涂珊. 大学生的"三观"教育与思想导向分析 [J]. 云南社会主义学院学报，2013（4）.

感和说服力，使大学生领略马克思主义理论的真谛，从而解决思想认识问题；第五，将"三观"教育渗透每门学科课堂，多途径对大学生进行"三观"教育。

2. 坚持理论联系实际

理论联系实际是在思想政治理论课教学内容研究上对大学生进行"三观"教育的关键所在。全国高校关于思想政治理论课教学实效的多次调研表明，教学内容在理论与实际方面的统一是大学生们极为关注的问题。因为大学生的世界观、人生观和价值观的形成和发展并不是一个简单的理论接受过程，他们关注现实，要求理论能够解决现实问题，理论教育能够联系实际展开。马克思曾经说过："理论一经掌握群众，也会变成物质力量。理论只要说服人，就能掌握群众；而理论只要彻底，就能说服人。"① 彻底，就是抓住事物的根本，和实际联系起来的理论教育方式，是生动、鲜活的。在利用主渠道时要注意避免脱离实际、回避现实进行"教条式"的理论灌输，否则会使"三观"教育走向死胡同。

3. 加强课题研究

提高对大学生进行"三观"教育的效果，需要采用适当的方式和手段。在加强思想政治理论课教学方法的改进中，必须牢牢抓住"教"与"学"两个方面，调动"教"与"学"这两者的积极性。"教"是对大学生进行"三观"教育的主要方式。教师作为"教"的主体，仅限于课堂讲授是不够的，尤其是在当今社会日益复杂、国际社会风云日益变幻、马克思主义理论内容日益丰富、大学生的知识面日益拓宽的情况下，仅限于课堂讲授已不能满足学生对理论知识的渴求。在调动教师"教"的积极性的同时，也必须调动学生"学"的积极性，使单一的课堂教学转向复合式教学，即充分利用广播、电视、录像、多媒体、QQ 群、微博、微信等现代化教学手段配合课堂教学，使"满堂灌"教学转向双向交流的启发式教学，在组织学生讨论中启发学生的思维。此外，还必须把实践教学与社会调查、志愿服务、公益活动等结合起来，引导大学生走出校门，到基层去，到群众中去，使大学生通过形式多样的社会实践活动，提高思想政治素质，提高分析社会现象的能力，这样才能达到"三观"教育的目的。学生是"学"的主体，是教师"教"的对象。只有教师"教"的积极性而没有

---

① 马克思恩格斯全集：第 1 卷 [M]. 北京：人民出版社，1956：460.

学生"学"的积极性,"三观"教育是很难奏效的。①

（三）树立正确"三观"的意义

人和动物都是肉体动物,最大的差别在于,人有灵魂,而动物没有。灵魂触及信仰层面,这里的信仰指的是真正的信仰。真正的信仰关乎你个人,与他人无关。真正的信仰,在本质上能改变你的生命,改变你的性情,生活因此也会发生变化。流于表面的或遗传的信仰都不算,只有和你个体生命产生了深刻的关系才算。每个人在进入大学的时候,基本都已经选好理科或者文科。即便如此,在各自领域也有不同的偏科现象,一切都很正常,也符合逻辑。因为没有人擅长所有,也不可能全能,所以若要突出重围,只能单点突破,也就是专攻一两门最擅长和最喜欢的,如此才不会感到痛苦,也能轻松面对,并且很容易能坚持下来。

第二节　精心设计实践活动,筑牢思想安全的"预警墙"

一、充分利用班团活动加强安全思想教育

（一）主题班团活动存在的问题和困境

1. 主题班团活动存在的突出问题

目前大学校园主题班会存在哪些问题?为什么兴师动众、精心准备的主题班会却不能赢得学生的欢心,效果也不理想呢?这需要我们回到主题班会的基本内涵、主要功能的原点静心分析,班会的"症候"主要表现在以下四个方面。症候一:僵化模式。我们现在的班会大多是班长或者支部书记在主持,辞藻华丽,还有严格的仪式和程序。僵化的模式,极大地限制了班主任、同学们的想象空间和创造性,使班会成为一种僵化、刻板的模式,进而导致了主题活动中的形式主义。症候二:倚重表演。班会实施过程中有很强的表演色彩,在班会观摩现场,因为有大量观众的存在,更强化了学生和主持人"在场"的感觉,班会大多"拼盘",把众多的活动简单地拼凑在一起,一个活动连着一个活动,你方唱罢我登场,班会就是一场表演,场面热闹,有掌声,但效果却不好。症

---

① 张雷声. 思想政治理论课:"三观"教育的主渠道 [J]. 高校理论战线, 2007（1）.

候三：单向灌输。班会上，班主任或者主持人"烧火棍子一头热"，大部分学生成了班会的观众甚至局外人，尽管班主任或者主持人卖力地"吆喝"，下面的学生反应平淡，有的班会就是"思想政治课"。症候四：共鸣缺失。很多高校都没有充分认识到主题班会的重要地位，而且对主题班会没有一个明确的功能定位，导致专题班会职责不明确，效果得不到保证。主题班会大多随意性很强，没有明确的主题，且绝大多数辅导员并未接受过如何组织主题班会的系统培训，主题班会课的组织实施效果与班级建设和辅导员的工作成绩也不挂钩，缺少明细的考核规则，因此，辅导员（班主任）或者大学生都缺乏对主题班会的理解与认同，参与的积极性和热情不高，效果并不理想。另外，即使有部分高校或者部分辅导员组织的主题班会的效果不错，但也很少有高校会对主题班会课进行经验总结或者案例整理，缺乏系统的研究，没有得到推广和宣传。

2. 主题班团活动教育实效性低的原因

通过分析，主题班团活动教育实效性低迷的原因有三个。其一，设计理念的缺位。在很多时候，班主任把活动交给学生去设计组织，班主任没有很好地引导。只要在班会中安排体验活动，组织学生进行讨论交流，学生就会有对相关主题的感受和体会，达到预期效果。班主任以研究的视角看待主题班会，可以确保主题班会的设计理念符合科学性原理；班主任通过对典型案例的分析研究，可以掌握现象背后的规律；主题班会的创新路径在班主任不断地总结和反思的基础上生成，通过班会的实践经验，可以找到独立解决这些问题的合理策略。其二，相关理论知识的缺乏。理念决定了一个人看问题的角度，决定了一个人的态度和行为方式。一个班主任具有什么样的教育理念决定了他会怎样看待师生关系，怎样与学生交往，怎样设计和实施主题班会。有了科学理念的支撑，班会活动的理念和实施就会有好收获。其三，缺少规范的组织管理及相应的支持。虽然大多数高校都很重视主题班会的开展，却并没有专门的机构来负责主题班会的全程管理与监控，即使有管理，也一般处于模糊的状态，管理职责不明确、不到位。主题班会的任务和要求也并未得到明确，如果将之视为一门课程，也未形成一门课程的独特体系，因此导致主题班会的系统性和全面性不足，因此，主题班会往往流于事务性和形式化，并未真正发挥主题班会的作用和价值，从而降低了主题班会课的教育效果。

此外，大部分高校主题班会的管理和理论研究不够，多数高校都没有把主题班会计算在课时或工作量内，所以很多辅导员对主题班会并不重视，班会课也流于形式化，往往就是讲一下班级存在的问题，学生也从心里抵触主题班会。

（二）高职院校主题班会的改进策略

针对目前主题班会在组织、实施过程中存在的问题，我们必须对其进行更进一步的讨论研究，来找出解决的办法，而最主要的一点就是要先对主题班会进行定位。

1. 明确主题班会的定位

想要更好地开展主题班会，首先应该对主题班会进行科学的定位，主题班会应该定位于课程。据统计，现在对主题班会的定义主要有以下几种："所谓主题班会，就是指有鲜明主题，以班集体为单位进行的思想品德教育活动。"① "所谓主题班会，是指学校根据德育大纲，结合学生思想实际，在符合青少年身心发展的认知、情感规律的情况下，为宣传一个观点、培养一种品质、陶冶一种情操、训练一种行为而开展的品德教育活动。"② "主题班会是班主任或班团干部在班主任的指导下精心策划的围绕一定主题对班级学生进行教育和管理的综合课程，其形式有讲座式，报告式、讨论式、表演式、参观或实践后的交流总结式，等等。"③ 大学生主题班会定位是高校学生管理工作、思想品德政治教育和心理健康教育的重要途径和手段之一。

2. 引导大学生端正参加班团活动的态度

大学生要端正对待班团活动的态度。摒弃学习至上、自命清高的心理。社会飞速发展，大学生面临的挑战也逐渐增多，需要大学生全方面发展，结合专业知识开展活动。班团活动应以专业知识为依托，与社会实践有机结合，以促进大学生进步。在现实中创造机会让学生运用自己的专业知识，知晓自己的不足，激发他们努力学习好专业知识的动力。

3. 团总支加大对班团活动的引导和重视

以学生为本，从学生的角度去开展班团活动。学生作为班团活动的主体，是活动的组织者、参与者、体验者、实践者。21世纪的教育，需要具有新观念的老师来实践。教师必须更新观念，摆正自己的位置，退居到幕后，留足够的

① 张桂芬，张磊．主题班会琐谈［J］．中等医学教育，1999（5）．
② 赵大柱，薛薇．新形势下对主题班会的几点思考［J］．中国石油大学胜利学院学报，2007（2）．
③ 李艳．高校主题班会的功能定位与功能实现——兼论主题班会教育与班级管理的关系［J］．理论观察，2011（2）．

空间给学生们去发展。学生是活动的主角，让学生当家做主，他们才会发挥自己最大的才智成功开展活动。如今，很多学校已经意识到班团活动对加强班级、学校管理建设的重要性，班团活动有利于同学们培养协作精神，通过班级活动让整个集体更加团结，增加班级凝聚力，学校的精神文明建设也随之巩固。①

二、加强大学生安全教育

（一）加强大学生安全教育的必要性

随着我国高等教育事业的发展，高校办学规模迅速壮大，办学格局、管理模式、后勤社会化管理等都发生了巨大变化，高校保卫工作的管理难度增加，主要来自以下几个方面：一是高校扩大招生以来，在校师生成倍增加，校园内商业网点增多；二是随着校园环境的进一步优化，到校参观、借道通行的人增多，加上外来务工、参观游览人群不断涌入校园，使校园人员更加密集；三是外来人员素质较差，在校园滋事，扰乱教学；四是近年来，教职工生活待遇的提高，私家车逐日增加，使校园的道路交通更加拥挤，校园内超速行驶、违章行驶屡屡发生，严重影响着校园安全。因此对大学生进行安全教育非常重要。

1. 加强安全教育是高职院校思政育人的需要

当前高校管理方式社会化，办学形式多样化，学生结构复杂化，校园与社会相互交叉、相互渗透，校园治安形势日趋复杂严峻。其主要表现为校园环境日趋社会化、复杂化。随着高等教育事业的发展和改革开放的深入，高校由原来单一的教学封闭型转变为全方位、多功能、开放型的"小社会"，校园内不仅有教学区、生活区，有的还混杂家属区、居民区；不仅有教学、科研设施，还有工厂、公司、超市、书店、银行、邮局、医院、宾馆、浴室、饮食店、影剧院等生活服务设施和机构。一所高校就像一个小县城，这种复杂的格局，客观上也给高校的安全造成诸多不利因素。社会上的一些不法之徒，时常窜入高校进行盗窃、抢劫、诈骗、行凶等犯罪活动，有的甚至危害师生的人身安全，直接影响学校的安全稳定。②

---

① 张巧利，李罗，姚聪，等. 高校大学生班团活动现状调查与分析——以川北医学院为例 [J]. 科技创新导报，2014（13）.

② 庄健，栗斌. 新形势下加强高职院校大学生安全教育的必要性初探 [J]. 大观，2016（7）.

2. 加强安全教育是学生自我保护的需要

大学生安全意识和防范能力需要提高，一方面可以避免或减少自身利益受到伤害，另一方面可以成为维护校园安全的重要力量。对大学生安全教育，是确保高校安全和稳定的必要措施；对大学生安全教育，提高他们的安全意识和防范技能，可以有效地减少和避免发生在大学生中的各种安全问题，从而起到维护学校安全和稳定的积极作用。

（二）加强安全教育的途径和措施

受社会环境变化大潮的影响，学校和学生面临许多安全方面的新问题。通过开设安全教育课程、利用典型事件和案例进行宣传教育等途径，采用制订安全教育计划、专题讲座、个案剖析、预防教育、组织学生参与安全管理等方法可以有效地预防和解决这些问题。①

1. 安全教育突出重点，注重教育效果

安全教育是学校思想政治教育的一个重要组成部分。安全教育涉及的内容非常广泛，应与高校的一切教育活动相联系，与学校的思想政治教育、道德教育、民主法治教育、校纪校规教育、心理健康教育等相结合，但安全教育又有其自身特色和特定内容，从安全防范角度讲，大学安全教育要突出重点，注重教育效果。

2. 开设安全教育课程

在高校开设大学生安全教育课，是新时期、新形势下高校教育管理工作的重要内容，安全教育课的开设有利于全面提高大学生的综合素质，为人才培养创造良好的环境，为高校的安全与稳定提供条件。

（三）加强安全教育的主要内容

1. 国家安全教育

旨在提高大学生的国家安全意识，正确认识改革开放条件下隐蔽斗争的新形式和新特点，自觉抵御境外敌对势力的渗透活动，其中注意重点抓好"三项教育"，强化"三种意识"，维护国家利益。

2. 网络安全教育

高校网络的盛行，网络受非法侵入的现象日益突出，针对黄赌毒、反动言

---

① 丁树歧. 在校大学生安全教育的途径和方法探讨［J］. 江苏技术师范学院学报，2006（3）.

论进入的情况，加强网络安全要注意加强网络法律法规的宣传，提高大学生网络安全意识；积极开展净化网络环境的相关活动，倡导健康文明的校园网络生活。

3. 消防安全教育

组织大学生学习消防安全知识，包括举办消防知识讲座、举办消防图片展览、演示消防器材的使用，进行模拟消防训练，让学生掌握消防安全知识。

4. 防盗窃教育

包括运用典型案例开展防盗防窃教育，针对学生宿舍盗窃案突出的严峻现实，通过看录像、案例分析等多种形式，积极开展防盗教育，增强防盗意识。

5. 交通安全教育

加强大学生交通安全教育，引导学生遵守交通规则，不管是校园内外，都要树立交通安全意识。

6. 心理安全教育

当前大学生就业压力增大，常常出现焦虑、抑郁、冷漠、消沉等心理问题，如不加以积极引导，极有可能导致大学生心理安全问题。因此，学校应对大学生加强心理健康教育，采用普遍教育和个别疏导相结合，有针对性地进行人际关系和谐教育、环境适应教育、健康人格教育，以提高大学生心理健康水平，预防心理疾病。

7. 自我保护教育

大学生要学习自我保护的法律法规，学会运用法律武器保护自身的合法权益不受侵害，在这个过程中注意引导学生见机行事，善于动脑，学会智斗，用智慧保护自己。

第三节　实践促进，筑牢师生监督的"联防墙"

一、加强大学生社会实践

理论联系实际是党的优良传统和作风，教育与生产劳动和社会实践相结合是党的教育方针的重要内容，理论教育和实践教育相结合是大学生思想政治教育的根本原则。大学生参加社会实践，了解社会、认识国情，增长才干、奉献社会，锻炼毅力、培养品格。在此过程中，可加深对邓小平理论和"三个代表"重要思想的理解，深化对党的路线方针政策的认识①，坚定地在中国共产党领导下，走中国特色社会主义道路，树立中华民族伟大复兴的共同理想和信念；同时，对增强学生的历史使命感和社会责任感，对培养中国特色社会主义事业的合格建设者和可靠接班人具有极其重要的意义。

梁启超的《少年中国说》指出："故今日之责任，不在他人，而全在我少年。少年智则国智，少年富则国富，少年强则国强。"当代青年特别是当代大学生是早晨的太阳，拥有着无限的朝气活力和创新意识，潜力无限，他们是国家的希望和民族的未来，担负起社会主义事业的建设者和接班人。同时，作为学生，由于来自知识的广度和深度局限、社会阅历的缺乏，实践经验的不足等多方面的原因，他们在学校的学习、生活和以后的工作中面临着各种的不解与困惑。所以，对当代大学生加强思想、政治等方面的引导，让他们坚定理论自信，有利于他们坚定社会主义道路的信仰，坚持社会主义理论的探索，利用社会主义制度的优越性，来调动他们的活力与激情，激发他们的艰苦奋斗精神和勇于创新精神，从而使他们将有限的生命奉献到无限的中国特色社会主义事业的建设和发展中，为实现更高水平的发展而努力。②

二、培养大学生社会主义核心价值观，为实现民族复兴中国梦奋斗

（一）培养大学生的社会主义核心价值观

1. 全方位构建社会主义核心价值观教育的课程体系育人平台

社会主义核心价值观涉及多个层面，内涵丰富，不是某一个学科的课程就能完全达到教育目的的。全方位构建社会主义核心价值观教育的课程体系育人平台，实施切实有效的教学方法，将三个层面的价值理念真正融入学校各学科教育教学立德树人的全过程，这是保障社会主义核心价值观教育实效性的重要途径。首先，要发挥思想政治理论课得天独厚的育人功能。学校应保证开足课时，不能随便删减。思想政治理论课教师要充分挖掘课程中社会主义核心价值观的育人要素、课程体系的过程要素，切实更新教育观念，遵循教育教学规律，

---

① 曾继平. 探索社会实践推动学生党建的有效途径［J］. 文教资料，2009（35）.
② 王武. 论当代大学生"三个自信"的教育和培养［J］. 科教导刊（电子版），2015（12下）.

创新教学方法，引用"研练"等教学方式，发挥学生的主体作用。努力使教学方式符合大学生的学习特点，贴近大学生的思想实际，并强化社会热点难点问题的正面引导，以增强理论教学的实效性和感染力，将社会主义核心价值观真正引入大学生的头脑，净化他们的心灵。其次，要克服思想政治理论课以外各学科只管教书，不管育人的局面，《中共中央、国务院关于进一步加强和改进大学生思想政治教育的意见》明确要求广大教师"要深入发掘各类课程的思想政治教育资源，在传授专业知识过程中加强思想政治教育，使学生在学习科学文化知识过程中，自觉加强思想道德修养，提高政治觉悟"①。

2. 提高教师素养，通过教师的言传身教感化学生

教师在教育过程中要做到"教人"，"教人"过程中与其说是"言教"还不如说是"身教"。苏联教育家乌申斯基曾经说过："教育工作中，一切都应以教师的人格为依据，因为教育力量只能从人格的活的源泉中产生出来，任何规章制度，任何人为的机关，无论设想如何巧妙，都不能代替教育事业中任何教育人格的作用。"所以教师在教导学生树立正确的人生观、价值观、世界观的同时，还必须具备高尚的人格，这些体现在教师的处世态度、为人风格、价值观念、价值取向、思维方式，甚至包括教师的言谈举止、仪容服饰等素质外形。让教师必须成为学生可以师从的表率，不断提高师德认识，培养师德情感，坚定师德信念，塑造师德意志，养成师德习惯，使教育者在教育过程中，始终将自己置于良好的道德修养之中，从而使教师在人格上所表现出来的力量，达到真正的"言传身教"，② 学生不知不觉中也会模仿教师的优秀品行，努力克服困难向自己敬爱的教师学习。

3. 挖掘档案资源，宣传优秀校友

挖掘档案资源，宣传优秀校友，树立典型。挖掘档案资源，对先进模范人物进行表彰、树立典型历来是思想政治教育工作的重要手段，也是加强社会主义核心价值观的重要途径。不过以前那些平面性、单一性的"榜样"随着社会的发展和人们思想观念的变化正在逐渐失去其应有作用，也对新时代的大学生缺少了吸引力。挖掘高校档案资源，树立典型，这些优秀的校友系友是大学生

---

① 刘蕴莲. 论新形势下加强大学生社会主义核心价值观教育［J］. 思想政治教育导刊，2014（5）.

② 闫旭蕾. 教育社会学［M］. 北京：高等教育出版社，2011：164.

能够感知得到的，非常具有说服力，优秀的校友系友是学习的楷模，是学习的标杆。

因此，必须在不断总结经验的基础上，努力探索，创新性地发挥榜样在社会主义核心价值观教育中的示范激励作用。在典型的选择上，要注重可学性、亲和力；在典型树立上，多角度、全方位考虑，把表彰证书上的一个个名字还原为鲜活的、在生活中可以切实学习的一个个榜样；在宣传途径上，可以根据当今大学生对多媒体技术、舞台演出、网络传播的喜爱，不断创新载体。①

（二）大学生心存中国梦，为实现中国梦努力奋斗

1. 中国梦的提出

2012 年 11 月 29 日，习近平同志带领新一届中央领导集体参观中国国家博物馆《复兴之路》基本陈列时指出："实现中华民族伟大复兴，是中华民族近代以来最伟大的梦想。"2013 年 3 月 17 日，习近平同志在十二届全国人大一次会议闭幕会上进一步指出："实现中华民族伟大复兴的中国梦，就是要实现国家富强、民族振兴、人民幸福。中国梦归根到底是人民的梦。"② 中国梦高度升华了中国共产党的执政理念，是今天中华民族和中国人民理想的集中体现，已成为激励广大干部群众积极投身中国特色社会主义伟大实践、推动当代中国发展进步的高昂旋律和精神旗帜，成为国家文化软实力的重要组成部分。

空想是不切实际、不能付诸行动、不能实现的幻想。而中国梦不是空中楼阁式的空想，是中华民族和中国人民的远大理想，是民意所系、国魂所在。理想是人基于现实的前瞻预测、战略设想和信仰观念等的集合体。中国梦是可以成为现实的伟大梦想，是值得孜孜追求的崇高理想。

2. 大学生为中国梦而努力奋斗

作为国家培养出的当代青年大学生，应深感使命光荣、责任重大，我们应做到以下几点。首先，要树立远大的志向，以远大的志向为前进和发展鼓足动能。激情飞扬的青春活力是推动发展的"正能量"。"发展是第一要务"，也是我们党执政兴国的根本。而发展离不开充满激情的青春理想，离不开伟大的志向作为前行的航标，离不开充满生机活力的创新创业体制机制。广大青年大学

---

① 田永静，陈树文. 加强大学生社会主义核心价值观教育有效途径探究 [J]. 思想教育研究，2010（5）.

② 习近平在十二届全国人大一次会议闭幕会上发表重要讲话 [EB/OL]. 新华网，2013 – 03 – 17.

生要踊跃投身国家建设,以激情飞扬的青春活力不断添加祖国前行的"燃料"。我们要敢为人先,善于创造,勤奋求实,勇于开拓,成为改革创新的生力军。我们有了坚定的志向和信念,以及坚韧不拔的毅力,就一定能将志向与目标变为现实。作为青年大学生,我们一旦拥有远大志向和理想,就会不畏前行道路上的艰难险阻,敢于面对困难与挫折。我们会想尽一切办法,去克服和战胜困难,就会立足当下、放眼长远,开拓奋进,从胜利走向新的胜利。其次,要做到自强,树立坚韧不拔的拼搏精神。青年人最大的优点是:有拼劲、充满活力和朝气;有激情,始终鼓足创新前行的动力;有锐气,敢于挑战障碍,不拘一格。广大青年大学生,要学会独立思考、独立创业、独立奋斗。巩固和发展社会主义制度,需要几代人、十几代人,甚至几十代人坚持不懈地奋斗,只有具备百折不挠、勇往直前、顽强拼搏的精神,才能在中国崛起、实现中华民族伟大复兴的征程上,贡献自己的力量。最后,要做到自立,勇于承担人才强国的重任。科教兴国和人才强国是当代中国面向现代化、面向世界、面向未来,加快中国特色社会主义现代化建设的两项重大战略任务。科教兴国、人才强国既是国家战略,又是广大青年的历史责任。在科技和教育迅猛发展、社会信息化不断推进的背景下,当代青年有较多的机会学习、运用、创新现代科学技术。广大青年应义不容辞地担当迎接新技术革命挑战的重任,争当优秀的创新人才,成为国家富强、民族振兴的中坚力量。①

三、为实现中国梦,师生共筑"联防墙"

(一)在教育内容上,把"五个必须"全面融入中国梦教育,夯实大学生中国梦教育的基础

习近平总书记指出,弘扬爱国主义,必须把爱国主义教育作为永恒的主题,必须坚持爱国主义和社会主义相统一,必须维护祖国统一和民族团结,必须尊重和传承中华民族历史和文化,必须坚持立足民族又面向世界。鉴于目前大学生中国梦教育中存在的种种问题和挑战,我们必须紧紧围绕"五个必须",有针对性地把相关内容全面系统地融入大学生中国梦教育之中,夯实大学生中国梦

---

① 蓝颖.浅谈"中国梦"赋予当代青年的历史责任[C]//中国武汉决策信息研究开发中心,决策与信息杂志社,北京大学经济管理学院.学术视域下的2015全国两会热点解读——决策论坛论文集(上).科技与企业,2015:1.

教育的基础。爱国主义教育是高校思想政治工作的永恒主题，中国梦则是当代中国爱国主义的鲜明主题。大学生中国梦教育必须把弘扬爱国主义精神作为重要内容，常抓不懈，持之以恒，要管长久、管根本。针对大学生对中国梦存在的各种误区和模糊认识，我们必须全面阐明中国梦的时代背景、深刻内涵、理论价值、实现路径和深远历史意义，帮助大学生深刻理解和正确把握中国梦，引导他们牢固树立对中国梦的坚定信念，为实现中国梦贡献青春和力量。爱国主义是一种情结，更是一种对国家、民族的认同。对大学生进行中国梦和爱国主义教育，必须使大学生清醒认识到，"中国梦不是一般意义上的梦想，而是一种特定的、整体的思想意识和目标指向，是思想意识和目标指向的高度融合统一，是中华民族正在万众一心、努力奋斗的共同理想"。中国梦是集体梦想与个人梦想的高度统一，个人与祖国始终是不可分割的命运共同体，个人的成功和梦想只有在爱国之树上才能结出硕果。在处理国家、民族利益和个人利益的关系时，应当把国家、民族利益放在首要地位。面对利益分化价值多元的现实，爱国往往意味着奉献和牺牲，但祖国终将选择那些忠诚于祖国的人，并终将记住那些奉献于祖国的人。因此，必须从世界观、人生观、价值观的高度加强以爱国主义为核心的民族精神教育，使大学生懂得爱国家、爱民族就是爱自己，维护和发展国家、民族利益就是维护和发展个人利益，弘扬和培育以爱国主义为核心的民族精神就是铸造和培育自身的全面和谐发展。同时尤其需要强调的就是，中国梦教育必须做到爱国、爱党和爱社会主义教育有机统一。热爱自己的祖国是爱国主义的必然政治要求，从来就没有抽象的爱国主义，爱国主义都是具体的、现实的。爱国主义更是社会主义核心价值观之中最深层、最根本、最永恒的内容，爱国主义为社会主义提供了重要的思想基础，社会主义也为爱国主义提供了正确的发展方向。因此，对大学生进行爱党、爱社会主义教育，既是中国梦教育的重要组成部分，同时本身也是爱国主义教育的必然要求和重要结论。①

（二）在教育手段和方法上，创新方式方法，提高大学生中国梦教育的吸引力和实效性

对于如何行之有效地开展大学生爱国主义教育，习近平总书记明确指出：

---

① 高凡夫. 以习近平爱国主义思想引领大学生中国梦教育探析 [J]. 高教学刊, 2016 (24).

"要充分利用我国改革发展的伟大成就、重大历史事件纪念活动、爱国主义教育基地、中华民族传统节庆、国家公祭仪式等来增强人民的爱国主义情怀和意识，运用艺术形式和新媒体，以理服人、以文化人、以情感人，生动传播爱国主义精神。"①《中共教育部党组关于教育系统深入开展爱国主义教育的实施意见》也提出："创新爱国主义教育方式和途径。有效拓展课堂内外、网上网下、平台载体的爱国主义教育引导，创造浓郁的校园文化氛围，使学生处处受到爱国主义精神的感染。"这就要求我们，在不断强化思想政治理论课课堂教育主渠道地位的同时，要充分发挥和利用爱国主义教育基地、社会实践基地等第二课堂的重要作用，有效运用微博、微信等互联网信息平台以及其他各种大众传播平台，并紧密结合国内外热点问题与重大事件，扎实开展大学生中国梦教育和爱国主义教育，全面提高中国梦教育的吸引力和实效性。②

第四节　消除信任危机，筑牢法制约束的"高压墙"

一、防御抵制"颜色革命"，增强"三个自信"

"颜色革命"是西方势力干涉他国内政、颠覆政权的工具，是美国等西方国家通过培植亲己势力，假借他人之手，搞垮那些自己不喜欢、不听自己话的政权，实现其目的。表面上，是西方国家为了践行自由、民主、人权，实际上是为赤裸裸地干涉内政披上华丽外衣，包裹成争取民主、维护人权、捍卫正义的民主抗争，带有相当的迷惑性。这些势力躲在幕后，借助基金会、非政府组织以及互联网等新媒体，通过无形之手资助、拉拢和培养亲西方的反政府人士，对目标国进行长期政治渗透，待机会来临，直接帮助策划、起事。往往导致激烈的冲突和流血事件发生，社会认同和凝聚力被撕裂，国家几近分崩离析。③

"颜色革命"是国家安全之敌、动乱之源、人民之祸。"颜色革命"的代价

---

① 习近平. 大力弘扬伟大爱国主义精神　为实现中国梦提供精神支柱［EB/OL］. 中国共产党新闻网, 2015 – 12 – 31.

② 高凡夫. 以习近平爱国主义思想引领大学生中国梦教育探析［J］. 高教学刊, 2016（24）.

③ 金灿荣. "颜色革命"危害深重［N］. 人民日报, 2015 – 06 – 14（5）.

是十分沉重的。对于那些曾激愤上街、憧憬民主的民众来说，革命激情退去之后，留给他们的尽是难以吞咽之苦果、难以承受之痛苦：政局陷入动荡冲突。几乎所有爆发"颜色革命"的国家，不仅政治混乱，社会失序，国家主权更是严重割裂，政局呈现碎片化趋势。这场所谓的革命非但没有带来稳定，反而加剧了政治斗争。事实证明，"颜色革命"不仅不是解决国内问题的良药，反而是加重问题的毒药，毒害的是广大民众，留下的是"更迭—动荡—再更迭"的恶性循环。经济面临滑坡。综览那些爆发过"颜色革命"的国家，经济持续凋敝，市场一片狼藉，整个经济系统运行紊乱，财政赤字不堪重负，腐败等问题也并没有因革命而解决。人道主义危机加剧。"颜色革命"带来的不是民主，而是民不聊生、生灵涂炭。在乱局中，大量无辜平民死亡，人道主义危机严重。此时，西方所宣称的人权早已没了踪影。事实证明，对比人权状况，革命后比革命前更糟糕。①

当前我们坚定"三个自信"，最为迫切和紧要的是实现党的十八大根据人民意愿和事业发展需要提出的全面建成小康社会的目标，即在 2020 年时实现全面建成小康社会的目标。实现这一目标还有短短的三年时间，其任务确实是宏伟而艰巨的，但又是经过努力可以实现的。党的十八大报告指出："只要我们胸怀理想、坚定信念，不动摇、不懈怠、不折腾，顽强奋斗、艰苦奋斗、不懈奋斗，就一定能在中国共产党成立一百年时全面建成小康社会，就一定能在新中国成立一百年时建成富强民主文明和谐的社会主义现代化国家。"我们相信在实现了"两个百年目标"之后，也一定会将中国特色社会主义由初级阶段推向中级和高级阶段，不断巩固和发展社会主义制度，并在经过十几代人甚至几十代人的坚持不懈努力下，最终实现共产主义的远大理想。

二、加强理想信念教育，消除信任危机

（一）信任危机产生的原因

1. 社会原因

我国从原有的计划经济体制过渡到市场经济体制，在转型的过程中，由于市场经济运行机制不完善，法治不健全，使得一些经营者在利益驱使和市场竞争的压力下，出现了较为严重的制假售假等坑蒙拐骗行为，经济生活中的虚假

---

① 金灿荣."颜色革命"危害深重［N］.人民日报，2015－06－14（5）.

欺骗程度不同地渗透到社会的政治、文化、教育领域，从而扰乱了社会的经济秩序，败坏了社会的风气，造成了整个社会的信用危机，大学校园以及大学生不能不受其影响。

2. 家庭原因

家庭教育对人的一生都有一种的特殊的影响力，父母是孩子的第一个老师，父母的言谈话语甚至是行为都潜移默化地影响着孩子。尤其是竞争比较激烈的当今社会，父母都希望自己的子女将来能够出人头地，所以有一部分父母在教育孩子上只注重孩子学习成绩，注重孩子是否有一技之长，孩子的大部分时间都是背着沉重的书包奔走在学校以及课外的学习之上，而父母们却忽视了对孩子的德育，忽视了成才的关键一步，要让孩子们先学会"做人"，然后再做"学问"。

3. 自身原因

当代大学生大部分是独生子女，他们通常成长在较为优越的环境中，普遍缺乏艰苦奋斗、吃苦耐劳的精神，责任意识淡薄，大学生生理上虽然表现得比较成熟，但是心理上并不成熟，尤其表现在思想上，大学生比较注重自我表现，但是自控能力比较弱；在处理问题时，他们会出现从众心理；在当前价值取向多元化的今天，大学生容易迷失方向，出现不同程度的信用问题。

（二）信任危机的基本表征

1. 寝室关系

寝室关系是校园人际关系的重要组成部分，寝室矛盾的激化极易导致同学间的信任危机。近年来媒体多次报道大学寝室内各种矛盾如偷窃、欺骗、恶意破坏、不尊重他人等行为。尤其是复旦大学投毒案的爆出，甚至有网友在微博上打出了"谢室友不杀之恩"的标语，这种讽刺让人不禁反思。寝室同学间的信任度是大学校园人际交往中的重要一环，一旦寝室内产生信任危机，这种隐形的矛盾更具有杀伤力，一旦爆发将会对大学生身心产生极大的危害，如复旦大学投毒案、马加爵杀人案就是典型的寝室关系恶化的例子。

2. 恋爱关系

歌德的《少年维特之烦恼》里有这样一句话："哪个少女不怀春，哪个少男不善钟情。"这可谓是对当代大学生对于恋爱困惑的真实描述。美国心理学家Robert J. Sternberg 提出的"爱的三角论"中认为，爱情由激情、亲密和承诺三部分组成。虽然其理论并不无缺漏，但尚且可以从这三个方面分析当代大学生恋爱关系中的信任危机。大学阶段很多学生陷入恋爱动机的误区，其选择男女朋友不乏为了弥补空虚和满足自己私欲等个人原因，这种情况下发展起来的恋爱对于激情、亲密和承诺三种成分都没有保证，也就是说，这种关系容易走向失败。其结果肯定会对其中一方造成心理上的伤害，导致其在今后对于恋爱关系中的另一方的信任感降低，个别大学生对于恋爱关系归因错误，甚至会产生对恋爱本身的不信任。①

3. 师生关系

中国自古以来就有尊师重道的传统，韩愈曾说："师者，所以传道授业解惑也。"首先，当代大学生与教师的相处模式中存在着一些常见的认知偏差。国内大学的班级通常是以辅导员为指导教师，辅导员与同学相处的时间较短，因此其对对方的第一印象会对彼此的认知都有很强烈的影响作用，这就会产生首因效应。但是双方都应该意识到这只是一些表面特征，否则等到同学和教师进一步相处时则可能会因为不和而产生更严重的感情伤害，从而产生信任危机。其次，师生之间具有不同的思维和经验，如果其中一方运用自己以往的经验间接地对另一方产生一些好或者坏的感性思维，必定会造成认知上的偏差，比如教师看到新来报到的女生穿着比较裸露就判定她不是一个好学生。这样的认识会影响师生关系，容易导致彼此间不信任感的提升。

（三）大学生应对信任危机的策略

1. 构建校园人文信用环境

构建校园人文信用环境，良好的人文信用环境对提高大学生信用意识十分重要。在高校，无论是课堂内外，无论是教师、学生或是其他教育工作人员，都应该时刻把信用放在首位，营造出"讲信用"的氛围，构建学校良好的人文信用环境，这对学生的信用教育必是事半功倍。首先要注意教师的日常信用示范作用，如教师能否以身作则、率先垂范，这些都潜移默化地影响着学生的思维方式及做人准则。其次是注意发挥学生党员及学生干部的信用带动作用。榜样作用的力量是不可估量的，如果他们也存在着信用缺失的现象，那么普通同学就会名正言顺地无视信用的存在，所以要重视学生党员及干部的正面榜样作用。

---

① 陈子君. 浅析当代大学生的信任危机 [J]. 中国电力教育，2014（2）.

2. 诚信行为融入教育管理

大学生诚信教育必须将自律和他律相结合，将日常教育与制度约束相结合，才能达到诚信教育的最终目的。在学生的日常教育管理中，加大对学生的日常行为考评，建立学生考评电子档案，使学生在校期间的诚信行为和失信行为有据可查。整个档案建立的过程就是学生自我确立诚信目标、自我教育、诚信意识形成的过程。在学生评奖、评优、入党选拔干部、就业等各个领域中体现诚实、惩治失信。

3. 发挥家庭、学校、社会的教育合力

重塑大学生诚信，全社会都应为之努力。教育过程本身就是互动的过程，每个接受教育的个体，在接受教育的同时，也在教育、感染别人，在要求学生诚信的同时，更要求教育者本身。因此，要结合学生特点，齐抓共管，构建家庭、学校、社会教育的合力。教师在教学活动中以其严谨的教风、虔诚的为人把诚信渗透到教学活动中，实现教书和育人的统一，体现师德的力量；科研人员以其孜孜探索、求实创新的作风运用到指导学生的科研实验中，从而实现教导和塑人的统一；管理人员将其踏实、勤勉的作风运用到学生的教育管理中，从而实现管理和育人的统一；后勤管理人员，用工匠精神感染我们大学生。家庭作为教育的基本细胞，父母作为大学生的第一任教师，理应言传身教。对于社会而言，采取有效措施清除各种失信行为乃当务之急，否则，社会的大环境难使大学生的诚信有存在和发展的空间。①

---

① 戴宏，黎能进，谢树林. 诚信——大学生素质教育的切入点 [J]. 思想政治教育研究，2005（1）.

第七章

净化"网络育人"新媒体，做好阵地安全的"守卫者"

中央网信办、教育部在上海联合召开创新网络思想政治教育现场经验交流会要求各地各高校要认真按照中央的决策部署，切实加强网络教育主阵地、主平台、主渠道建设，创新推进高校网络思想政治教育，不断开创网络育人新局面。这就将高职院校人才培养的方向从现实空间逐步转移到虚拟网络领域，这正是基于"互联网+"的思维演进。

第一节 "互联网+"时代下的思政育人新干线

当下互联网技术日益普及，渗透到人们的日常生活中，网络正成为影响人的道德、思想、情感，人生成长等最重要的因素之一。当代大学生作为"数字原住民"，其世界观、人生观、价值观、婚恋观、就业观等均受到网络的影响。网络育人应该是也必然是互联网时代最重要的教育途径之一，网络育人必须成全社会共识。高职院校必须主动适应网络时代的发展，开辟网络育人新干线。

"互联网+"概念的中心词是互联网，它是"互联网+"计划的出发点。"互联网+"可以将"互联网+"概念中的文字"互联网"与符号"+"分开理解。符号"+"意为加号，即代表着添加与联合，也可以将"互联网+"作为一个整体概念，其深层意义是通过传统产业的互联网化完成产业升级。"互联网+思政育人"即是二者的合二为一，既有二者的关联性表达，也有二者之间的相互渗透。

"互联网+思政育人"是两化融合的升级版，将互联网作为当前信息化发展的核心特征，提取出来，并与高职院校思政育人全面融合。首先是跨界融合。

"＋"就是跨界，就是变革，就是开放，就是重塑融合。融合协同了，群体智能才会实现，融合本身也指代载体，学生吸收转化为教育，教师参与创新自觉呈现新能量。传统课堂的"教师教、学生学"的被动模式难以为继，必须转变到网络创新驱动教学效果这条正确的道路上来。这正是互联网的特质，用所谓的互联网思维来求变、自我革命。

一、推动网络育人，促进高职院校功能的发挥

高职院校校园网络文化建设和管理既是高等教育事业发展的重要组成部分，也是推动社会主义文化大发展大繁荣的重要方面。① 当今加强网络文化建设和管理是一项重要战略决策，是占领思想文化阵地、保障政治稳定、确保信息安全、维护校园和谐的现实需要。

（一）适应时代发展，推动教学改革

网络作为庞大的资源信息共享和交流平台，已深刻改变了当代大学生的学习、生活和思维方式，冲击着大学生的行为模式、价值取向、心理发展和道德观念，这给高校的思想政治教育工作带来了巨大冲击和新的挑战。② 在网络环境下，知识更新加快、学生的人际交往方式多样化、各种信息良莠不齐、西方网络文化对我国主旋律文化的巨大冲击等，都对高校思想政治工作的权威、方式和成果的巩固提出了挑战。因此，当下进行的微课、翻转课堂改革就是适应基于移动客户端的教学变革。

（二）维护网络信息安全，重塑网络结构

网络以其充分自由性和虚拟性，吸引部分大学生因过度沉迷网络而影响学业和身心健康。作为数字化信息的最重要传输载体，网络信息安全也成为教学和科研人员关注的问题。校园网络信息安全风险在网络安全意识淡薄、盗版软件滥用、传输介质失密、网络入侵、应用软件的安全问题上可见一斑。维护学校和社会政治稳定已成为不可回避的现实问题，解决网络安全迫在眉睫，也是高校育人环境的必要保障。

信息革命、全球化、互联网业已打破了原有的社会结构、经济结构、地缘

---

① 李卫红. 深入贯彻党的十七大精神，不断开创高校校园网络文化建设和管理工作新局面 [J]. 思想理论教育导刊，2008（1）.

② 陈涛，潘伟国，穆玉兵. 高校校园网络文化的育人功能及实现形式 [J]. 学校党建与思想教育，2011（31）.

结构、文化结构。权力、议事规则、话语权不断在发生变化。"互联网＋思政育人"拓展了高职院校的育人场域，将实体办学与网络互联相结合，不仅拓展了思想教育的场域，也促进了各种资源的交汇与整合，为高职院校思政育人提供了良好的平台。

二、加强网络监管，深挖育人资源

网络现已成为校园文化建设的一块新型阵地，校园育人中必需的丰富多彩、文明和谐的网络文化已经形成。丰富校园网络文化的内容和形式，要进一步强化文化精品建设、特色网络文化品牌和相关服务工作，要以丰富高职院校的网络文化产品和服务为着力点，不断丰富网络文化建设的内涵，为进一步建设良好的网络文化创造条件，确保育人资源的整合。

（一）传递正能量，加强网络引导功能

深挖育人资源，弘扬主旋律，传递正能量，打造独具特色校园网络文化品牌，健全网络服务；完善网络辐射功能；以推进办公信息化为依托，突显网络提效功能；以提升大学生网络素养为目的，加强网络引导功能，尤其将整个大学阶段视为一个系统来运行，建设网络文化，建设一批风格特异、内容丰富、人文气息浓烈的网站，发挥网络引导在校园文化建设中的突出作用。

（二）直面"窗口期"，坚守思政育人阵地

当前，思想领域面临一些新的形势：从国际来看，敌对势力"西化""分化"中国的图谋从未停止，少数别有用心者不断离间我国的党心、民心；从国内来看，正在进行的全面改革力度，深度、难度前所未有，不同群体的利益诉求、价值观呈现多元倾向。这些在网络层面都存在不同的杂音，而大学生作为网络的新生力量，高职院校需加强对思想领域的监控，直面高职院校网络挑战的"窗口期"，始终保持政治上的清醒，严守政治纪律和政治规矩，确保任何时候、任何情况下，都在思想上、政治上、行动上同党中央保持高度一致。

三、坚守宣传思想的主阵地，肃清网络毒瘤

2015 年 1 月 20 日，国家网信办关闭了 133 个微信公众号。这些公众号以"揭秘""真相"为噱头，打着"你不知道的历史""这才是历史""我知道的历史"等旗号，捏造事实，歪曲历史，混淆视听，大肆传播歪曲党史国史等不良信息。提升高职院校学生的信息素养，引导其明辨是非，肃清网络毒瘤，是

加强高职院校宣传思想工作的重要内容。

（一）加强队伍建设，提升政治素养

类似"毒瘤"的恶劣影响毋庸置疑，这不仅破坏了国家法制建设，已触及大学生心理承受的底线，与正向宣传背道而驰，其政治和社会影响无疑是巨大的，并且"带坏"的学生干部，极大地破坏了高校政治生态，因此，我们应该进一步加强队伍建设，不断加强广大高校教师政治素质培养，坚定政治信仰、明确政治方向、牢守党纪国法底线，坚决肃清"毒瘤"影响，还大学一个风清气正的校园环境。

（二）强化阵地意识，倡导正能量

网络的绿色生态构建必须强化阵地意识，坚持党管意识形态不动摇、党管媒体不动摇，确保主流思想和舆论占领主导地位。网络阵地必须发出正面声音，注入正能量。高职院校在宣传主旋律的同时，要把宣传重点放在党的政策方针上，深入宣传"四个全面"战略布局、改革开放以来我们国家取得的伟大成就；在基调定位中，突出稳中求进，围绕事关发展全局的重大事项和党委的中心工作，找准努力方向。在面向大学生主流群体中宣传经济社会发展中的好人好事，重点宣传经济、社会发展第一线的态势和需求，在高职院校师生群体中培育践行社会主义核心价值观。

四、净化"网络声音"，建设"网络红军"

（一）有序参与网络生活，坚定原则立场

互联网早已成了大众媒介的重要组成部分。网络正在广泛而深远地影响着人们生活中的方方面面，生活真正实现了一键通、一指通，改变着我们的学习、社交、出行、旅游、娱乐等，让网络的无限可能尽情发挥，信息化网络让整个社会环境变得更加多元化、开放化，网络生活下的参与者指日可待。然而在网络为现在人们生活带来便捷的同时，在这个人人享有发言权的网络时代里，各类网络事件、各种网络声音层出不穷，批判也好，赞赏也罢，都很容易在网络这个媒介中迅速受到关注，并在最短的时间内迅速达到一定的影响力。网络声音明显的出现杂乱局面，如果仅仅是交锋交流平台，观点的不同，这就不会使信仰和精神错乱，但如果是原则性立场的相对而论，就可能波及大学生的思想动态，进而形成精神威胁。

（二）抵制不良思想渗透，坚守信仰高地

敌对势力在思想领域的渗透，由明目张胆向"温水煮青蛙"转变为"看不见的敌人"过招，必须坚守信仰高地。一篇篇经过职业写手编纂的文章和段子在网上广泛传播，每篇文章单独看来似乎问题不大，但如果我们把这些论调稍加梳理，就会发现，这是别有用心的人从历史、文化、道德等各个方面系统展开的攻击和侵蚀。大数据时代，网络是个取之不尽、用之不竭的知识宝库，但是网络是把双刃剑，过分依赖网络、局限于网络，会使学习浅表化，出现知识构架上的偏移。网上获取资料方便快捷，致使一些高校党政及思政教育思考偏少，遇到问题动辄问搜索、进查询，复制、粘贴，拿来就用。稍不注意就可能以讹传讹，误导大学生。一方面是自身清醒的头脑必须练就"好声音"，主导话语权；另一方面，作为思想政治教育工作者，必须在网络红军的隐性构建中认知严峻的形势和可能发生的危险，并且在实践中传递"革命精神"，确保高职院校思想安全和政治稳定。

五、构筑高职院校思政育人"网络生态涵养区"

高职院校宣传思想工作是社会思想"涵养水源"的"蓄水池"和"防火墙"，是党执政和维护国家最高利益的重要措施，其职能无可替代。多年来，各高校基层党委把"扫黄打非"工作纳入宣传思想文化工作整体格局之中，健全工作机制，夯实工作基础、创新工作方法、拓展工作覆盖面，推进主流思想进社团、进课堂、进头脑，有力维护了社会政治稳定和文化安全。但是，另一方面，伴随网络信息的迷乱和敌对势力的渗透，构筑高职院校思政育人"网络生态涵养区"迫在眉睫。

（一）辨别恶意虚假言论，杜绝恶性循环

网络大谣、网络水军是"网络生态涵养区"的主要竞争对手之一，为了谋取利益，他们故意制造虚假信息、网络谣言，运用语言暴力等手段吸引网民眼球，误导网民情绪的宣泄，在别有用心人士的搅局下，逐渐造成了支持党和政府的正面言论受到嘲讽和围攻，对攻击政府的负面言论无限放大、群起叫好的局面，而他们恰恰用此恶劣手段谋取非法利益，进一步获取部分网民支持，巩固"意见领袖"的地位，长此以往，形成恶性循环。为此，网络生态安全区和绿地在高职院校的建设毋庸置疑。

（二）把握宣传思想工作的主导权，加强设施建设

高职院校宣传思想生态区需要牢牢把握国家主流思想，强化责任意识，加强组织领导，适时专项整治，加强协调配合。同时，要提高基层社团及寝室文化的使用率，找准读书活动载体，建成主流文化阵地，使大学生在读书中净化心灵，增长知识、传播文明、实现梦想。加强高职院校宣传思想工作生态区建设，还网络蓝天净土，是和谐社会的需要，是民族精神的需要，更是实现中国梦的需要。

第二节　全面加强网络监管

互联网不仅成为大学生生活与学习的工具，而且成为影响思想道德以及学习效果的关键因素。大学生群体较之社会青年，更有精力和兴趣依赖于移动互联网来获取信息载体。介于网络对大学生影响的两面性，应该采取积极态度与科学方式介入大学生网络平台，从大学生的网络心理与行为特点来进行思想的疏导，根据他们的所思所想与网络偏好来规避风险、提升教育效果。随着我国更加广泛地参与到国际竞争当中，社会主义现代化建设势必需要高校建立健全大学生网络思想政治教育机制。[①]

一、绷紧心弦，密切关注大学生的"网络轨迹"

据中国互联网络信息中心（CNNIC）2001 年 7 月发布的调查数据，在我国约 2650 万网民中，18—24 岁者占到 36.8%，而这正是大学生所处的年龄段。大学生的上网行为是否健康，是否能经受隐性意识形态的考验，直接关系着网络文明进程和主流思想的宣传效果。掌握大学生上网的基本情况，对加强高职院校的网络阵地建设和培养高素质的大学生网民具有重要意义。

据统计，大学生网民在看新闻、查信息、收发邮件、下载软件或资料、制作主页、跟帖灌水、交友聊天和娱乐休闲等常规上网任务项中，前三者的比率较高，分别占 66%、67% 和 68%；上网目的只为完成上述内容的某个单项或双项者占 24%，76% 的人上网为完成上述 3 项以上的多重任务。人均电子邮箱

---

① 张光慧. 大学生网络思想政治教育机制创新研究［J］. 教育与职业，2008（33）.

2.46 个，每周人均收发邮件 3.34 封。做过版主和建有个人主页者的比率分别为 10% 和 15%。交友聊天是大学生上网的一个普遍现象。网友个数少于 5、6—10、11—20 和 20 以上者的比率分别为 42%、24%、14% 和 21%，其中 16% 的人交有同性网友，交异性网友者多达 65%；有大龄网友者仅占 4%，而同龄网友比率高达 79%。QQ（OICQ）是大学生网民最主要的网聊工具，使用者达 74%，使用聊天室、BBS 和其他网聊工具的分别为 40%、40% 和 8%。交流思想感情和相关信息是网聊的经常性话题，分别占 63% 和 53%，同时也有少量的胡扯和对骂现象，分别为 17% 和 5%。更多大学生泰然面对网恋，77% 的被调查者认为网恋不应提倡也不应反对。①

对于大学生上网行为和心理分析，必须看到网络的正向积极作用，但必须也要洞察思想领域的风险之端。一个和谐温馨、安定有序的校园，不只是传播知识的殿堂，还应该成为学生健康成长的乐园。校园网络安全关系到学生能否健康成长；关系到老师能否在一个宁静、安全的环境中教书育人，为国家培养和造就各种人才；关系到家庭和社会对学校的信任，它是学校管理的底线，是学校发展中的支点。密切关注大学生上网的动向，还高校网络绿地，必须做到党委和各级思想政治教育工作者协同各方一起努力，打造宁静、安全、舒适的大学生网络空间。

二、密织"数控"网，构造"网警"墙

（一）建立常态化机制，有效监管

为进一步加强高职院校网络治理，切实维护大学生网络秩序，必须构设"网警"墙，在认真总结"大学生网络社区""网格化综合巡控"等安全监管方式，并组织开展公开巡查，部署高职院校宣传思想相关工作人员普遍建立校园网警常态化机制，从幕后走向台前，开展网上巡视，全面提高网上"见警率"，着力提升高校网络社会公共安全感和群众满意度。

（二）监管规则意识，保持理性

现实空间中，车流量、人流量很大的十字路口，如果没有警察在现场指挥交通，也没有电子警察监督，那么，交通秩序就会很容易陷入混乱，不文明行

---

① 王栾生. 大学生上网情况调查报告［J］. 河南科技大学学报（社会科学版），2002，20（1）.

为、违法行为、冲突、拥堵乃至车祸会不断发生,而如果有警察在场,人们的敬畏意识、自律意识和规则意识便会明显增强,交通秩序也能保持井然有序状态。同样,大学生的规则意识也需要监管。在微博、微信、贴吧等日渐拥挤的"网络十字路口"有没有"治安岗亭"、有没有警察在场,秩序自然也会不一样。高校网警就在你身边,绷紧一根弦,就有了必要的顾忌,在发帖、写信、说话、办事时就会保持克制和理性,就会讲究一些方式方法,就会注意一下文明的底线和法律的底线,网络文明程度也会大大提升。

因此,密织"数控"网,构造"网警"墙理应受到欢迎,大学生对高校网警要多一些信赖,多一些理解、支持和配合。当然,大学生也可以对网警进行积极监督,而网警也应多与高校师生互动,使绿色、文明、干净的网络空间成为美好的现实。

三、咏唱网络主旋律,解决大学生信仰危机

(一)加强信仰教育,重建科学信仰

按照中国信仰的传统惯习,中国人的信仰传统是由宗教、哲学与国家权力共同建构、共同维持的。在不同群体中,人们对宗教、哲学与权力都有不同的倚重。权力上层偏重于信仰皈依的正当性,社会下层则偏重于彼岸、天国信仰的补偿性;其上层信仰容易伴随着权力关系的改变而改变,而社会下层则会随社会发展现实的改变而改变,[1] 而这个现实就是构成思想矛盾的联合体。近些年来,基于社会现实变迁的大学生的信仰问题开始成为社会学界讨论的热点问题,大学生信仰状况在移动互联网时代出现了"风口浪尖",引导大学生重建科学信仰,当代大学生的主流信仰还是积极向上的,从内容上有多元化的趋势,部分大学生对传统价值中的合理部分持怀疑态度出现信仰危机,对理想前途感到困惑和迷惘。大学生的信仰状况受社会因素、学校教育因素及家庭教育因素三方面影响,应通过全方位实施信仰教育,结合社会实际和网络主旋律的弘扬,加强学校信仰教育合理倡导主导信仰,关注并引导非主导信仰以加强大学生信仰教育势在必行。[2]

---

① 李向平."人心依旧"的中国问题 [J]. 南风窗,2009 (20).
② 蒋大华,翟春花,王世伟. 浅析大学生信仰危机原因及对策 [J]. 金色年华. 下,2011 (9).

（二）引导正面舆论，化解负效应

信仰危机危及高校宣传思想工作的安全问题，是当今中国社会各种危机的源头。大学生的信仰问题，既关系到合格人才的培养，又关系到社会稳定和发展。市场经济体制的确立，给我国的社会、经济、文化生活带来了新的变化，也带来了各种各样新的问题。① 大学生的精神世界如果不加以正确引导，则很容易造成困惑，那么部分学生丢失信仰将呈现僵局。习近平总书记在全国宣传思想工作会议上强调，要把网上舆论工作作为宣传思想工作的重中之重来抓。当前，互联网已成为社会意见的重要生成地，成为影响社会舆论的重要力量。我们必须因势而谋、应势而动、顺势而为，全面提升网上舆论工作水平，切实巩固马克思主义在的指导地位，巩固人民团结奋斗的共同思想基础。互联网作为各种社会思潮、各种利益诉求汇聚的重要平台，在给人们生活带来便利的同时，也给一些不健康、不真实的信息和不负责任的言论提供了传播空间。因此，网上舆论引导既要激发正能量，以各种文学艺术手段展示中华民族可歌可泣的故事人物，也要针对现实社会思潮和不当言行化解负效应②，缩小违背国家意识形态的言行，将不同的见解通过微妙的"和风细雨"化解矛盾的切入点，归正大学生行为准则，最大限度增进大学生对党和国家政策及意志的支持和拥护。

四、构筑"防火墙"，整治"杂乱象"

（一）制定管理措施，整治监督网络乱象

高职院校在充分肯定互联网重要的传媒作用的同时，也必须清醒地看到，互联网是把"双刃剑"，如果管理使用不当，很可能成为影响我国政治稳定和社会安定的致命阴霾。无须讳言，前几年，一些地方网上正能量的传播不尽如人意，网络空间出现许多杂音、噪音，特别是少数"网络大师"，为了吸引众多"粉丝"，扩大网站影响，招徕更多广告，为己牟取更多经济利益，不惜以嘲讽、戏谑、解构社会主流价值观为能事，大肆宣扬和鼓吹西方价值观，有意散播负面悲观信息和极端言论；一些人甚至无中生有，造谣传播，并借助微博裂变式、碎片化传播，使谣言和虚假信息迅速扩散，以讹传讹，混淆视听，从而使网络

---

① 徐魁峰，罗箭华. 大学生信仰的危机与精神家园的重建 [J]. 广西民族师范学院学报，2001，18（3）.

② 徐海荣. 唱响网上主旋律 凝聚网络正能量 [J]. 党建，2013（11）.

空间弥漫混沌，充满戾气、邪气，在一定程度上绑架了社会舆论，消解了社会共识，扰乱了社会秩序，败坏了社会风气，也严重危害了大学生身心健康。大学生对此既好奇，又容易滋生与国家主流思想相背离的思想情绪。

网络乱象丛生，治在必行。无论网上、网下，不管微博、微信、支付宝、朋友圈，都不是"法外之地"。针对新型社交平台的兴起，适时制定相关管理"防火墙"势所必然。高校在"微舆论""微传播""微交流"中必须筑起一道有实际意义的防火墙，使大学生不得发布、转载歪曲事实的新闻；保护公民个人隐私；等等。相关部门应该进一步探讨，就校园网络乱象加以整治监督，并制定切合实际的管理措施。

（二）做好线索收集，实现监督零死角

在实际工作中，认真落实信访举报制度，鼓励校园实名举报，严格教师课堂授课责任追究，确保"微传播"整治活动置于师生监督之下。在党委、团委、学生群体建立三级公众平台，设立"微信箱"，通过微信平台接受学生举报，同时要求思想政治工作者在学生寝室入户宣传的同时做好线索收集，努力达成"无缝隙、全覆盖"监督体系，切实解决思想领域可能出现的偏差和实际问题，并已投"微乱象"宣传展板，紧紧围绕"防火墙"活动总要求，不断探索推进高职院校的政治生态建设。

五、弘扬主旋律，传播正能量

（一）引导正向舆论，坚守思政育人领地

任何事物都有其两面性，网络对大学生也存在着很多消极影响。网络文化的虚拟性容易导致大学生人际交往心理障碍。网络文化的虚拟世界中，为大学生提供了与外界交流的途径，这种交流是广泛、安全和隐匿的。这番虚拟的环境对于好奇心强，喜欢憧憬、刺激、幻想新奇的大学生们来说是极具诱惑力的。网络社交虽然可以对大学生人际交往有一定的正面影响，但同时由于脱离了现实交往，长期处于虚拟状态，在互联网上得到情感认同与满足的同时，很多大学生开始由心理上对网络的强烈归属感和依赖感延展到对现实的厌倦与冷漠，而高职院校宣传思想工作是现实层面的思想主线，如果这种负面作用被侵蚀，被诱惑和鼓动，则会出现主旋律以外的"旁音"牵引。由于互联网的开放性、匿名性和交互性，任何人都可以借助网络工具交流沟通，大量不良信息，如封建迷信、色情暴力、流言蜚语、反动言论等不健康的信息以及低级趣味的网上游戏不经意间便在网络上泛滥。大学生群体正处于人生观、世界观、价值观建立的关键时期，其本身又缺乏对信息的准确判断，极易受到网络文化不良观念的干扰，引起人格扭曲。网络舆论极易成为整个大学生信息舆论系统的不稳定因素。

网络文化的多元性、开放性和自由性加速了各种文化之间的相互吸收、融合，使其在广泛传播中得到发展。网络文化无形中影响了大学生的各种人生观、价值观的形成，也容易使一些西方国家的不良思想渗透到大学生中，破坏他们已有的思想、价值和文化。如果缺乏清醒认识就会导致道德意识弱化、思想信仰迷乱，价值判断能力弱化，进而产生道德及思想认知危机。这些就是杂草丛生的信息库，对于高校校园的正向舆论是极大的挑战，也考验着思想政治教育工作者的专业素质。

（二）弘扬主旋律，传播网络正能量

网络需要正能量，更需要加强思想建设，纠正大学生长期以来被误导、扭曲的价值观，帮助做出正确的价值判断。在此，高校思想政治教育工作者应积极发挥引导作用，熟练运用互联网技术，和大学生一起互动，共同筑起网络的蓝天净土。校园网络监管部门更应有效发挥职能，打击网络骗局，为网络的健康发展提供坚强保障。思想政治理论教师对自身言论必须担负起责任，成为健康网络舆论的守卫者，大学生群体也应进一步学会自我判读，莫随意人云亦云，随波逐流，这既是对自己负责，也是对社会负责，对未来负责。弘扬主旋律，传播正能量才能不断加强高职院校的宣传思想工作。

第三节　凝聚"线上线下"新合力，
传播"校内校外"正能量

网络空间不是一个单纯的虚拟空间，它同时也是现实社会的延伸，是社会关系、社会利益、社会角色的网上真实再现。高职院校同样隶属于社会单元的涵盖范围，在信息传播方式和社会舆论格局发生巨大变革的背景下，网络信息快速传播、有效互动，为大学生提供了更为广阔的信息和沟通平台，还增强了我国的社会主义政治文明、经济文明、社会文明、生态文明等文明价值观的普及力度。另一方面，网络的匿名、虚拟也使一些暴力、色情、极端主义等垃圾文化泛滥，多元价值观念的传播也在不断冲击着我们的主流价值观念，社会突发事件通过网上舆论的发酵和放大，也增加了社会的不稳定因素，因此，凝聚"线上线下"新合力，传播"校内校外"正能量，引领正确的舆论导向，建设网络文明日益迫切地摆在我们的面前。同时，随着形势不断发展，思想文化领域已成为互联网介入最广泛、最深入的领域之一，高职院校校园精神文明建设顺应网络时代发展的新潮流，运用跨界合作发展的新思维，以"互联网＋"搭建新平台、开创新局面，传播"校内校外"正能量就是不可回避的重要课题。

一、主导高职院校思想文化交融交锋的"正面战场"

建立网络文明传播志愿者队伍，正是应对社会信息化的发展、传播方式的变革、舆论格局的变化，改进和创新精神文明建设的新举措，是正面战场的直接导向。在网络空间开展实实在在的精神文明创建活动，是新时期精神文明建设的重要内容。通过发展网络文明传播志愿者队伍，汇聚网络志愿者的智慧和力量，运用网络先进手段，让成千上万的大学生在网上传播文明、引领风尚，有利于扩大精神文明创建工作的覆盖面和影响力，进一步加强党在新形势下对网络舆论的引导作用，使网络成为宣传党的主张、弘扬社会正气、通达各种教育管理方式引导社会热点、时政背景正面引发正能量。

（一）确定战略地位，实施专人负责制

高职院校内部机构在组织安排上对于思想领域的正面战场应该确立战略地位，确定专人负责网络文明传播工作，从各个层面组建网络文明传播志愿者队伍及微信、QQ群，并确定博主责任人和临时应急预案小组，在紧紧围绕"中国梦"的主题背景下构建文明传播资源库，与不文明行动、网络"负因子"积极斗争，在刀光剑影中"甄别""亮剑""出招"，宣扬主题正能量、道德模范、传播文明、引领风尚，有效扩大网络精神文明战场的主动权，扩大主流思想的覆盖面和影响力。

（二）注重文化创建，掀起精神文明创建新高潮

注重用"互联网＋"发动大学生，不断掀起大学生精神文明创建活动新高潮。深化网上文明社团（班级、寝室）创建活动。采取集中宣传、系列宣传、专题宣传等方式，在网上全方位展示优秀社团的好经验好做法，全方位展示网络"微"形象，集中在网上宣传各个社团、班级及寝室文化最新成果，引导大学生见贤思齐，以良好学风净化校园风气，以正向班级建设绘就美丽心情。广泛开展具有微型特色的文化创建活动，运用思想政治教育和团委各类平台，引

导大学生恪守社会公德、职业（实习）道德、个人品德，在正面战场中以微型能量的积聚掀起正面战场的决定性成果。

二、牵制网络内外大学生"意识指向"的"敌后战场"

在人类战争中，战斗在属于敌占区范围内的区域，称之为敌后战场（敌人的后方）。敌后战场是中国抗日战争的重要战场，敌后游击战争"钳制了大量的敌军，配合了正面主力军的抗战"。高校宣传思想工作的"敌后战场"也是如此，需要配合正面战场的战略战术打赢"游击战"，实现全方位的敌后战场，牵制不良思想的"攻击"。

（一）主动出击坚守阵地，增强"防御"能力

当下世界政治多极化、经济全球化、科技信息化、文化多元化的浪潮，致使我国思想领域的矛盾和斗争将更加复杂，西方敌对势力加紧对我国实施"西化""分化"，主要目的就是动摇马克思主义的指导地位。互联网等电子媒体的广泛运用，使知识信息无国界急速流动，思想文化交流呈现"各路交锋"的论剑态势，① 围绕中国特色社会主义理论体系的意识、道路及精神分歧和鸿沟日渐加大，这些都如同抗日战争的"直面战"，其价值定位和争鸣呈现出"短兵相接"的状态。针对这种背景，我们必须在主动出击中坚守阵地，在增强马克思主义"攻击"能力的同时增强"防御"能力，② 在正面战场之后设立敌后战场，扰乱其阵脚，麻木其神经，冻结其行径，牵制其进攻，努力配合正面战场，推动宣传思想工作，始终坚持和不断巩固马克思主义的指导地位。

（二）敌后正面直面交锋，巩固"敌后战场"

抗日战争时期主流思想是拯救民族危亡，所谓的"国共党派之争"并没有影响到整个抗战大局。新时期高职院校宣传思想工作的正面战场和敌后战场更是如此，敌后战场和正面战场缺一不可，不能有任何偏废。思想领域的网络战，既要直面交锋，正面开打，同时，又需要广大高职院校学生及相关思想政治教育工作者广泛参与，在消耗敌人的同时使敌后战场更加牢固，使社会主义核心价值观得以认同，使中国梦的精神力量更加强大。

---

① 文选德. 当前意识形态领域的若干问题［J］. 湖南社会科学，2004（2）.
② 张家明. 论新时期加强马克思主义理论教育的重大意义［J］. 教育探索，2009（6）.

三、铸就"网络育人"的"心育心"模式

作为时代的符号，网络的涵养意义体现于和谐的移动互联网的生态绿地。网络带来大学生生活方式的改变及大学生文化生活的极大丰富，以文字、声音、图像等形式接受来自世界各地的文化信息和思想维度，一些思潮、观念、生活方式、学习方式、消费方式、娱乐方式等都会通过各种渠道对学生产生直接或间接的影响。而最直接的体现就是工具性，网络为大学生的生活提供了便利，开阔了眼界，缩短了距离。

（一）利用网络社交平台，提高网络文明传播技巧

网络带来大学生交往方式的改变，是精神营养"心育心"的主要媒介。网上交际是大学生人际交往的一种重要方式，由于网络的虚拟性，这种方式去除了互动双方的诸多社会属性，网友可以直接交流思想，使个人有更多的机会表达自己的观点，既可推心置腹，又可任意调侃，没有任何心理负担，缓解了生活中交际的心理压力，扩大了交际面。[①]但客观地说，利用网络平台开展文明传播工作是一项新的课题。跟网络传播发展的大趋势相比，跟意识形态正向交际功能程度来比，高校意识形态网络文明传播还远远不够，对利用博客、微博、论坛等平台有效开展文明传播活动的方法、技巧有待于进一步提高。

（二）加强引导，切实提高网络文明传播质量

高职院校宣传思想工作的"心育心"精神涵养的本质就是传播网络文明的种子，通过每个大学生心心相遇，引领文明风尚的"连接面"。由于传播网络文明将会成为全社会的主流，也必将对网络的发展产生巨大影响和促进，因此要传播网络文明，让生活更美好，共建和谐网络需要高校意识形态的主体传递正能量共同来完成。网络文明的管理者、参与者要充当好引导员的角色，按照网络文明传播的特点，结合网络的特点，加强传播网络文明的引导。在参与"心育心"的网络"立交桥"中，使各种言论和活动都在规范之列。要让大学生真正明白修身养性，实现真正的立德树人目的，从而促使学生成才成人。同时需要切实提高高职院校网络文明传播的质量，如对校园广播等传播平台的纵向宣传，这既是改进和创新精神文明建设工作的迫切要求，也是创建思想领域"心育心"工作的必要指向。

---

① 史绍伟. 网络对当代大学生的影响［J］. 合作经济与科技，2010（13）.

第八章

拓宽"环境育人"新途径，锻造润物无声的"隐教育"

　　环境对于宣传思想工作有着至关重要的作用，"人之初，性本善"的说法虽然有些唯心主义的味道，但是却从另一个方面说明了后天的成长环境对于个人的发展起着至关重要的作用，人不可能脱离社会环境而独立生存，正所谓"近朱者赤，近墨者黑"。孟母择邻而居，三迁其所。"蓬生麻中，不扶而直"。这些无不说明环境育人的重要性。伴随着互联网时代的来临，各种信息以前所未有的速度飞速地传递、扩散。国内、国际形势发生着深刻的变化，大学生的思想观念也随之发生了显著的变化。从思想领域来看，其所面临的环境更加复杂化、多元化、个性化。高职院校作为新文化、新观点、新技术的聚集与扩散的地方，各种文化、观点、技术在此诞生、传播，并影响着社会各界。学生作为高职院校非常重要的主体，他们既受他人影响，同时也深深地影响着他人。当前，大学生肩负着建设中国特色社会主义社会、全面建成小康社会的伟大历史使命，是我们实现中华民族伟大复兴的梦想的中坚力量。如何在诸多困局之中，寻找突破口，拓宽环境育人新途径，是当务之急。在此，我们需要探索"一个关系"，坚守环境育人"新基石"；认清"两面形势"，突破环境育人"新口径"；拓宽"五大途径"，攻占环境育人"新阵地"。通过创设有利于内化主流思想的教育环境，增强主流思想的凝聚力、感染力和亲和力，取得思想教育的更大实效。

第一节　明辨"两个关系"，牢铸环境育人"新基石"

　　20 世纪 90 年代以来，伴随着我国加入 WTO、实行改革开放等政策的影响，大学生所面临的环境更加复杂化、多样化，他们既受到来自国外文化、价值观及社会思潮的影响，也受到来自国内经济形势改变、社会环境、家庭环境等方面的影响。这些影响因子中有正能量的存在，但同时也带有负能量的因素。特别是在思想领域伴随着社会经济的发展、全球一体化进程的加快，西方敌对势力在我国开展的思想斗争日益激烈，国家主权受到挑战，主流思想受到干扰。鉴于当前思想领域面临的严峻形势，我们必须要净化、优化环境，还学生一片蔚蓝的天空。

一、认清依托关系，营造思政育人新气势

根据调查我们发现，目前高职院校思想教育的形势颇为严峻，必须依托环境创新来构建良好的思想教育氛围。大学生是建设中国特色社会主义事业的建设者和接班人，是全面建成小康社会、实现中华民族伟大复兴的中坚力量。我们在他们的身上寄托了家庭、社会乃至国家实现梦想、进一步发展壮大的希望。因此，大学生的思想政治、道德品质、科学文化素养和身体素质如何，不仅直接关系现阶段中华民族的素质，而且直接关系未来中华民族的素质。其中，大学生思想政治素质的高低，更是直接关系到党和国家的命运及前途。而教育环境能以自发的方式深刻地、持久地、无所不在地、潜移默化地影响教育客体，使之受到熏陶和教育。

根据目前大学生思想教育的实际情况来看，现在的大学生生长在改革开放、经济高速发展、信息传播多渠道的互联网时代，从小受到社会主义主流思想的熏陶。因此，从整体上来看，他们的思想是积极、稳定、健康的。但是，在经济全球化的背景下，西方国家不断渗透"普世价值""大众文化"等理念，大力宣扬西方思想并将其价值观念通过各种渠道全球传播，借此来吸引年轻的教师与学生的注意。高职院校思想领域出现了很多新的问题和情况，主要表现在三个方面。第一，与20多年前相比，高职院校一些学生的世界观、人生观、价值观变得不明晰。经过几十年的发展，我国社会主义现代化建设在取得巨大成就的同时，改革也进入"深水区"，有很多问题和矛盾都亟待解决。在西方国家的腐蚀和拉拢宣传下，一些学生不能用正确的眼光去看待这些问题，部分学生否认社会主义制度和共产党领导，对马克思主义观念产生的困惑，对共产主义理想信念发生动摇。第二，伴随着具有中国特色的社会主义市场经济的发展，部分学生经济的私有化意识逐步扩大，否认社会主义公有制的主体地位，实行全盘西化。第三，部分学生过度崇拜、追求金钱、享乐主义盛行，基本的是非观念淡薄，社会责任感缺失、正义感和诚信度下降，鉴于此，我们必须通过环

境育人创新来培养有利于大学生健康发展的土壤。

二、明晰促进关系，提升思政育人的实效性

环境对人的影响具有不可抗的影响作用，而且这种影响是潜移默化的、积极能动的，并非消极被动的。在《马克思恩格斯选集》第一卷中曾提道："环境的改变和人的活动或自我改变的一致，只能被看作是并合理地理解为革命的实践。"① 鉴于此，我们必须动用一切力量，采取一切手段、发挥一切优势，排除一切不利条件与因素，积极主动地采取措施来净化、美化、优化我们的教育环境，为学生创造良好的环境氛围，促使高校意识形态教育实效性的提升，为社会主义现代化建设构建良好的人才环境，推进高职院校思想教育。

（一）坚持马克思主义的指导地位

社会主义核心价值体系是社会主义意识形态的本质体现。任何国家和社会都有占统治地位的意识形态，意识形态领域的主导思想从来都是一元的，不能多元化。一个国家的政治法律制度和政权机构等，都是在占统治地位的意识形态指导下建立起来的。在我国，居于主导地位的意识形态就是马克思主义。这里所说的马克思主义，是马克思列宁主义、毛泽东思想和包括邓小平理论、"三个代表"重要思想、科学发展观、习近平新时代中国特色社会主义思想在内的中国特色社会主义理论体系的统称。马克思主义是社会主义意识形态的旗帜和灵魂，是我们立党立国的根本指导思想。在市场经济化和文化全球化的突飞猛进中，欧美的资本主义国家推行文化霸权，在这种新形势之下，充分理解和掌握意识形态工作的话语权和主动权，是当前非常明确、理性的要求，一定要全方位地提炼意识形态的精髓，扩大宣传、积极创新和发展马克思主义中国化，坚持马克思主义在高校意识形态的指导地位，展现出社会主义意识形态的先进性和优越性。

（二）秉持、弘扬社会公平与正义的价值观念

从人类思想史上看，公平正义是人类文明的基本价值，是社会主义社会的价值动力，是社会主义核心价值体系的价值要求，也必然是社会主义核心价值观的价值基础。我国正处于经济体制转轨的历史性转折时期，秉持社会公平与正义价值观便显得尤为重要。公平正义是一个难以量化的概念，在不同的时代，

① 马克思恩格斯选集：第1卷 [M]. 北京：人民出版社，1972.

公平正义所指并不一样，但无论在哪一个时代和国家，公平和正义的本质都是指满足国家应该满足个人和团体生存所应该得到的最基本的要求。① 它从最真实、最普遍的意义上体现着和谐社会的基本要求，体现了社会绝大多数成员的共同心声。公平、正义的价值观念已经成为判定一个国家和社会是否合理的基本标准之一，因此，社会能够提供一种合理的公平公正观，能够提供一种什么样的公平公正观，以及人们是否认同这种公平公正观，都直接关系着这一社会是否良性有效运行。

（三）树立正确的政治思想观念

"自由、民主、人权"这些源于西方的观念，寻求政治上的自由、民主、人权，体现出民众的政治参与热情，它实际上也是一个开放社会所必然要求的方面，只要不被滥用，都是好东西。自由精神和民主、人权观念根植于现实的政治生活中，是一个国家和社会文明、进步和开放的标志之一。民主、自由、人权，核心是民主。只要人民掌握政权，巩固和发展着政权，人民就会拥有一切，拥有真正属于自己的民主、自由和权利，国内外敌对势力必然千方百计地要颠覆这个政权。在他们看来，不许颠覆，就是没有"民主"，惩治颠覆力量，就是侵犯"人权"，这是他们的逻辑。社会主义愈发展，民主也愈发展。但如同社会主义本质的充分实现需要一个过程一样，社会主义的民主、自由和人权的充分实现也需要一个历史过程，需要时间，需要在经济、政治、文化等方面逐步创造条件，同时需要不断探索适合中国国情的民主、自由和人权的具体形式，让人民拥有真正属于自己的民主、自由和权利。

（四）追求人生自我价值与社会价值的实现

人生的价值究竟是什么？在这里我们从以下两个方面来进行分析，即自我价值与社会价值。人生的自我价值是个体的生活活动对自己的生存和发展具有的意义，主要表现为对自身物质和精神需要的满足程度。作为一定社会关系中活动的个人，他的人生活动必然包含了对自身存在和发展的意义。由于人的需要是多方面的，因此自我价值也是多方面的，如个人对基本生存条件的获得、对自我社会身份的确认和尊重，以及在知识、道德、人格等方面的自我完善，等等。自我价值的实现，是人所有共有的追求，也是个体进步的动力和表现。

---

① 张小娟. 公平正义：社会主义核心价值观的价值基础［J］. 中央社会主义学院学报，2011（3）.

人的社会价值则是个体的人生对社会和他人的存在和发展的意义，是个体对社会和他人的需要的实现和满足，主要表现为个人通过劳动、创造对社会和他人所做的贡献，是社会需要的最高体现。可以说，劳动、创造和贡献是社会价值的基本标志。人的社会价值和自我价值，既相互区别又紧密联系、相互依存，共同构成人生价值的矛盾统一体。一方面，人生的自我价值不仅是个体生存的前提，也为个体发展提供条件。个体提高自我价值的过程，就是通过努力自我完善以全面发展的过程。人生自我价值的实现构成了个体为社会创造更大价值的基础。另一方面，人生的社会价值是实现人生自我价值的基础，没有社会价值，人生的自我价值就无法存在。人总是生活在社会当中，个体无法脱离社会而存在和发展。个体的人生活动不仅具有满足自我需要的价值属性，还必然地包含着满足社会需要的价值属性。人是社会的人，这不仅意味着个体物质和精神需要必须在社会中能得到满足，还意味着以怎样的方式和多大程度上得到满足是由社会决定的。一个人的需要能不能从社会中得到满足，在多大程度上得到满足，取决于他的人生活动对他人和社会的贡献，即他的社会价值。社会成员是否具有这样的信念体系，直接关系到他们能否建立起自己的精神家园，社会能够形成主流的信念体系和理想目标。

通过引导，大学生将会在理论上、思想上及信息的获取上真正做到明辨是非黑白、看清真假错对，时刻保持清醒的头脑，在不断提高自身思想政治认识水平的同时也夯实自身的实践能力。作为一名当代大学生，他们只有坚持马克思主义的指导地位，才能够确保他们在坚持建设有中国特色的社会主义道路上，全心全意地投入其建设过程中去，真正成为社会主义事业的建设者和接班人，为实现中华民族的伟大复兴，实现中华民族的"中国梦"贡献自己的力量。

第二节 认清"两面形势"，找准环境育人"突破点"

一、汇聚正能量，认清高职院校环境育人新形势

（一）西方文化渗透带来的外在影响

西方文化是以希腊罗马文明为基础发展起来的一种文化，与中华文化和其他东方文化相对应。受这一文化熏陶的地区主要是欧洲、美洲。在国际上，现

在所称的"西方"并不只是一个地理概念，而是一个包含了政治、经济在内的新概念，比如日本，虽然处于东亚，但是因为是发达工业国家，也被包括在西方之内。西方文化包括西方世界中共同的标准、价值观、风俗等。西方文化具有以下代表性的内容。一是抨击集体主义，鼓吹个人主义。强调个人的自由和个人的重要性，以及"自我独立的美德""个人独立"。二是崇尚理性。在西方文化中，存在着一种崇尚理性的传统，他们在征服自然的过程中，培养科学意识，即认为理性高于感性，或者理性决定世界上的一切。三是强调人权的普适性，重视法律。

对于高校来讲，多元文化的社会环境拓宽了我们的文化事业，也增进了我们与世界接触的深度与广度。但是，当前，占强势的西方文化往往凭借自身的优势向弱势国家渗透，企图通过同化消除他国的文化传统，从意识形态领域进行颜色革命，这对我国高校宣传思想工作带来了很大的冲击。

一是透过影视文化带来负面影响。近年，西方的一些影视大片被大量地引进，虽然当中确实不乏优秀之作，但同时也有一些影片鱼目混珠。这些作品宣扬与鼓吹西方的自由、民主、人权等思想；强调拜金主义、享乐主义；充斥着西方的"性自由"和"性解放"观念。这些文化的传输使得学生对马克思主义理论产生怀疑，动摇其理想和信念；在思维方式上逐步形成以"自我"为中心，在行为方式上以个人利益为主导，在就业选择上以高收入为标准的理念；对爱与婚姻、爱与性缺乏正确的认识。

二是透过消费文化进行融化影响。西方消费主义文化追求物质享受，并将其当作人生的目标。伴随着经济全球化的发展，中国社会也在逐步进入消费社会，消费文化正在对社会生活以及人们的思想、道德、价值观等产生重要的影响。据统计数据表明，中国社会特别是一些沿海经济发达的地区，已经开始进入大众消费时代，商品消费已经成为人们的主要生活形式。不少的西方消费品也大量进入中国的市场，他们一方面借助于自身的品质，另一方面借力于其产品的包装、品牌等附加值。不少的西方消费品在售卖产品的同时也宣扬着奢靡之风、享乐主义，这些都在不知不觉中影响着我们，尤其是作为追求新鲜事物，赶时髦、追时尚的年轻人中更是形成了广泛深入的影响。西方的消费文化对大学生已经产生了一定程度的影响，为高校意识形态安全带来了威胁。

三是直接渗透西方政治文化。互联网技术的不断发展为西方敌对势力对我国直接进行西方政治文化渗透提供了广阔的空间和便利。高校是知识分子聚集的地方，他们大多熟悉互联网的运用技术，擅长从互联网中获取信息。因此，西方资本主义国家便将互联网作为向大学生进行整治文化渗透的有效工具之一。互联网俨然已经成为不同思想斗争的新战场。在这个虚拟的世界中，可以不分时间、不分国界恣意妄为地通过信息的传递与获取来渗透其价值观念、生活方式，通过网络交流来影响彼此的生活习惯与价值观。长此以往地发展下去，可能会使国与国之间的界限日益模糊，民族文化的认同感与归属感逐步下降，危及社会的安定团结。

（二）传统儒家文化带来的内在影响

当前，以儒家文化为代表的传统文化对当前大学生的思想也产生了非常大的作用。儒家文化是我国传统文化中重要的一部分，两千多年来儒家文化成为封建王朝的主流思想，在很长一段时期内都处于核心地位。儒家文化的创始人是孔子，其中孟子、荀卿、董仲舒、王阳明等都是其代表性人物。儒家文化的内容包含很多，其最重要的思想是"仁""和为贵""礼""政在得民"等。儒家文化对我国的影响非常深远，其中涉及各个方面。儒家文化促进了中国社会的进步，使中国从奴隶制社会过渡到封建制社会，一直推动着中国社会的向前发展。如，儒家思想核心是"仁"和"礼"。仁字从人从二，要求人们互存、互助、互爱的意思，对他人尊重和友爱。儒家把仁的学说施于政治，形成仁政说，这在中国政治思想发展史上产生了重要影响。礼是"辞让之心"，是人的德行之一。贵贱、尊卑、长幼、亲疏各有其礼，"克己复礼"，是理想的人与人之间的关系，国家可以长治久安。这一点就是儒家文化对我国政治方面的积极影响，它可以维护国家统一、社会和谐，让我们处在一个和平发展的环境下。还有儒家文化思想中"民贵君轻"的思想，即把人民看得比君主还要尊贵，这与我们现在所倡导的"以民为本"的思想是一致的。人民才是国家的主人，只有把人民放在第一位，国家才能够真正走上安定富强之路，这同样也有利于维护安定和谐的社会环境。这些思想都得到了当代大学生的广泛认同与遵循，特别是在当下，由于社会主义市场经济条件下出现了道德滑坡的社会问题，人们越来越愿意重拾这份宝贵的文化遗产，现在在社会上已然形成了一股"国学热"。很多大学生也通过宣传、耳濡目染，非常赞同"古为今用，批判继承"，认为经过现代转型后的传统道德势必、应当成为我国社会的主流思想。

（三）现代化对环境育人带来的冲击

根据马格纳雷拉的定义，现代化是发展中的社会为了获得发达的工业社会所具有的一些特点，而经历的文化与社会变迁的、包容一切的全球性过程。从历史上来讲，它主要指近代以来，世界各国一种向以西欧及北美地区等地国家许多近现代以来形成的价值为目标，寻求新的出路的过程，因此常与西方化的内涵相近。一般而言，现代化包括了学术知识上的科学化、政治上的民主化、经济上的工业化、社会生活上的城市化、思想领域的自由化和民主化，文化上的人性化等。中国的现代化使社会逐步由同质性向异质性转变。其主要表现在三个方面。第一，伴随着改革开放的实施，中国由封闭型社会逐步向开放型社会转变，伴随着开放的领域越来越广泛，其极大地改变了中国原有的思想观念与价值体系，使原有的以集体和社会为核心的单一价值观向多元化转变。第二，随着社会主义市场经济的蓬勃发展，在创造财富与活动的同时，使我国综合国力、经济实力、人民的生活水平都迈上了一个新台阶，但是也导致了社会经济、政治和精神结构的分离，出现了利益主体的多元化。多元化利益主体的出现，势必会导致各利益主体之间的博弈。如何在共建和谐社会的框架下协调各利益主体的利益是一个亟待解决的问题。第三，生活逐步世俗化、重现实。当前，不同的人都有着不同的合理的物质利益追求。个体本位主义的影响，使人在价值观取向上从过去强调集体主义到现在强调个人主义，从强调理想到重视实际，从注重义务到关心利益，价值观逐步表现出世俗化的倾向。伴随着市场经济体制改革、人民生活水平的提升，大学生思想活动的选择性与自由性逐步增强，其中也产生了功利主义、拜金主义、自由主义、享乐主义等倾向。

二、找准突破点，应对高职院校环境育人新挑战

（一）教育着力点的不同带来的挑战

面临越来越严峻的就业形势，大学生就业难问题已经成为社会、高校、学生和家长普遍关注的热点问题。从学生层面出发，在"重学历"的招聘环境影响下，目前大学生在选择专业及学习的过程中呈现出重视科技忽略人文、重视工具理性轻视价值理性的现象。从学校层面来讲，学校与学校之间的竞争往往还是主要看智育成果，比如学生获得科技奖、人文奖、技能竞赛奖的多少。在现实的实践教学环节，往往以知识与技能传授为主，轻视思想政治教育和品德培养，从而削弱了教育赖以支撑其生命内动力的核心作用，促使德育普遍流于形式。现在，在国家的提倡下，学校普遍认识到德育的重要性，也倡导德育为先的育人理念，但面临人才培养考核、教学评估等具体工作时，确实"做起来

次要，忙起来不要"的尴尬境遇。

（二）东西方实力的悬殊带来的挑战

随着世界经济一体化的发展和政治多极化趋势的不断增强，各国之间逐步呈现出既相互竞争，同时又相互联系、相互依存的关系。竞争的手段也由过去以军事手段为主转换为以经济和科技为基础的综合国力的较量。西方发达国家经过长时间的积累，已经拥有超强的经济实力，国际游戏规则更多由西方发达国家制定，发展中国家在竞争中始终处于不利的地位。我国自改革开放以来，国际地位不断提升、经济不断发展、人民生活水平也极大提高，在各个方面都取得了令世界瞩目的成绩，但是就现实而言，当前我国仍然处于社会主义初级阶段，与西方国家的生产力相比仍然有很大的差距。经济实力决定文化实力，经济的强势必然会带来文化和价值的强势。纵观近代历史，西方各种社会思潮逐步向全球进行扩散和渗透。最具代表性的就是美国，以其超强的经济实力、先进的科学技术优势掌握着网络建设及信息发送的主导权，通过大量的信息传输及渗透促使大学生对民主、人权、市场经济等基本问题的认识，受到西方资产阶级意识形态的严重影响。

（三）教育手段方式不同带来的挑战

在手段方式的采用上，西方资本主义思想对我国多采用渗透的方式，方式较为隐蔽，如利用跨国企业、宗教团体、非政府组织等主体进行推进，辅之以强大的知识、学术、教育系统作为支撑和掩护，采用乐于接受的方式，如互联网信息推送、影视剧作品、学术交流、资助等具体形式，强力推进其文化帝国主义，宣扬其政治主张、价值观念和生活方式，对我们进行经济、政治、文化等多方面掠夺。而我国针对大学生的思想教育更多地采用教师讲授、学生听课的灌输说教式方式。教育者按照教材机械地照本宣科，对所受理论的实践指导性的关注不够，再加上教师为了能够在规定的学时内按时完成授课计划中规定的内容以及学院为了完成人才培养方案中规定的学时，实行大班或者合班授课，如此便造成了教师上课讲理论、学生课上做笔记、考试之前背笔记、考试考笔记，理论完全脱离于实际，学生感到所学到的知识没有任何现实的指导作用，缺乏独立运用理论分析和解决问题的能力。因此，这便很难触及学生思想观念层面，学生更像是一条生产流水线的产品，通过学校标准化的生产方式进行生产，最终制造出来的便是一个缺乏个性、缺乏创造力、没有自己独立思考能力的冰冷的"产品"。与此同时，灌输说教式的教育还容易引起学生的反感，造成学生的逆反心理，进而失去教育的效果，反而为西方的思想渗透留下了一定的空间，给以马克思主义为核心的社会主义主流思想带来威胁。

（四）主体教育意识不同带来的挑战

我国高校在思政育人的过程中，大多采用"主体—客体"，也即"教育者—受教育者"的教化模式。这种模式虽然有其固有的优势，但却用对待"物"的方式来对待"人"，除了具有单向注入的特点外，还拥有强制性和命令性等特点。在这种意识主导下的思想教育虽然能够进入受教育者的头脑中，但是因客体缺乏自主性及选择性，严重挫伤受教育者在教育过程中的主动性和积极性，更有甚者会导致教育内容入脑不入心。在现代教育理念中，凡是忽略受教育者主观性、潜在性及复杂性的方式与做法，都将不能真正达到教育的目的。当代大学生生活在一个信息开放、爆炸的时代，在日益开放的环境下，他们能够通过多种渠道获取自己想要的信息，主体意识、自由意识都在逐步增强，意识形态教育应该紧跟时代与社会的发展步伐，采用双向互动模式，在调动广大学生学习积极性与主动性的同时，对其加以引导，把控方向。

（五）互联网技术的发展带来的挑战

伴随着改革开放与经济一体化的发展，世界各国之间的交流与接触更加频繁，易使大学生产生"世界大同，两制淡化"的观念。互联网技术的发展也为大学生获取、传递、编辑信息提供了平台优势，快速、高效、海量、跨越时空的信息传播成为大学生了解世情和国情的纽带，由于网络信息传播基本是无国界的，西方资本主义思想通过互联网得以迅速传播，影响大学生的思想和价值观念，进而对以马克思主义为核心的主流思想产生巨大的冲击。①

（六）理想描绘与现实差距带来的挑战

新中国经过几十年的发展，社会、经济、文化等各方面均取得了突出的成绩，但是在取得成绩的同时，也存在一系列的问题，如贫富差距扩大。其具体表现在城乡差距、东西部差距、不同社会人群之间的差距进一步扩大。短短几十年的时间，中国已经从一个平均主义盛行的国家变成世界上贫富分化严重的国家之一。其主要原因在于新旧两种体制的摩擦、区域经济的发展不平衡、国家在市场经济体制改革中的法律法规的不健全。最令人担忧的是，这样的贫富

---

① 王永贵. 意识形态领域新挑战与马克思主义大众化［J］. 当代世界与社会主义，2010
（6）.

差距和分化还在进一步扩大，国家虽然也采取了一定的措施来改变此种形势，但到目前为止，还没有找到一个强有力的社会政策能遏制这一趋势。民众对于社会公正、公平与经济效益产生失衡，预期收入与实际收入之间的差距，以权谋私、腐败等差距存在。与此同时，当今社会竞争压力逐步增大，大学生面临严峻的就业形势、学习压力、生活压力，为了应付这些，学生只能不断提升自我。当他们面临"所接受到的理论与现实情况不同""说和做不一致"时便会产生迷茫和失望。

第三节　把握"六大途径"，创新环境育人"新举措"

高职院校宣传思想主阵地包括校园网络、校报、广播、电视、宣传橱窗、课堂等。在今天处处都是多媒体、人人都是自媒体的情况下，这些主要媒体与阵地对于宣传马克思主义、巩固以马克思主义为核心的社会主义主流思想、提升高校师生思想政治素质等方面发挥着重要作用。当代高校大学生肩负着为中华民族的伟大复兴而努力奋斗的历史使命，如果能通过环境育人，提升大学生的思想素质，将十分有意义。

一、寻找"归属"，创设理论认同环境

解释以马克思主义为核心的社会主义主流思想是高职院校思政育人首先需要解决的问题，通过其科学性、长久性和合理性的解释，让大学生全面了解其历史地位、对当代经济社会发展的价值以及对个人成长的价值。以学生乐于接受的方式，采用寓教于乐、创新性、灵活性、实践性的教育方式对学生进行潜移默化的、润物无声的影响，使高校学生从灵魂层面深受其影响，深入其内心，找到对以马克思主义为核心的社会主义主流思想的认同感，从而能更加坚定以此作为自己的信仰，愿意为此付出自己的青春与汗水。

（一）创设思想理论认同环境

在运用马克思主义理论创设思想理论认同环境时，需要认识到马克思主义的科学性和真理性。其科学性和真理性在于他的世界观和方法论是科学的。马克思主义坚持辩证唯物主义和历史唯物主义的世界观和方法论，用生产力和生产关系、经济基础和上层建筑的矛盾运动来解释人类历史的发展变化，把生产

力作为推动社会前进最活跃、最革命、最根本的力量，科学分析了资本主义社会的内在矛盾，深刻揭示了历史发展的客观规律，创立了科学社会主义，为人类社会发展进步指明了正确方向。马克思主义在与各种错误思潮的比较与较量中脱颖而出，成为人类的思想史上最伟大的思想丰碑。它以其理论的深刻性和无可争辩的逻辑性反击着各种歪理邪说。主流思想要利用真理的力量去说服和感召大学生，要使大学生在系统的、科学的学习马克思主义理论知识之后，能从意识灵魂和内心深入感受其正确性和感召力。

（二）坚持马克思主义的指导地位

必须坚持马克思主义的指导地位。高校作为培养社会主义建设者和接班人的重要场所，是否能坚持马克思主义的指导地位，是事关高校树立正确的办学方向、完成立德树人根本任务的重要参考。因此，高职院校党委行政一定要充分做好宣传思想工作，增强相关从业人员的政治敏锐性和政治鉴别力，切实担负起政治和领导责任，要敢抓敢管，善抓善管。高职院校党委一定要正确把握政治导向，在重大问题上讲政治、讲原则，确保思想与党中央保持高度一致，绝不给违反国家宪法和法律的错误思想及言论提供传播的空间和平台。鉴于此，要把高校青年学生培养成合格的乃至优秀的社会主义建设者和接班人，就必须加强马克思主义的指导作用，巩固其指导地位。只有通过形式多样的马克思主义宣传教育活动，让马克思主义真正入脑、入心，才能使学生真正弄清楚什么是马克思主义、如何科学运用马克思主义、如何对西方文化及思想做出正确的判断并自觉抵制错误文化及思想，才能够真正对以马克思主义为核心的社会主义主流思想产生共鸣与认同。

二、解决"问题"，创设政治合法认同环境

从政治学的角度来看，合法性，是指政府基于被民众认可的原则的基础上实施统治的正统性和正当性。简单而言，就是政府实施统治在多大程度上被公民视为合理的和符合道义的。当大多数民众认为政府实施统治（包括使用武力威胁）是正当的，也就是政府具有合法性的时候，民众对政府的统治会自觉加以服从，即使出现抵触，也不会危及根本统治。政府的统治如此，思想教育亦是如此。从大学生心理结构来看，思想教育在高校学生中的接受度和认可程度同样受到政治合法性影响。在社会实践教育方面，政治合法性注重引导公民直面社会现实问题，分析问题、找出解决问题的方法，适应群众求新、求变的心理是关键。纵观世界历史，成功的政治—经济体制总是会与思想发展相联系，这些思想会以其科学性、合理性来说明现有的政治制度与现有的产权结构、收入分配制度的合法化，获取民众的认同。因此，只要我们用以马克思主义为核心的社会主义主流思想来解决现实问题，让理论回归到现实生活中，致力于改进现实生活中人们的生活状态及问题、问题的解决来打开人民的心扉，以铁的事实征服人们。那么，大学生就会自觉听从和信仰理论。

那么，如何通过解决"新问题"来帮助大学生创设政治合法认同环境呢？

（一）普惠社会经济发展成果

通过改革开放，社会经济发展成果的普惠性来体现社会主义共同富裕的目标，引导学生的自觉性。高职院校以马克思主义为核心的主流思想教育与传播，其实效性取决于未来中国特色社会主义事业稳步发展的情况。因此，发展始终是我国的第一要务，也是马克思主义的根本要求。十一届三中全会以来，我党始终坚持以经济建设为中心，坚持科学发展观，坚持发展才是硬道理；坚持国家经济和社会发展进步的成果要惠及普通老百姓，让老百姓共享发展成果；减少人们在改革中付出的成本与代价，即便其是不可避免的，也要力争做到代价主体与利益主体的统一协调。只有这样才能确保在发展的道路上充分调动学生的自觉性，让他们自觉认同、自觉跟随、自觉捍卫。

（二）协调各方关系，维护公平正义

在解决"新问题"时要协调各方利益关系，维护社会公平正义。公平正义是每一个现代社会都不断追求的理性与目标。许多国家与地区都在尽可能地加大公共服务和社会保障力度的同时，高度重视机会和过程的公平。胡锦涛同志曾说过："维护和实现社会公平和正义，涉及最广大人民的根本利益，是我们党坚持立党为公、执政为民的必然要求，也是我国社会主义制度的本质要求。只有切实维护和实现社会公平和正义，人们的心情才能舒畅，各方面的社会关系才能和谐，人们的积极性、主动性、创造性才能充分地发挥出来。"在思想教育实践中，满足公民对社会公平正义的要求，倾注人文关怀是当务之急。这需要我们做到既关注人民群众个体需要又关注人民群体需要；既关心个人发展又关心国家、社会、群体发展；既关心个人利益的实现又关心人民整体利益的实现，将个体与整体有机结合起来，促使二者和谐发展，进而提升公民的幸福感和满意度。

（三）发挥党员干部的模范作用

党员干部通过争做人民楷模来体现中国共产党的先进性和纯洁性。中国共产党自诞生以来，深谙"其身正，不令而行；其身不正，虽令不从"的道理。我们各级各类领导干部只要将自己的工作都做好了，让人们感受到社会在进步、个体文化生活水平在提高，那么他们自然也就信服了。首先，广大党员干部应该加强自身的理论修养，做到真学、真懂、真信、真用，这样才能更好地引领和指导广大群众。其次，领导干部要认识权利的性质，要用好权。权利是柄双刃剑，它既可以变成领导干部为人民服务的工具，也可能变成领导干部走向贪污腐败的根源。目前，社会上对于领导干部拉拢、腐蚀的手段越来越隐蔽、越来越多，如果我们的领导不能充分认识权利的性质，一旦放松警惕、经受不住糖衣炮弹，便有可能滑向权钱交易、权色交易和犯罪的深渊而无法自拔。也正是目前社会上出现了一些领导干部贪污腐败、违法乱纪的现象，让我们的大学生对其产生了质疑，极大地影响了以马克思主义为核心的社会主义主流思想在学生心中的信心，促使他们对中国共产党的信任度下降，对党的政治认同也出现了不同程度的偏差。所以，广大党员干部不管在任何时候、任何地点都要以人民利益为重，全心全意为人民谋福利，都要把执政为民、为民用权作为正确使用权利的基本要求，真正做到"立身不忘做人之本，为政不移公仆之心，用权不谋一己之私"。

（四）强化人文关怀，解决实际困难

加强人文关怀，设身处地地为大学生解决实际困难。当大学生自身面临的难题无法得到解决时，也会影响对以马克思主义为核心的社会主义主流思想的自觉听从和信仰，如涉及千万学子的教育公平问题以及大学生就业难问题。先看教育公平问题，教育公平涉及千万学子的根本利益，对于已经身处高校校园的大学生来说，他们一路走来如果所见所感所处都是教育资源失衡、"钱学交易""权学交易"等一系列教育不公平现象的话，他们将深受其害，暗自神伤。再看就业难问题，如今高校毕业生数量逐年增多，而就业岗位却越来越稀缺，大学生就业难已经成为学生、学校、家长、社会等普遍关注的问题。就业是民生之本，国家急需通过完善就业服务措施，面向高校毕业生广泛开展公共就业和就业服务活动，千方百计促进高校毕业生就业，并为大学生创业提供良好的空间与氛围。最后还有诸如贫困生求学、生活费困难等问题，解决这些问题都是以马克思主义为核心的社会主义主流思想得以构建的最坚实的现实基础。

三、削减"偏差",创设良好的宣传环境

(一) 高度重视主流思想宣传

党和国家一直以来都非常重视主流思想宣传工作。高职院校作为主流思想传播的主阵地,"肩负着学习研究宣传马克思主义,培育和弘扬社会主义核心价值观,为实现中华民族伟大复兴的中国梦提供人才保障和智力支持的重要任务"①,长期以来,思想政治理论课是高职院校传播主流思想的主渠道。高职院校思想政治教育教材实行一纲一本,教材由教育部组织权威专家统一进行编写。所编教材内容以高度浓缩的方式对以马克思主义为核心的社会主义经典理论进行细致阐述,具备很强的理论性和思想性。

(二) 重视主流思想宣传的执行力

正如有人说的那样:"没有哪个学校敢在教学计划上取消'两课'。因为这涉及政治态度,但却没有几所学校真正认真对待、重视'两课'。"这种思想上的重视、行为上的轻视,在高职院校思想教育中不同程度的存在,主要表现在三个方面。第一,"两课"教师的地位和被认可的程度。在部分高职院校,思想政治理论课教师的地位和受人尊敬的程度不如专业课教师,甚至政治理论课教师配置不足。这便直接导致了思想政治课教师工作量大、授课任务繁重,再加上繁重的科研任务,平时大量的时间用于教学而甚少深入社会、研究时事,导致所授理论与实践想脱离,缺乏时代感与现实感,授课效果不理想。第二,由于部分高职院校师资力量不足,在教学安排上,思想政治课更多的是合班授课,一两百人一起上课成为常态,这必然使学生课堂思想松懈,不会专心于思想政治理论课的课堂学习,导致课堂教学效果较差。第三,在总课时安排上,在资金预算与投入上,专业课与思想政治理论课也存在着一定的差距,严重影响思想政治理论课的教育效果。所以,国家的高度重视当然是需要的,但真正的执行重视才是不可或缺的。

四、强化"建设",营造校园育人环境

校园文化是高职院校思想教育主阵地,在面临西方文化对高职院校校园渗

---

① 中共中央办公厅、国务院办公厅印发《关于进一步加强和改进新形势下高校宣传思想工作的意见》[EB/OL]. 中国政府网,2015 – 01 – 19.

透时，强化以马克思主义为核心的社会主义思想文化建设，营造良好的校园文化氛围是当务之急，这不仅需要加强课堂内外的和谐统一，还需要强化思想教育的硬件、软件建设。

（一）美化校园环境，加强人文熏陶

高职院校校园环境建设包含诸多内容，我们在此主要讨论的是校园建筑景点，以及对其的规划和建设。首先，高校对校园环境的规划与建设上应该秉持"创新、协调、绿色、开放、共享"的理念，结合思想教育的内容，在做好绿化、美化的基础之上，还应该在公众场所设计规划开展以改革开放成果展、革命英雄人物、英雄事迹等为内容的图片、书法、雕塑等作品。其次，通过校园建筑本身所蕴含的精神，以现实生动的教科书的形式向学生传递文明。最后，利用校园景点中的山石、喷泉、花草树木、亭榭、雕塑等，组成能震撼人心灵的建筑群体或者园林佳境，通过校园环境氛围改进教育教学效果，使学生在人文与自然并重的和谐环境中，既享受美景又在潜移默化中提升对党和社会主义制度的认同感，达到环境育人目的。

（二）大学生思想教育与校园文化活动有效结合

高职院校文化活动是开展思想教育的有效平台与载体，各高职院校可以根据学生的实际情况，充分发挥学生的自主性与主体性，采用灵活的形式和多样化的活动内容，全面调动学生的参与积极性，将思想教育渗透到高校校园文化活动之中，通过党建文化、团建文化、班级文化、寝室文化、社团文化、食堂文化等多种文化活动模式，全方面、多层次地丰富大学生的文化生活，将思想教育主旋律与大学生文化生活相结合。与此同时，还能够通过诸如校庆、元旦晚会、"五四"青年节"八一"建军节等系列重大节庆日，开展充满正能量、特色鲜明而且富有吸引力的主题教育活动。通过充满正能量、主旋律的文化活动氛围的营造，使以马克思主义为核心的社会主义思想教育成为学生喜闻乐见的文化产品，让他们将其内化于心。

（三）强化对校园舆论阵地的建设和管理

面对开放式的互联网信息传播以及西方敌对势力的强势思想渗透，高职院校要增强宣传思想工作的主导权。加强对校园文化传播设施的管理与建设，积极促进校园网络、广播、电视、橱窗等媒介的建设和管理，并与微信、微博等新媒体结合起来，发挥正确舆论导向和宣传教育的作用。高职院校是人才云集的地方，他们对主流媒体的信赖不会轻易发生改变，特别是那些注重参与和互动的网站往往会受到更多的青睐，如新华网的"新华论坛"、人民网的"强国论坛"等重点新闻网站。所以要继续深化和加强这些品牌网站的新闻报道，让权威、真实、可靠的主流思想引领大学生的成长。加大投入，努力构建思想政治工作专业网站的力度，弘扬主旋律，引导大学生"绿色上网""文明上网""健康上网"，提高思想教育工作的实效性。

五、整合"资源"，构建良好的社会环境

高职院校作为思想教育的主阵地，一直致力于以先进的思想引领学生的发展。为了提高思想教育的有效性，高职院校逐步转变观念，注重整合社会资源，改变孤军奋战的局面，努力将社会教育、学校教育与家庭教育相结合，形成"三位一体"交互式思想教育网络。

（一）充分发挥学校思政育人主阵地、主课堂和主渠道的作用

学校作为培养人才的摇篮，一直以来都是传承人类文明成果主渠道。相较于其他教育渠道，学校教育拥有系统性、普适性和正规性的特点，学校教育利用其专业的人才优势、优质的教学资源、规范的教学方法与先进的教学手段，充分调动广大学生学习的积极性与主动性，提升学习效果，使学生思想素质、专业技能、道德水平等多方面得到发展。发挥高职院校在思想教育中的主渠道作用，深入细致地研究、把握学生思想特点与规律，运用符合高职院校学生学习规律与成长规律的方法，以学生喜闻乐见的方式进行宣传、引导与教育，并逐步使其内化，是加强思想教育的重要着力点。

（二）充分发挥家庭教育作用

父母是学生的第一任老师，家庭教育是学校教育的有益补充，在思想教育中发挥着特殊的作用。父母的思想观念、行为方式会影响学生的思想观念和行为习惯。家庭教育相较于社会教育与学校教育更具有实践性，对孩子能够起到更为理性、便捷、务实、潜移默化的影响。对学生进行教育，是学校和家长不可推卸的责任，它需要二者的紧密配合，共同为培养学生良好的综合素质和正确的世界观、人生观及价值观而努力。高职院校学生虽然大都远离父母，但父母可以利用现代化的沟通交流平台如电话、网络等手段与孩子以及学校及时进行沟通，在关注孩子学业的同时，了解孩子的思想状况，对不当的价值取向与行为表现进行及时的引导。

（三）依托社会教育提升学生思想素质

目前，社会在大学生思想教育中的作用尚未受到足够重视。实际上，社会是大学生思想教育的有益补充，具有实践性、深刻性、丰富性、独立性、形象性等特点，具有家庭和学校无法替代的思想教育优势。高职院校学生从年龄上来看虽然已经年满18周岁，但是多数学生的世界观、人生观、价值观还不成熟、不稳定，仍然处于塑造期。在当下的信息化时代，学生每天都会主动或被动地接受大量信息，如果这些信息所反馈出来的都是人人为己、物质至上、社会动荡的局面，试问学生又怎么会相信社会主义制度是科学的、先进的、美好的。相反，如果学生所接受到的信息是人民安居乐业、关系和谐、社会团结稳定的祥和局面，那么，他将会对社会主义制度的优越性深信不疑。因此，社会对学生思想教育具有不可替代的作用，能够弥补学校和家庭在思想教育中的不足。与此同时，社会可以充分利用革命活动纪念地、纪念馆、博物馆以及展览馆等场所，开展以爱国主义为主题的文化教育活动，营造良好的文化氛围；还可以通过社会调查和志愿者服务活动，使大学生深刻了解党和国家的各项路线方针政策的执行情况，端正其政治态度，在学习政治知识的同时，提升其政治素养，引导其形成正确的世界观、人生观和价值观。

第九章

谋创"文化育人"新教法，彰显高职学生的"精气神"

第一节　精心打造思想政治课堂

一、高职院校开设思想政治课的价值意蕴

（一）高职院校开设思想政治课的主要目的

大学生思想政治教育是指社会或社会群体用一定的思想观念、政治观点、道德规范，对大学生施加有目的、有计划、有组织的影响，使他们养成符合一定社会所要求的思想品德的社会实践活动。① 习近平总书记指出，做好宣传思想工作，比以往任何时候都更加需要创新。这一重要论断同样适用于高职院校的思想政治工作。高职院校的思想政治工作既要坚定政治立场，也要深刻把握社会环境的变化，创新方式方法，以保证高职院校的思想政治工作更接地气、更顺应时代、更有成效。思想政治理论课是对大学生进行思想政治教育的主渠道，是开展高职院校开展思想政治工作的重要平台。②

培养社会主义合格建设者和可靠接班人是我国大学生思想政治教育的总体指向。新时期大学生思想政治教育应以社会主义核心价值体系为指导，以"有理想信念、有核心价值、有中国精神、有能力素养"为主要内容，全面彰显时

---

① 陈万柏，张耀灿. 思想政治教育学原理（第 2 版）［M］. 北京：高等教育出版社，2007.

② 葛慧君. 做好高校思想政治工作的着力点（深入学习贯彻习近平同志系列重要讲话精神）［N］. 人民日报，2016-01-25.

代内涵，体现时代特点。① 习近平总书记强调，高校要成为马克思主义学习、研究、宣传的重要阵地。高职院校是高等教育的有机组成部分，做好高职院校的思想政治工作，必须要"坚持党性原则、强化责任""坚持育人为本、德育为先""坚持标本兼治、重在建设""坚持改革创新、注重实效""坚持齐抓共管、形成合力"等，②打造精品思想政治课，培养德智体美劳全面发展的社会主义建设者和接班人。

（二）高职院校思想政治课的主要任务

在社会主义核心价值体系指导下，大学生思想政治教育的"主要任务"可以凝练为"核心（理想信念）""重点（精神状态）""基础（道德规范）""目标（全面发展）"，四个层次相互融合、相互作用。③ 具体而言，以理想信念为核心，旨在深入进行大学生世界观、人生观、价值观的培育；以爱国主义教育为重点，旨在培育民族精神；以基本道德规范为基础，旨在深入进行公民道德教育；以大学生全面发展为目标，旨在深入开展素质教育。④ 21 世纪以来，我国经济社会发生了深刻的变化，大学生思想政治教育的理论和实践面临着新形势和新问题，这就要求思想政治教育工作者坚持与时俱进，以科学发展的态度坚持和发展马克思主义，赋予大学生思想政治教育内容以时代特征，增强思想政治教育的时代性、现实性和针对性。⑤

习近平总书记在庆祝建党 95 周年大会上的重要讲话中，全面总结我们党团结带领中国人民不懈奋斗的光辉历程、伟大贡献和历史启示，告诫全党要不忘初心、继续前进。习近平总书记强调，要把理想信念教育作为思想建设的战略任务，保持全党在理想追求上的政治定力，希望广大青年深刻了解近代以来中国人民和中华民族不懈奋斗的光荣历史和伟大历程，坚定不移跟着中国共产党走，勇做走在时代前列的奋进者、开拓者、奉献者。高职院校思想政治教育必

---

① 李忠军. 大学生思想政治教育目标新探［J］. 思想理论教育导刊，2013（12）：96 - 101.

② 中共中央办公厅、国务院办公厅印发《关于进一步加强和改进新形势下高校宣传思想工作的意见》［EB/OL］. 中国政府网，2015 - 01 - 19.

③ 宋雪霞. 大学生思想政治教育的任务构成及模型分析［J］. 福州大学学报（哲学社会科学版），2012，26（6）.

④ 教育部 共青团中央关于加强和改进高等学校校园文化建设的意见［J］. 中华人民共和国教育部公报，2005（3）.

⑤ 江英. 大学生思想政治教育工作的新要求新任务［J］. 理论视野，2015（2）.

须围绕立德树人的根本任务，切实担负起政治责任和领导责任，确保高职院校宣传思想工作的顺利开展。大学生思想政治教育是一项复杂的系统工程，需要学校、家庭和社会形成合力。要大力提升高职院校教师的思想政治素质和业务水平，切实增强教师教书育人的荣誉感和责任感。尤其是要注重加强辅导员队伍建设，提升辅导员职业能力。①

（三）高职院校思想政治课的作用

1. 高职院校思想政治课与精神文明建设

高职院校思想政治课与精神文明建设是中国特色社会主义建设的重要内容。一方面，高职院校的思想政治课是系统地对学生进行马列主义理论教育和品德教育的主渠道，是高职院校宣传思想工作开展的主渠道。通过思想政治课的学习，引导大学生认清中国特色社会主义理论的历史地位和伟大意义，掌握该理论的科学体系和精神实质，增强学生社会责任感、创新精神和实践能力。另一方面，精神文明建设通过思想道德建设和教育科学文化建设，全面提高人民群众的思想道德素质和科学文化素质，为思想政治理论建设提供了契机。教书育人、管理育人、服务育人是高职院校育人工作中的三个重要组成部分，也是高校全方位、全程、全面育人的一项系统工程，思想政治理论课与精神文明建设相融共通，共同为社会主义现代化建设提供智力支持。

2. 高职院校思想政治课与物质文明建设

经济基础决定上层建筑。思想政治课建设需依托于物质技术的进步，而物质文明的进步也需要思想政治课的支撑。《中共中央关于加强社会主义精神文明建设若干重要问题的决议》指出："人的素质是社会历史的产物，同时又给社会历史以巨大影响。在社会主义条件下，努力改善全体公民的素质，必将使社会劳动生产率不断提高，使人与人之间在公有制为主体的基础上的新型关系不断发展，使整个社会的面貌发生深刻的变化。"② 这是我国实现社会主义现代化必不可少的条件，同时也是解放生产力、发展生产力的客观要求。在社会主义现代化建设进程中，大学生作为未来生产力的载体，既要有一定的科学文化水平，又要有高度的思想觉悟和道德水准。做好大学生人才培养工作，提高大学生的

---

① 冯刚. 坚持立德树人 加强大学生思想政治教育［N］. 中国教育报, 2016 – 07 – 22.

② 中共中央关于加强社会主义精神文明建设若干重要问题的决议［EB/OL］. 人民网, 1996 – 10 – 10.

素质，是高职院校培育"四有"大学生的重要举措。改革开放以来，过分崇拜物质造成了思想政治工作薄弱、拜金主义、享乐主义抬头等一系列问题，这些教训需引起高职院校的高度重视。在思想政治教育的过程中，需要针对目标任务采取切实得力措施，注重调动大学生的积极性、主动性、创造性，引导其以扎实的专业技术致力于社会主义现代化建设。

3. 高职院校思想政治课与政治文明建设

政治文明指人类社会政治生活的进步状态和政治发展取得的成果，主要包括两个层面的内容。一是政治制度层面，主要表现为由于经济基础和阶级力量对比的变化所引起的国家管理形式、结构形式的进化发展，即政体或国体、政体范围内的政治体制、机制等方面发展变化的成果。二是政治观念层面，主要表现为政治价值观、政治信念和政治情感的更新变化。

高职院校思想政治课在政治层面的核心要求就是：在坚持科学社会主义的发展方向的前提下走中国特色社会主义道路，结合中国具体实际，探索社会主义发展的现实道路。这条道路是从前没有的，没有任何经验可以借鉴，只能不断探索，总结经验。改革开放以来，中国共产党在深刻总结社会主义发展经验，尤其是深刻反省社会主义发展中经历的曲折和教训的基础上，坚持走自己的路，开创了中国特色社会主义发展的历史进程。中国特色社会主义是在新时期创新型实践中开创和不断发展的。中国共产党准确把握人民群众迫切要求改变贫穷落后面貌的强烈愿望和利益诉求，顺应和平发展的时代潮流，在改革开放的"第二次革命"中，建设和发展中国特色社会主义。创新型实践没有任何模式可循，党领导人民在"摸着石头过河""大胆地试""大胆地闯"中不断总结经验，不断增强探索的预见性、规律性、系统性。改革开放和现代化建设的许多成功经验都是来自基层，来自人民群众。我们党始终坚持从人民群众的生动实践中总结经验、汲取智慧。因此，大学生在政治思想上必须认同这条道路，认识我国政治文明建设的良好态势，绝不能接受改旗易帜的邪路。大学生思想政治课与政治文明建设本质上具有高度的一致性。

二、高职院校思想政治课教学存在的主要问题

（一）学生学习态度不端正

部分大学生奋斗目标不明确，责任意识薄弱，有的大学生甚至思想空虚、人与亦云、玩世不恭、游戏人生，不能很好地处理学习与生活、与老师及同学

之间的关系；有的大学生向往西方，崇洋媚外，奉行享乐主义、拜金主义、功利主义；大学生作业和论文抄袭、考试作弊等不诚信行为时有发生；有的大学生故意拖欠学费、骗取生活费、制作假证书和填写虚假成绩求职等，影响诚信文化建设。而且，部分大学生对思想政治课缺乏正确认识，将其视为学校强加的任务。正因此，很多高职院校的思想政治课难以取得实效，常常流于形式，难以调动学生学习的积极性。

（二）学生参与课堂教学的积极性不高

随着高职院校的扩招，高职院校的办学规模不断扩大，但很多高职院校的办学条件包括硬件设施、软件设施建设并未跟上学校规模扩展的步伐。同时，部分高职院校对思想政治课的重视不够，导致学校思想政治课面临运作经费不足、思想政治课师资队伍不强、思想政治课的教学方法僵化、思想政治课的考核机制不完善等诸多问题。此外，大学生所处的时代环境也影响其课堂教学的积极性。一是价值观上的功利主义、实用主义盛行。在市场经济条件下，青年人更倾向于实用性和物质性，在学习上只重视能为其谋生的课程，忽视甚至淡漠思想政治课程。二是理想信念模糊。部分大学生缺乏坚定的理想信念和明确的奋斗目标。他们没有共产主义信仰，缺少对自己人生的思考，对于人生价值、祖国建设等方向性的重大问题更是关心甚少，而对与之相关的课程也表现出缺少兴趣。三是"非主流"对学生思想的冲击。随着全球化进程的不断推进，世界各国之间的合作与交流日益频繁，多元思想交汇，易对大学生产生影响。在学生还没真正了解外来文化、思想、观念之精髓，而对中国传统文化、思想、观念之精髓又没有完全深刻领会的情况下，外来文化与传统文化的撞击让他们更容易形成和接收"非主流"的思想观念。在这种思想观念的影响下，部分大学生逐步走向功利主义、拜金主义、享乐主义的道路，成为精致的利己主义者，而这些是与思想政治教育相悖的。①因此，在思想政治课上，很多大学生参与课堂教学的积极性不高，玩手机、睡觉、看其他书籍甚至聊天等现象在思想政治课上并不鲜见。

高职院校思想政治课必须针对当代大学生的实际情况开展有针对性的教学，转变教育观念，创新工作思路，纠正思想道德教育中存在的内容教条化、形式刻板化的问题，采取更富有实效性和针对性的教育策略，打造全员、全程、全

---

① 郑菊芳. 高校思想政治教育工作中存在问题根源分析［J］. 新西部，2010（6）.

方位的思政育人模式，在尊重与欣赏中拉近与学生的距离，在平等与互动中拓展学生的认识，在言传与身教中提高学生的自觉性；对每一届学生进行思想政治教育的摸底调查，以提高思想政治教育的针对性和实效性。

三、打造高职院校高效的思想政治课堂

（一）推进课堂教学形式的多样化

1. 创造人性化的学习氛围

高职院校思想政治理论教育新任务告诉我们，教育的过程，其实就是教师与学生一道共同分享人类千百年来创造的精神财富的过程，分享各自的生活体验和价值观的过程。分享，在教师一方，意味着更多的是展示，而不是灌输；是引领，而不是强制；是平等的给予，而不是居高临下的施舍。因此，从某种意义上来说，教育的全部意蕴就包含在师生关系中。师生关系是教育大厦的基石，能否建立民主、平等、合作的师生关系将直接影响师生间分享的效果，决定教育的成败。教育就是服务。所以建立新型的师生关系是当今教师必须面临且必须解决好的课题。而新型的师生关系的灵魂就是"以人为本"，将人性化的教育理念渗透到教育的每一个环节中去，体现在具体的实践中就是师者与学生要创设平等、民主、宽容、接纳、安全、愉悦的教育环境，从而让学生以安全稳定的心理状态对待每一节课，在快乐中度过在校的每一天。①

在民主、平等、合作的师生关系中，学生既可以作为学习者积极地参与教学活动，也能作为有着鲜活思想的人在与教师的相互尊重、合作、信任中全面发展自己，获得成就与价值体验，并感受到人格的自主和尊严，真正表现出自身的主体行为特征。在教育、在学校、在教室这个"文化生态"中，他们每一个人都能感受到自主的尊严，感受到独特性存在的价值，感受到心灵成长的愉悦。② 思想政治理论教师必须借助人性化的学习氛围构建师生关系，受师道尊严的影响，思政教师与学生间的交流往往必须顾及学生的尊严、学生的感受，居高临下、盛气凌人对于思政课的效果南辕北辙，教师的权威神圣不可侵犯这种观念必须被民主、互动的教学氛围代替。当然，在思政教师与学生的交往中，处处都存在着建立良好师生关系的契机，能否捕捉住这一瞬间，主要取决于思

---

① 房教凤. 建立新型师生关系的几种尝试 [J]. 青年教师，2007（7）.

② 肖川. 教育的理想与信念 [M]. 长沙：岳麓书社，2002.

政教师的"人文性",教师对学生是否具有最健康的爱、最完整的爱,即了解、尊重、关怀、给予和责任;取决于思政教师是否拥有爱的宽容:不以自我为中心,不一味从自己心思和愿望出发,对大学生的意见能按其年龄和成熟程度给以适当地看待……

2. 适时开展情景教学

在各种教学方法中,情景教学较为普遍。情境教学法是指在教学过程中,教师有目的地引入或创设具有一定情绪色彩的、以形象为主体的生动具体的场景,以引起学生一定的态度体验,从而帮助学生理解教材,并使学生的心理机能能得到发展的教学方法。情境教学法的核心在于激发学生的情感。情境教学,是在对社会和生活进一步提炼和加工后才影响于学生的。诸如榜样作用、生动形象的语言描绘、课内游戏、角色扮演、诗歌朗诵、绘画、体操、音乐欣赏、旅游观光,等等,都是寓教学内容于具体形象的情境之中,其中也就必然存在着潜移默化的暗示作用。①

创设情境的途径初步归纳为六种,而思政课教学较为有效的有以下三种。

(1)生活展现情境

即以动态的时事热点为依托,以国家主流思想为指导,把学生带入社会,带入大自然,从生活中选取某一典型场景,作为学生观察的客体,并以教师语言的描绘,鲜明地展现在学生眼前。思政教师共同就某一值得探求和思考的社会现象进行甄别式思维,从而在情境中浅入深出,将抽象的理论内容具体化、生动化。

(2)实物演示情境

思政课经常会涉及相关的历史和时事。因此,可以借助于真实的图片图画题材,穿插感染人的事迹、故事、歌曲,即以实物为中心,略设必要背景,构成一个整体,以演示某一特定情境。以实物演示情境时,应考虑到相应的背景,激起学生广远的联想与思考。

(3)语言描述情境

语言描述是通过口头或者书面表达映现内心倾向的一种过程。情境教学十分讲究直观手段与语言描绘的结合。在思政课构造的情境,如革命题材、法律案例、节目导视等出现时,教师伴以语言描绘,这对学生的认知活动起着一定

---

① 情境教学法 [DB/OL]. 360 百科, 2014-03-22.

的牵引性作用。语言描绘提高了感知的效应，情境会更加鲜明，并且带着感情色彩作用于学生的感官，就能将思想情感与思想教育有机结合。大学生因感官的兴奋，主观感受得到强化，从而激起情感，促进自己进入特定的情境之中，对于主流思想倡导的主题更加认同和深化。①

3. 组织课堂辩论活动

课堂辩论活动就是在课堂教学过程中，学生围绕某一个有争议的知识点，由于所持的立场和观点不同，展开争论的过程，目的是揭露谬误，探求真理，最后达成一致的意见。课堂辩论活动不同于辩论比赛，课堂辩论活动是教学过程的一个组成部分，是一种辅助的教学形式，其论辩的内容必须是与教学内容相联系的；其次，课堂辩论活动的目的不是为了分出胜负输赢，而是为了达到学生更好地对课本知识的理解。② 高职院校思政课组织课堂辩论活动非常必要，由理论体系散发的新闻时事素材而导致的观点思辨是必需的环节。

思政教学过程可以把辩论界定为：大学生围绕同一个对象同一个论题，由于所持的立场和观点不同，展开争论的过程，目的是揭露谬误，探求真理，实践马克思主义实事求是的实践观，或者是为了最后达成一致的意见而采取的不同理论道路。这里特别强调，辩论是一个过程，是一个包含了"开始——展开——终结"的完整过程；是一个由一系列论述、反驳和辩护组成的争论过程。这个过程有时表现为辩论双方对问题进行商榷、求同存异、最终取得一致的步骤；有时又是批驳谬误、探求真理的过程；有时则是针锋相对、捍卫正当权益的过程，这些依托思想政治理论的辩论活动能够焕发课堂活力，能够提高思政课教学的感染效果。

在具体实施环节，思政课课堂辩论可以将班内分成两队，并选出队长，队长作为该队辩论赛的组织者。每队派六名代表参加，即六位辩手，其中一辩、四辩分别为一位同学，二辩、三辩各为两位同学，即正方反方各六位同学。另外，班长总负责辩论赛的组织工作，另外还需六位学生担任辩论赛工作人员：一位辩论赛主持人，一位计时、一位计分、四位学生评委。课堂辩论活动由队员陈词，攻辩（盘问）、自由辩论、总结陈词四部分组成。要求用普通话表述，并通过抽签来决定班级内部辩题及辩论正反双方。

---

① 白丽洁. 学前教育专业情境教学法在一体化教学中的应用 [J]. 校园英语，2014（9）.
② 张义霞. 思想品德课教学中如何有效开展课堂活动 [J]. 考试周刊，2015（29）.

（二）发挥思政课教师的重要作用

1. 思政课教师兼做班主任或者辅导员

思政课教师兼职辅导员工作是一项有益的探索，思政课本身的课程属性能够外化到辅导员工作实际当中，二者具有本质上的一致性。大学生思想政治教育、职业规划与就业指导、心理疏导以及日常管理工作所起的重要作用，对于思政教师而言都是在教学外延之中。"大思政"教育模式可以让思政专职教师更进一步了解团学工作，了解学生，提高思政课教学效果和实践教学能力；能够让辅导员通过与思政专职教师的联系，提升自己的教学科研能力。"双赢"的合作，在丰富思政专职教师实践经验、提升辅导员队伍理论研究能力的同时，真正让广大学生受益。思政教师发挥"传、帮、带"的作用，"拜师"辅导员要认真学习、虚心求教，是实践教学和理论提升的有效结合。① 思政课教师与辅导员专兼结合队伍建设，在具体实施过程中存在的矛盾和问题，能不断实践加以融合，以形成解决相关问题的联动机制，对推动高等教育思政课教师与辅导员专兼结合队伍建设、增强思想政治理论课的实效性等都有着重要的理论和现实意义。

思政课教师是学校教师队伍的一支重要力量，是党的理论、路线、方针、政策的宣讲者，是学生健康成长的指导者和引路人。负责日常思想政治工作的辅导员和负责思政课教学的思政教师，具有职业目标上的同一性、素质要求上的相似性和工作方法上的互补性。因此，探索加强思政课教师队伍和辅导员队伍交流，实现理论指导与德育实践"双轮驱动"，建立健全教书育人、管理育人、服务育人有效机制，增强学生思想政治教育的实效性和针对性成为近年来学者们关注的话题。② 辅导员队伍和思政教师队伍的有效融合，必须逐步建立有效的激励引导机制，制定辅导员和思想政治理论课教师协同配合的具体办法和措施，将二者的优势互补，资源整合，短板剔除，才能实现教育与教学协同进行，将教学与育人合二为一。③

2. 思政课教师参与指导学生社团活动

思政指导教师进学生社团，可以推动大学生社会实践能力的提升和思想政

---

① 合师院思政教师与辅导员构建"大思政"平台［EB/OL］. 新华网, 2014 – 09 – 30.
② 吴武英, 叶春林. 加强高职院校思政课教师与辅导员交流研究——以长沙民政职业技术学院为例［J］. 湖南邮电职业技术学院学报, 2014 (3).
③ 刘峰, 黄凯. 大学"和谐班级"建设路径探析［J］. 中国职工教育, 2014 (10X).

治素质的提高。同时，能够不断增强学生的爱国主义、集体主义和民族自信心、自豪感，提高学生的政治品质，推动学生社团整体的健康发展。学生社团思政指导教师将思想政治工作融入社团的各种活动中，促进社员提高政治素养，树立正确的世界观、人生观和价值观。学生社团思政指导教师要严格贯彻执行自上而下的国家意志和学校、团委、思政部关于社团思想政治工作和其他重大事项的指示和决定，对重大的时政热点问题向社团成员进行解读，面向全体社员的思想政治方面的报告，加强对社团组织目标的调控，能够引领社团蓬勃向上发展。

学生社团思政指导教师在此过程中必须根据大学生社团联合会颁布的各项章程、条例及办法，定期主动指导学生社团开展社团活动、社务运作、活动策划、改选交接等事项，并协助其解决社团在思想领域中所遇到的问题，帮助社团制订学期工作计划，做好期末工作总结。思政教师密切联系社团成员，主动了解学生的思想动态以及社团活动的开展方向，对于活动中存在的各类问题和学生关注的问题，要及时掌握并有效分析，向该校团委等有关部门反映重要信息，做好疏导工作。思政教师要有计划地对学生社团负责人进行培训，有针对性地提高他们的综合素质。要把学生社团负责人和骨干人员纳入团学干部体系，通过他们凝聚更多的学生，使社团聚集在党团组织周围，形成高效意识形态的纵向渗透。

3. 思政课教师参与指导社会实践

思想政治理论与社会实践有本质上的一致性，思政课的理论需要内化与外化的统一，而外化的重要途径就是社会实践。高校思想政治理论课教师参加社会实践活动，可以加深教师了解社会、了解国情，增强坚定走中国特色社会主义道路的信念；引导大学生增强责任感和使命感，树立正确的世界观、人生观、价值观，同时也能提高教师的综合素质；充分发挥教师的知识和智力优势，为人民群众生产和生活基本需求服务，培养教师的劳动观念和奉献精神。思想政治理论课教师的社会实践活动是深化课堂教学的重要环节，是丰富课堂教学内容的有效方法，应深刻认识社会实践活动的现实意义，不断创新、丰富社会实践活动的形式，完善社会实践活动的运行机制，充分发挥社会实践活动对教师的引导作用。

从实践的角度讲，经济发展、教育科技文化发展水平低是我国现阶段的基本国情。因此，只有坚持校内教学和社会实践两个课堂的学习，才能真正达到当代提高大学生贯彻执行党的路线、方针和政策的自觉性。利用多种形式组织教师实践，有利于巩固、深化思想政治教育成果和坚定学生的政治信念。① 教师在社会实践中耳闻目睹改革开放四十年来城乡经济发展的巨大变化，亲身感受改革开放给中国特色社会主义事业带来的巨大变化，从而更加坚信党的十一届三中全会以来路线方针政策的正确性。由于教师只能把大部分时间和精力用于课堂的知识性传授，致使教师队伍本身缺乏社会实践经验，甚至造成讲授与实际相脱节，教学内容也缺乏生动性、鲜活性和动态性。然而教师社会实践活动能够弥补这一教学环节上的严重不足，丰富教学内容，达到教学目的与要求。同时，教师在参加活动过程中，可以发现在专业知识的实践运用中遇到的难点问题，从而找到解决问题的方法和对策，使课堂教学的内容得到进一步的充实和提高，二者互通互融，可以做积极的尝试。

（三）借助网络拓展思政课堂教学场域

1. 提高大学生对网络信息的鉴别能力

大学生对于网络的依赖正与日俱增，但网络提供的信息对他们的生活、学习与成长究竟有多大的帮助，却值得怀疑。网络已与大学生的学习生活密不可分，在面对纷繁芜杂的网络信息时，辨别能力较低的大学生容易受到影响，或被违法信息诱导，在没有意识到的情况下违法犯罪，甚至陷入网络毒瘤不能自拔。

高校思想政治教育工作者和思政课教师要特别注重教会学生辨别信息的真伪、优劣，培养大学生的网络信息鉴别与判断能力；学校党委要从教育的角度扬利抑弊，帮助、引导大学生自觉地去分析不良信息产生的根源并认识其危害。为此，高校思想政治理论课教师必须首先置身于信息社会的前沿，始终保持敏锐的洞察力，及时预见新生事物的产生、发展，分析其利弊得失。思政课教师要充分利用网络环境下的各种现代化信息教育技术手段，充分利用网络信息，更好地服务于自主学习和个别化教育。一方面，要利用网络交换，传输包括文字、数据、声音、图形、动画等形式的思想品德教育信息，对学生进行教育、激励和引导。另一方面，要加强网上信息的监控和管理，对网络上反动、黄色、不健康的内容进行清理和肃清，从而形成一种健康的、是非明确的网络环境。

---

① 阎立强. 高校青年教师参与学生暑期社会实践活动的思路与创新 [J]. 读写算：教育教学研究，2011（28）.

可以采取的形式有：学校开设网络思想道德课，在学生浏览网页时醒目标注以引起其注意；建设红色网站，构筑网络道德教育主阵地。①

同时，还要提高自我保护意识，不贪便宜。虽然网上东西一般比市面上的东西要便宜，但对价格明显偏低的商品还是要多留个心眼，这类商品不是骗局就是以次充好，所以一定要提高警惕，以免受骗上当。在网络支付过程中，要使用比较安全的安付通、支付宝、U盾等支付工具。对于网上诱惑，要仔细甄别，严加防范。那些克隆网站虽然做得惟妙惟肖，但若仔细分辨，还是会发现差别的。网购时千万不要接触非正当产品，如手机监听器、毕业证书、考题答案等等。凡是以各种名义要求先付款的信息，请不要轻信，也不要轻易把自己的银行卡借给他人。这些都能加强自我保护意识，防范网络诈骗，树立牢固的安全观念，常备警惕之心对没有固定收入的大学生而言尤其重要。

2. 充分利用网络资源活跃思政课

网络环境为高职院校思想政治理论课提供了机遇，在很多学习领域，拓宽了师生共建课堂的空间范围。传统教学方式局限于实体课堂，无法根据学生个体需要精确定位教学资源，与时俱进的效果较差，这与思想政治理论课的广泛知识面要求相违背。相对于传统授课方式，网络教育资源因其现代教育技术的直观性、丰富性，有利于突出学生的主体性、个体性，有利于调动其学习的积极性和主动性，充分发挥其创造性思维。同时，网络环境对思想政治理论提出了新的挑战，在多元化的网络环境中，信息良莠交织、真伪难辨，大量如自由主义、民粹主义、享乐主义的毒害思想侵害性很大，从教学过程来看，这也是一种机遇，直观将网络资源整合并甄别，加强学习过程管理、在互动交流中将"思政素材"有机统一，并回归到主流思想的导向范畴才能活跃思政课。②

网络资源，是指利用计算机系统通过通信设备传播和网络软件管理的信息资源。移动互联网技术使得思政课堂的视野和涉猎的素材大幅扩大，并逐步冲击着思政课的课堂改革，逐渐渗透到思政教学及生活的方方面面，应用到了思想政治课的教育教学活动中，丰富了课程教学资源、活跃了课堂气氛、优化了教学结构。高校思想政治理论"云课堂"的构建必须将网络资源给以特别的重

---

① 胡晔. 浅谈大学生的诚信缺失及教育途径 [J]. 教育与职业，2008（12）.

② 翁兴旺，王平，陶永进. 论高职思政课教学如何有效利用网络资源 [J]. 当代教育论坛，2010（30）.

视。一方面，对于思政教学的主要纲领性精神，必须提纲挈领，思路必须清晰地把握到位；另一方面，对于散杂的网络资源和相关材料，必须活学活用，分类解析，去粗取精，有效规整，纳入思政教学素材，并运用思政理论合理化科学化地引导解读，在拓宽知识面的同时巧妙植入主流思想。

3. 完善思想政治教育网站建设

互联网技术已渗入到人类生活的方方面面。一方面，它为信息交流提供了新的手段，推动了社会生活的变革。另一方面，网络也带来了很多问题。网络的开放性、匿名性，使一些不良信息广泛传播，对人们的思想观念造成了严重影响，再加上西方的文化渗透，他们的价值观念对大学生的马克思主义观念造成巨大冲击，高职院校思想政治工作的成果受到损失。网络上各种思想良莠不齐，那些不良信息对辨别力不高的大学生的思想极易产生误导作用。

网络对高校大学生的行为模式、价值取向、政治态度、心理发展、道德观念等将产生越来越大的影响。面对互联网强大的发展趋势，思想政治教育必须适时地调整和变革其传统的思想政治教育工作模式和框架，对互联网的冲击做出有效回应。① 除了课堂教学的第一课堂和社会实践的第二课堂，学生们上思政课还需依赖于以现代网络技术、云计算技术为支撑的"云课堂"，构建思想政治教育网站，打造专属的思政类科普知识，传播红色文化，透析理论精髓，发掘有重大价值的历史和现实素材，通过无形地展示熏化大学生的思想素养，在门户的内容指引下完成思政课的平台拓展。

第二节　营造良好的校园育人文化

一、校园文化的基本内涵与特性

（一）校园文化的基本内涵

校园文化是以学生为主体，以校园为主要空间，涵盖院校领导、教职工，以育人为主要导向，以精神文化、环境文化、行为文化和制度文化建设等为主

---

① 刘剑，邹颖. 思想政治教育与主题网站的建设［J］. 江苏科技大学学报（社会科学版），2004，4（2）.

要内容，以校园精神、文明为主要特征的一种群体文化。校园文化是学校所具有的特定的精神环境和文化气氛，健康的校园文化，可以陶冶学生的情操、启迪学生心智，促进学生的全面发展。

校园文化是学校本身形成和发展的物质文化和精神文化的总和。由于学校是教育人、培养人的社区，因而校园文化一般取其精神文化之含义，即学校共同成员在学校发展过程中，逐步形成的包括学校最高目标、价值观、校风、传统习惯、行为规范和规章制度在内的精神总和。校园文化对于提高师生员工的凝聚力、培养良好的校风、培育"四有"新人都具有重要的意义。而对于校园文化特别是大学校园文化，同样的思路下，大学生特有的思想观念、心理素质、价值取向和思维方式等是校园文化的核心，其本质是一种人文环境和文化氛围。在这种由大学生自己为主体营造的人文环境和文化氛围中，有校园特色的人际关系、生活方式以及由大学生参与的报刊、讲座、社团及其他科学文化体育活动和各类文化设施作为校园文化的主要特征充盈着大学校园的各方面建设，从而使得大学校园更富有生机和活力。①

（二）校园文化的特性

校园文化具有以下特性。第一，互动性。校园文化是学校教师与学生共同创造的。这里，教师的作用、学校领导的作用中，教师作用是关键。领导者的办学理念、办学意识和行为对师生员工的影响不可低估，对校园文化建设的作用是巨大的。第二，渗透性。校园文化飘散在校园的各个角落，渗透在教师、学生、员工的观念、言行、举止之中，渗透在他们的教学、科研、读书、做事的态度和情感中。第三，传承性。校风、教风、学风、学术传统、思维方式的形成，不是一代人，而是几代人或数代人自觉不自觉地缔造的，而且代代相传，相沿成习，似乎有一种遗传因子。任何一种校园文化，一经形成之后，必然传承下去，不因时代、社会制度的不同而消失，虽然会有所损益，但其精神实质却是永续的、永生的。②

二、校园育人文化的基本特征及其功能

（一）校园育人文化的基本特征

校园文化以校园的管理文化、课外文化和课堂文化为主要内容。校园的管

---

① 韩帅. 校园文化引导大学生思想政治教育探讨［J］. 现代商贸工业，2011（6）.
② 赵新法. 中等职业学校校园文化建设初探［J］. 学周刊 c 版，2010（8）.

理文化主要是指学校管理的各种制度、学生守则，校纪校规、行为规范等。学生对教育者所灌输的思想、行为方式的接受过程是通过自身的心理活动内化为自身思想和行为的过程。学校的德育要求、内容、形式对学生来说是不可选择的，不管学生愿意否都必须接受，因而容易被学生看成是一种非意愿的外界制约力，从而出现一种压抑感。学校在制订规则、规范时，要考虑不同年级层次提出要求，要认真研究其内容和形式是否被学生接受，并转化为内在需要。大中小学生行为规范是国家制定的法规条文，充分体现了它在学生中的可接受性。

优化集体内部的人际关系，在教师中树立良好的师德形象，敬业爱生，加强师生之间的人际沟通，增进彼此了解，建立新型的师生关系，对促进学生对学校的认同感和归属感，增强集体意识，培养主人翁精神也具有十分重要的作用。课外文化是指学生课外文化活动，如第二课堂活动、课间活动等。校园文化是社会文化的一部分。商品经济促进了市场文化的发展，使社会文化具有明显的商业特征。千姿百态、复杂纷繁的社会文化对学生产生着广泛而复杂的影响。因此，在校园环境建设中，要吸收社会文化信息中积极有益的因素，充实校园文化的形式和内容，给校园文化注入时代色彩和生机。在学生身上反映出的形形色色的问题，学校德育只能因势利导，教会他们正确辨析社会文化的"香花"和"毒草"。① 校园文化是社会文化的前奏。

（二）校园育人文化的功能

校园文化作为学校教育中的隐性课程，具有暗示性和渗透性的特点。校园文化对学生品德形成的影响是潜移默化的，是一种无声的命令、无言的教育，是感化学生的熔炉，对学生成长和发展有着重要的影响。它与显性课程相配合，成为学校进行思想品德教育的重要渠道和有效手段，也是学生实践思想品德教育的重要阵地。校园文化所具有的德育功能，主要体现在以下几个方面。

首先，引导认知功能。校园文化是一种特殊的社区文化，具有鲜明的精神文明和德育特性。众所周知，文化是有阶级性的。我国各级各类学校的校园文化，其性质是社会主义文化。学生置身于这样的文化氛围中，既让社会主义先进文化武装了其思想，又使蕴涵在校园文化中的时代精神对自己的认知与追求产生积极的指导作用。此外，校园文化具有较强的审美性，不但可以提高学生的审美情趣，提高人的认识水平，而且还能使人深刻地认识真、善、美，辨别

---

① 丁朝东. 浅谈校园文化的内容在德育渗透中的作用 [J]. 成功：教育版，2009（9）.

假、恶、丑。这有利于培养学生广泛而有益的兴趣爱好，追求高雅新美的文化品位，塑造活泼开朗的个性品质，养成文明礼貌的行为习惯健康成长。

其次，规范行为功能。校园文化是由校内师生自发组织创造和享有的精神文明和文化氛围。它在一定程度上反映了校内师生的道德风尚、精神面貌、行为方式以及文娱活动的水平。另一方面，校内师生在校园文化当中生活，必然受到有形的或无形的、有明文规定的或无明文规定的等各种规范的要求和制约，如各种社团的规章制度、各种活动的基本要求，以及师生的行为习惯、学校相关规定守则等，都对师生的行为起着规范和制约的作用。即使是自发的文娱活动，如校园棋艺爱好者的课余活动，其相聚的时间、场所、规则等，虽无明文规定，却都能自觉遵守，秩序井然。如果某人不能守其规范或与之相悖，就会显得格格不入。另一方面，受群体效应和从众心理的影响，他会不断调控自己的行为，逐步融入群体之中，最终成为群体中的一员。这种规范作用，有助于学生按照学校的规章制度要求自己，规范行为，逐步形成良好的道德行为习惯。特别是校风本身就是一种文化，是一种特殊的环境氛围力量和精神因素，这种无形的力量可以促使学生自觉规范自己的行为，养成良好的道德品质和行为习惯。

再次，陶冶情感功能。情感陶冶是指自觉地创设良好的教育环境，使受教育者在道德情操方面受到感染、熏陶。校园文化对学生的思想品德教育不是直接的理论输入，而是通过创设各具特色的校园生活、和谐友爱的人际关系，以及各种生动活泼的文化艺术活动等形式潜移默化进行的。各具特色的校园文化生活，能够使学生丰富的情感合理地释放出来。如：通过绿地、鲜花，把自然的美呈现给学生，使他们产生一定的健康审美愉悦；老师真诚的爱、民主和谐的人际关系，也会拨动学生的心弦，使学生的心灵受到感化，进而使道德情操得以升华。各种生动活泼的文化艺术及活动本身就是一种无形的力量，对学生的品德起潜移默化的作用。如通过墙报、小报、壁画等形式把德育内容展示出来；通过组织学生阅读文学作品、朗读诗歌、聆听音乐、欣赏画展、观看电影等，使他们在这些活动中不知不觉地被校园文化所展示的风采中鲜明的导向所感染，从而激发欲望、启迪智慧、陶冶情操、娱乐精神、优化素质，逐步成为一个在衣着服饰、言谈举止以及理想追求、心灵品格等方面都符合学校教育要求的合格人才。尤其是校园文化形式多样，内容丰富，选择性大，吸引力强。学生自愿参加，寓教于乐，其德育的熏陶感染作用犹如春风化雨，润物细无声，有很强的教育亲和力和渗透性。

三、校园育人文化面临的困境及对策

（一）校园育人文化面临的困境

很多学校在校园环境的规划与布置、校园精神的总结与凝练、校园制度的制定与贯彻、特色活动的组织与开展上紧紧围绕校园文化这条主线，明确认识、统一思想，以自身实际行动践行校园精神，弘扬传统，努力为校做贡献，校园文化建设基本都取得了显著成效。但是目前高职院校校园育人文化面临以下困境：

1. 重硬件建设，轻内涵开发

随着社会的发展，经济的飞跃、教育的需求、办学规模的扩大、新校址的选择、校园环境的布置，除正常开展教学活动外，学校将很多精力放到加大校园物质环境建设上，因此学校的硬件建设成为重点打造的对象，校园物质文化建设趋于功利化。校园物质设施是凸显校园人文精神的重要载体，是校园各项文化活动的载体，所以应该通过精巧、和谐、实用的设计，把文化气息融进校园的每一个角落。

2. 重理论说教，轻文化熏陶

校园精神是学校所处一定历史阶段的时代精神和时代风貌的具体体现，是学校在办学过程中经过长期的积淀而形成的精神产物，是学校的灵魂，是校园主体行为价值取向的最终根源。培养良好的、积极向上的校园精神，是校园文化建设的核心和最高目标，也将会对校园主体形成一种巨大的激励因素和原动力，是推动其奋发进取、克服困难、开拓创新的强大精神力量。同时，校园精神会通过校园主体行为影响到其他校园文化建设。相比而言，校园精神文化是深层次的，是校园文化的灵魂，校园物质文化、制度文化和行为文化，都是以不同方式体现校园主体的思想和精神创造。

3. 重制度管理，轻人文关怀

校园制度是校园主体在校园生活中必须遵守的各种行为准则。一些学校在抓校园文化建设时，片面地强化制度管理，注重制度约束，而不注重营造文化氛围去诱导学生，没有把制度管理提高到文化层面来建设，制定的各项规章制度人文性体现不够，执行的严肃性不强，使制度不能内化为师生员工自觉意识和行为习惯，不能很好地起到规范、制约、激励作用，导致管理工作只能是管得了当面，管不了背后，有时学生对执行制度抵制、反感甚至阳奉阴违。原因

是对校园制度文化建设还没有予以充分的重视，没有深刻认识到校园制度文化的重要性，没有理顺学校德育与制度文化的关系，没有深刻认识制度育人的必要性和可行性。①

（二）校园育人文化建设的对策

对校园文化建设的认识不足、重视不够是导致其中的德育资源未被开发利用的主观原因。在激烈的教育评比竞争中，教学质量与高校评估是很多人衡量的主要标准，这样的大环境，势必出现让校领导、师生对校园文化建设都存在认识不足、重视不够的现象。校园文化建设中经费的不足、组织的不力、观念的落后导致其陷入困境，进而是制约德育资源开发利用的客观原因。

在校园文化建设中德育资源的现状和德育尚未充分开发利用的基础上，首先是高屋建瓴，加强引导，提高校园文化建设的思想性和价值导向性。校园文化不知不觉中潜移默化地影响着校园主体的思想和行为，是社会主义教育事业主流文化的主阵地，所以必须体现先进文化的前进方向，全面贯彻落实党的教育方针这个总要求，提高校园文化的思想性和价值导向性，保障其中德育资源的开发和利用。其次是提高认识，转变观念，在开发利用校园文化中德育资源问题上达成共识，自上而下地正确认识校园文化及其蕴含的德育资源。再次是要不断探索，推陈出新，寻求校园文化中德育资源开发利用的有效路径。统筹规划，让德育在富有特色的立意深刻的环境文化中完成。学校应重视校园环境建设，根据学校实际加强对校园环境的整体规划设计，营造一种整洁、清新、优美、和谐的校园育人环境，充分发挥"环境课程"思想教育的导向功能、道德情感的陶冶功能和道德行为规范功能。深入挖掘，在校园精神的认同中渗透德育。校园宣传橱窗中加大对校风校训、教风学风的宣传普及，对此的认同有利于培养学生的校园归属感和责任感，培养学生团队合作的意识、实事求是的科学精神、开拓进取的创造精神等；加大教育，在校园制度的接受中开展德育。最后，精心设计。在特色活动开展中实施德育，精心设计学校特色活动，使之系列化、品牌化，在活动中实现学生受教育、长才干、做贡献的目的，也是提高学校德育实效的重要途径。定期召开主题班队会，开展社团活动，达到提高认识、发展个性、愉悦生活的目的，培养学生良好的生活习惯、文明礼仪修养

---

① 李正荣. 校园文化建设中德育功能开发利用的现状与对策研究 [J]. 中学课程辅导：教师教育，2016（5X）.

和公民基本道德规范，促进大学生道德实践能力。

值得一提的是，校园文化中的社团活动也具有重要的育人功能。

1. 大学生社团基本概述

高职院校学生社团是学生自愿组成，为实现会员的共同愿望，按照其章程开展活动的非营利性群众组织。这些社团可打破年级、系科以及学校的界限，团结兴趣爱好相近的同学，发挥他们在某方面的特长，开展有益于学生身心健康的活动。学生社团形式多种多样，如学术问题、社会问题的讨论研究会，文学艺术、体育、音乐、美术、影视等方面组成的活动小组，有文艺社、棋艺社、摄影社、美术社、歌唱队、话剧团、篮球队、足球队、数学社、物理社、化学社、微电影社团，等等。学生社团的基本任务是：适应社会发展需要，适应教育改革及学生成长成才的需要，积极开展健康有益、丰富多彩的课外科技文化艺术活动，促进学生德、智、体、美、劳全面发展。

大学生社团是我国校园文化建设的重要载体，是我国高校第二课堂的引领者。每年各社团以其具有思想性、艺术性、知识性、趣味性、多样性的社团生活吸引广大学生积极参与其中。学生社团的活动以保证完成学生的学习任务和不影响学校正常教学秩序为前提；以有益于学生的健康成长和有利于学校各项工作的进行为原则。学生社团组织和活动的目的是活跃学校的学习氛围，提高学生的自主管理能力，丰富学生的课余生活。学生社团可以根据学校的不同情况利用学生的课余时间开展各种形式的活动，以交流思想，切磋技艺，互相启迪，增进友谊。

2. 大学生社团育人功能的实践探索

（1）大学生社团满足了大学生精神文化的需求

随着高职院校学生社团的不断发展壮大，其管理与运作机制也在不断规范化。社团教育与服务功能日益突出，在促进和谐校园建设中的作用日益明显。大学生社团满足了大学生精神文化的需求，对心理品质和个性特征的形成具有重要意义。

第一，大学生社团活动的健康开展，有利于促进大学生全面发展。大学生社团作为高校课堂教育的补充和延伸，因为其专业的交叉性、活动的实践性、组织的社会性而具有实践和教育的功能，为学生综合素质的提高提供了广阔的舞台，学生在自觉自愿的基础上形成的各种社团组织，有利于大学生开阔视野，增长知识，培养能力，陶冶情操，促进其全面发展。同时，对于养成良好的精神面貌，培养健康积极的生活方式意义重大。

第二，大学生社团在学生心理成熟、人格完善上的作用。据调查，有20%的大学生存在不同程度的心理障碍，不少高校开设了心理辅导室、心理咨询热线电话。大学生社团对于培养其脚踏实地、积极实践的优秀心理品质具有不可忽视的作用。社团的实践价值远远大于"做事"本身，与大学生良好心理素质的养成不无关系。

第三，大学生社团活动的健康开展，有利于大学生社会实践能力的培养。近几年入学的大学生，书本知识学了不少，最大的弱点是社会实践能力差，学生毕业走向社会以后，适应性差，适应周期长，不利于创新能力和开拓型人才的培养。① 因此，积极开展社会实践，能够促进完成"学习人"向"学习型的生活人"的转变。

（2）大学生社团提升了大学生的自我管理水平

大学生的自我管理就是指能适应社会日益发展，提高自身素质，充分调动自身的主观能动性并有成效地整合自我资源（包括价值观、时间、心理、身体、行为和信息等），而开展的自我认识、计划、组织、控制和监督的一系列学习、生活、发展的活动。从狭义的角度来说，大学生的自我管理就是对自己的计划、组织、指挥、协调和控制，就是进行自我的管理和约束，主要养成良好的生活习惯、学习习惯、工作习惯。

大学生社团不再只是象牙塔深处的一个亮点，它要担当的将是象牙塔内外各行各业各组织机构沟通交流的使者，每个大学生社团都会进行纳新，需要大量的宣传和自我展示，吸引新生加入，评选活动对社团来说是一个很好的推广机会。

高职院校社团不仅要给大学生一个锻炼的机会，而且要走向社会，让社会了解它们，加强自我管理与服务，建立沟通联络的渠道，为高校学习、生活和工作服务，并且，还要让学校与学校建立联系，学生团体与学生团体建立联系，学生与学生建立联系，社会团体与社会团体建立联系，在管理实践中塑造自身品质，加强自我管理，明确价值定位。

3. 加强与改进学生社团工作的探索与思考

（1）优化学生社团发展的外部环境

学生社团是校园文化的重要载体，是第二课堂不可或缺的组成部分，是同

---

① 葛君梅. 浅谈大学生社团的作用 [J]. 商情，2010（5）.

学们培养兴趣爱好、扩大求知领域、陶冶思想情操、展示才华智慧的广阔舞台。目前高校社团文化可谓是百花齐放，欣欣向荣。社团活动越来越具有吸引力，活动本身的质量也越来越高，越来越新颖，但是面临复杂多变的社会大环境，大学生适应社会的能力还需要高校社团迎接更大的重任和挑战。

（2）加强对学生社团的管理

为进一步强化社团骨干培养工作的科学性、专业性、系统性，切实发挥社团骨干在"青年马克思主义者培养工程"中的示范和带动作用，依据团中央、全国学联制定的《大学生骨干培养工作实施细则》，从增强政治素质、提升思想境界、强化理想信念、优化能力结构、锤炼作风品格等方面着手，加强学生社团管理，培养一批用马克思主义中国化最新理论成果武装、坚定走中国特色社会主义道路的社团骨干。

在社团的管理实施中，要坚持以爱国主义、理想信念教育为"主旋律"来鼓舞人。坚持用有形载体开展教育活动，进一步提高广大团员青年的思想素质。把握时代脉搏，以重大纪念日为契机，开展活动。如"清明节"扫墓，重温先烈大无畏的革命英雄主义精神。并在每一届社团艺术节活动月中评选出"十佳社团"及"社团积极分子"予以表彰，树立楷模。纪念改革开放等重大主题活动的大型知识竞赛，以书法、征文、图片展、影视等形式回顾重要意义和重要节点的历史和现实题材，同享祖国科教文卫各方面的丰硕成果，增强广大师生强烈的民族自豪感。

学生社团的管理，还需要加强对骨干分子的培养，举办社团骨干培训班，为各社团订阅相关报纸、杂志，全面提高社团骨干成员的综合素质和增强工作能力。通过举办专题讲座、经验交流会、定期学习、外出参观等活动，增强社团成员的大局意识、团队意识、学习意识、服务意识，提高社团成员实际工作能力和水平，真正建立了一支能力强、效率高、热心为同学服务的学生社团骨干队伍。在培训过程中，不失时机地对广大社团骨干们进行深刻的思想道德教育、文明礼仪教育和爱国主义教育，进一步拓展社团成员成长成才的渠道。

（3）与时俱进，形式多样，增强社团活力

学生社团作为推动校园文化建设的重要组成部分，在营造良好的校园氛围、丰富学生的课余生活、培养学生的兴趣爱好等方面一直发挥着重要的作用。积极开展各种社团活动，可以为广大学生搭建起展现自我、增进友谊的平台，也能够逐步形成独具特色的校园文化品牌。为了进一步丰富校园文化生活，开展形式多样的社团活动甚为必要。学校可以根据大学生的兴趣爱好和教师们的专业特长，分别将球类、书法、绘画、舞蹈、科技制作等喜闻乐见的活动寓于社团之中，以"生动、活泼、自主、发展"为主题，确定活动内容和发展目标。

高职院校在社团活力增强的管理进程中，逐渐完善青年志愿者机构，以青年志愿者服务队为统领，通过助残、助困、助孤等公益性活动能够使学生体验到服务社会的乐趣和受到良好的思想道德教育。3月5日的"青年志愿者服务日"、6月5日的"环保日"、6月26日的"禁毒日"、11月9日"消防安全日"，都可以作为社团活动题材，进入社区、深入工厂，联系开展丰富多彩的系列服务活动，将"三下乡"常规性活动走稳、走远、走到位，社团文化及实践必须紧紧围绕学校中心工作，以"服务社团建设、繁荣校园文化"为宗旨，以"立足校园、营造氛围、服务社团、规范发展、品牌打造"为方向，建立"自我教育、自我管理、自我服务、自我约束"的运行体系，充分发挥自身所具有的较高凝聚力、较强亲和力和较大发展力的组织优势，指导、发掘其中潜力，支持并帮助理论研讨、文学艺术、学术科技、体育健身、志愿服务、创新创业、公益实践等，开展内容丰富、形式多样的活动，为广大学生提供了锻炼自我、发展自我的宽广舞台，在实践中焕发社团"青春派"的活力。

第三节　加强社会实践的育人功能

一、大学生社会实践概述

（一）大学生社会实践的基本内涵概念与理论基础

1. 大学生社会实践基本内涵

大学生社会实践是在校大学生利用课余时间，步入社会进行社会接触，提高个人能力，触发创作灵感，完成课题研究，发挥自己的聪明才智以求和社会有更大的接触，对社会做出贡献的活动。用在大学学习到的理论知识进行社会实践活动是每个大学生必须要上的一门课程。大学生社会实践作为高职院校实践教育的重要组成部分，目的在于弥补学校教育教学工作的不足，丰富和深化大学生思想政治教育的实践内容，促进青年学生在理论和实践相结合的过程中增长才干、健康成长的重要课堂，从而优质成才、全面成才。

高职院校社会实践的主体是积极锻炼的大学生，客体是实践的空间和领域，而投身社会实践可以引导青年学生了解社会、了解国情，坚持走中国特色社会主义道路的信念。同时，在实践中外化自己的修养和道德品质可以引导学生增强责任感和使命感，树立正确的世界观、人生观、价值观，提高学生的综合素质，充分发挥学生的知识和智力优势，为社会生产和生活基本需求服务，培养学生的劳动观念和奉献精神。在合理利用课余时间方面，可以全面提高自身素质，为就业做好准备。大学生社会实践是理论与现实的有机结合，是学校塑造人、培养人的一种必要手段。

2. 大学生社会实践的理论基础

活动的开展有利于大学生实现专业知识与社会实践的结合；有利于培养大学生的团队精神，提高大学生的实习能力和管理能力；有利于培养适应社会需求的复合型创新型人才，从而为大学生就业和创业发挥积极的作用。大学生社会实践活动让学生走出校门，走向社会，近距离地感受企业、体会企业文化。一方面使得学生们更好地了解社会、认识国情、增长才干，另一方面也加强了对在校学生的就业指导，帮助学生认识和了解用人单位，增加对用人单位的感性认识，在学生中营造关心就业、了解就业、立志基层的良好氛围，从而对大学生今后的学习、生活和工作发挥巨大的作用。①

理论为实践提供了指导和支撑。只有掌握扎实的理论知识，才能够将其充分地应用于今后的工作和实践当中。这就为今后在校大学生指明了方向，在工作和社会当中立于不败之地。大学生必须掌握好专业知识，充分理解各种专业理论，并力求在理解领会的基础上掌握并能将其应用于对具体问题的理论分析。学会用理论知识分析和解决一些实际问题，这是大学生必须要面对的重大课题。学习专业知识就是要将其用于实际问题的解决，而不能满腹经纶，纸上谈兵。否则，掌握再多的知识也只能泛泛而谈，无济于事。实践为理论提供了进一步发展的空间和更加完善的可能。大学生社会实践有利于实现专业知识与社会实践的有机结合。社会实践以其丰富多彩的样式，让大学生在课堂之外，收获更为充分的实践专业知识。

实践决定认识，实践是认识的来源和目的。社会实践是大学生运用所学知

---

① 余亮，鲁玮. 暑期社会实践在大学生就业创业中的作用 [J]. 人力资源管理，2010 (1).

识在社会上、在实践中检验自己能力和综合素质的有效途径，是高校育人的一个重要环节。开展入党积极分子优秀学生干部夏令营，到革命老区搞社会调查、请优秀毕业生到学校做报告、送文化下乡等活动都是重要组织形式。只有让大学生得到实践的锻炼，才能使他们亲身感受到知识的重要，体会到创业的艰辛，享受到成绩的荣耀，从而增长知识、增长才干。青年人在与人民群众的广泛接触、交流中受到真切的感染和体验，并从无数活生生的典型事例中受到深刻的启发和教育，使思想得到升华，社会责任感增强。① 在实践中，人生观、价值观得到进一步的强化，能够提高认识能力、适应能力和创新能力，从而形成了一年级的社会"认识实践"、二年级的社会"工作实践"和三年级的社会"生产实践"的递进式系统化的社会实践体系。

（二）大学生社会实践的意义与价值

1. 大学生社会实践是实施素质教育的重要内容

社会实践作为我国高等教育的一个重要组成部分，在我国高等教育中发挥着不可替代的重要作用。同时，社会实践作为学生参与社会生活的一个主要途径，对社会主义物质文明建设和精神文明建设也可起到一定的积极作用，更重要的是，对于素质教育的提升意义重大。

首先，大学生社会实践能够促进青年学生的健康成长，能够促进学生思想政治素质的提高。社会实践通过使学生了解国情，有助于他们加深对党的基本路线的认识，坚定正确的政治方向；通过使学生接触人民群众，有助于他们加深对人民群众的了解，同人民群众建立感情，树立为人民群众服务的思想；通过使学生了解社会对知识和人才的需求，增强勤奋学习、奋发成才的责任感；通过了解改革和建设的长期性和复杂性，克服偏激急躁情绪，增强维护社会稳定的自觉性。其次，有助于促进学生业务素质的提高。社会实践使学生通过实践的检验，看到了课堂教学和自身知识、能力结构的缺陷，主动调整知识和能力结构，培养学生不断追求新知识的科学精神，激发学生的学习积极性和主动性，把知识运用于生产实践，能够帮助学生巩固和深化在课堂上学到的知识，锻炼实际动手的能力。再次，能够促进学生的社会化进程。社会化贯穿于人的整个生命历程，是每个人必须面对和经历的。大学生社会化的成功与否，直接

---

① 侯方高，高江. 对大学生开展社会主义荣辱观教育刻不容缓［J］. 现代企业教育，2007（2X）.

关系到他们的成才与发展，甚至关系到他们一生的命运。社会实践有利于大学生社会角色的转变，强化其角色类型的分辨能力、角色扮演心态的健全能力、角色的适应能力；社会实践有利于提高大学生的实际工作能力，如心理承受能力、适应能力、人际交往能力、组织管理能力和应变创新能力等。

2. 大学生社会实践是促进大学生就业的重要举措

社会实践是促进大学生就业的重要举措，有利于大学生树立正确的择业观，消除就业的心理误区，寻求社会与自身发展的最佳结合。为了更好地了解社会、锻炼自己，感受社会就业的现状，体验工作的乐趣，增加个人在社会竞争中的经验，锻炼和提高自身能力，并且能够在生活和工作中很好地处理各方面的问题，社会实践活动十分必要。

大学生社会实践，加强了学生与社会的联系，有利于动员社会各方面的力量，加强和改善高校的思想政治工作。在社会实践中提升素质，与就业关系密切，能够使学校深入了解学生素质、课程设置、教学与管理等方面与社会要求不相适应的地方，主动推行改革，有利于学校进一步端正办学方向，在与社会实际的紧密结合中，寻求高等教育的发展与突破。在联结的社会层面，架起了学校与社会沟通的桥梁，使教育走出封闭式的状态，走向广阔的社会舞台，有利于形成教学、科研、社会实践相结合的新型教育体制。在"两个文明"建设中，学生在社会实践中，一方面接受教育，锻炼才干；另一方面，运用所掌握的马克思主义理论、党的方针政策和科学文化知识为地方和活动接受单位做贡献，对"两个文明"建设起到一定的促进作用。了解社会实践的具体作用，有助于高校对社会实践进行科学的评估，应当以是否促进了学生的健康成长，是否促进了高等教育的改革和发展，是否促进了"两个文明"的建设，作为衡量社会实践成效的主要尺度。①

社会实践有利于培养大学生的团队精神，而这种集体意识和团队精神正是大学生就业和创业感的积极因素。而对于就业中需要的能力导向，大学生社会实践有利于提高学习能力。在学校学习的专业理论与工作需求是有一定距离的，而且我们处在知识快速更新的年代。随着社会科技的飞速发展，技术门槛不断提高，对人员知识储备要求也越来越高，这就要求我们必须具备很强的学习能力。同时，学习能力也是就业创业的关键因素。在社会实践中，同学们相互交

---

① 焦满金. 大学生社会实践研究 [M]. 兰州：甘肃人民出版社，2007.

流、相互学习，取长补短，不断地把别人的优点内化为自己能力的一部分，方能在以后的工作和学习道路上纵横职场。①

3. 大学生社会实践是大学生服务社会的重要途径

大学生社会实践活动，能够帮助其学习服务社会的很多经验。在社会上，善于与他人沟通需要长期的练习。人在社会中都会融入社会这个团体中，人与人之间合力去做事，使其做事的过程中更加融洽，事半功倍。在工作上还要有自信。自信不是麻木的自夸，而是对自己的能力做出肯定。社会经验缺乏、学历不足等种种原因会使自己缺乏自信。社会知识的积累也是非常重要的。要想把工作做好，就必须了解社会实践这方面的知识，对其各方面都有深入的了解，才能更好地应用于工作中。

作为当代大学生，或许真正的磨难只是擦肩而过，并没有过多的纠缠。但是作为社会未来的建设者，应该积极走出象牙塔，到社会中去，了解国情，服务社会，认识自己所处的社会位置，明确了自己肩上的使命，更进一步激发学习热情。作为教师，除了要传道、授业、解惑，更重要的是引导学生树立正确的学习态度以及正确的人生观、世界观、价值观。鼓励大学生社会实践，不但培养理论运用于实际的能力和团队合作的精神，磨炼了坚强的意志，还能实现社会实践过程中"服务社会、锻炼成才"的目标。

社会实践活动作为大学生素质教育与能力培养的重要途径，对促进大学生的全面发展具有举足轻重的作用，可以帮助大学生提高思想素质和道德水平、增强身心健康、提升科学素质和人文素养并提高创新能力。② 社会实践是提高大学生自我探索能力的有效渠道，社会实践有利于大学生更好地了解职业世界，社会实践也是确立大学生职业目标的有效途径。在建立健全对大学生社会实践的认知体系，加强社会实践与职业目标的联系的同时，能够提升学生的就业能力，帮助搭建学校与社会的缓冲平台。③

---

① 余亮，鲁玮. 暑期社会实践在大学生就业创业中的作用［J］. 人力资源管理，2010（1）.

② 张光君. 社会实践是促进大学生全面发展的重要途径［J］. 学园：教育科研，2011（19）.

③ 马小红. 社会实践是提高大学生就业能力的重要途径［J］. 教育探索，2013（4）.

二、大学生社会实践的选题与策划

（一）大学生社会实践的形式与内容

1. 基本形式：团队实践与个人实践

社会实践是我们大学生走向社会、体验社会、感受社会的一项富有意义的实践活动。通过社会实践，个人可以丰富学习生活；通过工作，个人可以拓展人生的阅历；通过交往，个人积极参与，可以结识更多的朋友。个人实践依赖于自身兴趣和感受，投入生活洪流，发掘社会生活与校园生活的差距。亲身实践才会产生清醒的认识，明确自己的定位，确立相对现实的目标。

相对于个人实践，团队实践在社会实践中的空间很大。团队是由基层和管理层人员组成的一个共同体，它合理利用每一个成员的知识和技能协同工作，解决问题，达到共同的目标。团队实践有以下主要特征。

（1）清晰的目标

高效的社会实践团队对所要达到的目标有清楚的了解，并坚信这一目标包含着重大的意义和价值。而且，这种目标的重要性还激励着团队成员把个人目标升华到群体目标中去。在有效的团队中，成员愿意为团队目标做出承诺，清楚地知道希望他们做什么工作，以及他们怎样共同工作最后完成任务。

（2）相关的技能

高效的社会实践团队是由一群有能力的大学生组成的。他们具备实现理想目标所必需的技术和能力，而且相互之间有能够良好合作的个性品质，从而出色完成任务。后者尤其重要，却常常被人们忽视。有精湛技术能力的人并不一定就有处理群体内关系的高超技巧，高效团队的成员则往往兼而有之。

（3）相互的信任

大学生团队成员间相互信任是有效团队的显著特征，也就是说，每个成员对其他人的品行和能力都确信不疑。我们在日常的人际关系中都能体会到，信任这种东西是相当脆弱的，它需要花大量的时间去培养而又很容易被破坏。而且，只有信任他人才能换来被他人的信任，不信任只能导致不信任。所以，维持群体内的相互信任，还需要引起管理层足够的重视。

（4）一致的承诺

高效的社会实践团队成员对团队表现出高度的忠诚和承诺，为了能使群体获得成功，他们愿意去做任何事情。我们把这种忠诚和奉献称为一致的承诺。

对成功社会实践团队的研究发现，团队成员对他们的群体具有认同感，他们把自己属于该群体的身份看作是自我的一个重要方面。因此，承诺一致的特征表现为对群体目标的奉献精神，愿意为实现这一目标而调动和发挥自己的最大潜能。

（5）良好的沟通

毋庸置疑，这是高效社会实践团队一个必不可少的特点。群体成员通过畅通的渠道交流信息，包括各种言语和非言语信息。此外，管理层与团队成员之间健康的信息反馈也是良好沟通的重要特征，它有助于社会实践指导团队成员的行动。

2. 社会实践的内容：调查研究型实践、公益社会型实践、职业发展型实践

调查研究型实践：它以专业或者学术研究为目的，以收集、分类、整理材料并提出问题、报告结论为特点，具有全面、专业、深入的特点。调查研究型实践报告一般包括以下内容：调查目的、调查对象、调查内容、调查方式（一般可选择：问卷式、访谈法、观察法、资料法等）、调查时间、调查结果、调查体会可以是对调查结果的分析，也可以是找出结果的原因及应对办法等。

公益性社会实践：大学生公益社会实践是指在校学生利用假期（主要指暑假）及课余时间，深入到工厂、农村、街道、部队、医院等进行考察、了解社会，并利用所学专业知识为经济建设和社会发展服务的实践活动。公益性社会实践是参与社会主义市场经济建设，促进教育改革的积极因素，是德育教育的重要组成部分，是引导广大青年学生健康成长的有效途径，丰富和深化大学生思想政治教育的实践内容，促进青年学生在理论和实践相结合的过程中增长才干、健康成长的重要课堂，从而优质成才、全面成才。

职业发展型实践：职业发展就是在自己选定的领域里，在自己能力所及的范围内，成为最好的专家，在某一领域塑造有深入和广泛的经验，对该领域有深刻而独到的认知。职业发展通道是进行职业生涯管理的基础条件之一，是通过整合企业内部各个岗位，设置多条职业发展系列并搭建职业发展阶梯，然后通过岗位能级映射，探测岗位间的关联，为员工提供广阔的职业发展平台。职业发展型社会实践是按照职业发展通道在大学生有限的空间和时间内进行积极的职业尝试，以便在职业方向的设定中找到自身差距和定位。

（二）社会实践的方向与原则

1. 大学生社会实践选题来源：个人经历与兴趣、相关专业、已有实践项目

个人经历与兴趣是指经历过程中对事物喜好或关切的情绪。在心理学上指人们力求认识某种事物和从事某项活动的意识倾向。它表现为人们对某件事物、某项活动的选择性态度和积极的情绪反应。兴趣是在一定需要基础上，在社会实践中形成的，兴趣实际上是需要的延伸。兴趣、爱好会直接影响到你的职业生涯。兴趣是职业生涯适应的一个基本方面，可以为职业生涯选择提供有效的信息。兴趣主要用于预测你的工作满意感和工作稳定性，工作满意是职业生涯适应的一大标志。个人经历与兴趣在专业学习中形成已有的实践项目，决定了大学生在实习和就业过程中的航向，是影响职业定向与职业选择的重要因素之一。

职业定向在选择的过程中，人们常常会倾向于寻找与个人兴趣相关的职业，尤其是在外界限制比较小的时候，人们都会选择自己感兴趣的职业。个人经历与兴趣在专业学习中形成已有的实践项目可以增强人的职业适应性，促进个人能力发挥，并且，广泛的兴趣还可以让人定位多变的环境，就算变换工作性质也能很快熟悉与适应工作。同时，个人经历与兴趣在专业学习中形成已有的实践项目，是保证个人职业稳定性与工作满意度的重要因素。一个人对某一事物感兴趣就会激发对该事物的求知欲与探索热情，调动自己的积极性，使智能与体能进入最佳的状态，从而最大限度地施展才华，充分发挥主动性与创造性。那么，在这种情况下，个人的职业稳定性也会得到保证，并且很容易提高工作满意度。

2. 大学生社会实践的选题方向：面向社会，深入基层，提升能力，服务社会

虽然职业兴趣一旦形成，便在职业生涯中具有一定的稳定性，但根据实际需要，还是可以通过多种途径，加上自己的努力去规划、改变、发展和培养的，在培养职业兴趣和社会实践状态时，可以根据兴趣、专业及已有的实践项目确定选题方向。

大学生社会实践选题要以毛泽东思想和中国特色社会主义理论体系为指导，将实践内容活动与了解国情、服务社会相结合，与社会热点、学习专业相结合，与课外学术科技活动、择业就业相结合；把理论知识为服务社会的实际本领提炼出来，在实践中认识国情、提高素质、奉献社会、服务群众。在实践媒介中，可以重在"服务"上做文章，以提供专业服务的形式来满足社会需求，为改善和发展社会成员生活福利而奉献。大学生社会实践下基层要最大限度地减轻基

层和群众的负担，要有详细的工作计划、明确的工作目标，带着问题进行调查研究，在调查研究中发现新的问题，并找出解决问题的办法和措施。深入基层要实事求是，扎实实践自己的专业及兴趣走向并对社会实践的时间、地点、工作的内容和结果要做好详细的记录。

带着社会实践的选题方向，大学生积极投身于基层服务，为就业提供前奏。以利他为内容，以公共利益为目标指向，大学生社会实践是服务社群的一种方式，也是大学生观察和研究社会的途径。经由这一渠道，有利于大学生把专业知识应用到社会服务之中，拓展了青年大学生的视野，也为社会公益事业带来了新的动力，体现了青年学子接触社会、参与社会、改善社会的良好愿望。大学生社会实践的选题方向确定，可以引导青年学生了解社会、了解国情、了解基层，引导坚持走中国特色社会主义道路的信念，增强责任感和使命感，树立正确的世界观、人生观、价值观，提高综合素质。在充分发挥学生的知识和智力优势、为人民群众生产和生活基本需求服务的基础上，可以培养学生的劳动观念和奉献精神。

（三）社会实践的策划与申报

1. 社会实践项目的方案策划：申报社会实践方案，精心策划方案

申报社会实践方案是指从目的、要求、方式、方法、进度等方面都部署具体、周密，并制定很强可操作性的计划。社会实践方案是社会实践计划中内容最为复杂的一种。由于一些具有某种职能的具体工作比较复杂，一般有指导思想、主要目标、工作重点、实施步骤、政策措施、具体要求等项目。

申报社会实践方案的内容大体包括标题、正文两大部分内容。

（1）标题

申报社会实践方案的标题即由申报者、计划内容和文种三部分组成写法，但经常会省略发文机关，但这个发文机关必须在领头的"文件头"的标题中体现出来，以确定社会实践的主题。为郑重起见，方案的成文时间一般不省略，而且要注在标题下。

（2）正文

申报社会实践方案的正文一般有两种写法：一是常规写法，即按"指导方针""主要目标（重点）""实施步骤""政策措施"及"要求"几个部分来写，这个较固定的程序适合于一般常规性单项工作；二是变项写法，即根据实际需要加项或减项的写法，适合于特殊性的单项工作。但不管哪种写法，"主要目

标""实施步骤""政策措施"这三项必不可少,实际写作时的称呼可以不同,如把"主要目标"称为"目标和任务"或"目标和对策"等,把"政策措施"称为"实施办法"或"组织措施"等。在"主要目标"一项中,一般还要分总体目标和具体目标;"实施步骤"一般还要分基本步骤或阶段和关键步骤,关键步骤里还有重点工作项目;"政策措施"的内容里一般还要分"政策保证""组织保证"和"具体措施"等。

精心策划方案,首先要明确策划方案的背景。做好社会实践策划的前提就是要理解透策划的背景,做这个策划的背景是策划方案的依据与关键点,这是社会实践的缘由表达。其次,社会实践策划方案还要讲究目的。达到什么目的、达到什么效果,这是策划方案的追求点。再次,策划方案的实施最容易体现策划方案的质量高低。所以,实施部分一定要很清楚仔细,具体到确定的某实施点,将过程细化,这样的策划方案才有执行性。最后,社会实践策划方案一定要明确时间地点,时间具体到时刻,不能是含糊概括时间段,这样才易于执行人做好充分准备。安全措施部分是社会实践策划方案不能缺少的部分,这关系到在实施过程中遇到的突发状况及预防措施。

2. 社会实践项目的组织策划:人员组织、联系指导老师与实践基地

社会实践项目"深入基层"的原则要求青年学生深入农村、社区等基层单位开展形式多样的、有理论价值的实践项目,进一步提高认识社会、服务社会的能力。在人员组织实施上,集体项目成员数不少于 6 人,原则上不多于 15 人,每个班 30 人以下至少组织 1 支小分队,30 人以上至少组织两支小分队;院级和系级小分队必须要有指导老师带队,班级小分队必须有老师进行指导或带队开展活动;团队负责人需参加其他实践团队的组建、管理等工作。

实践基地的工作原则是:坚持育人为本,牢固树立实践育人的思想,把提高大学生思想政治素质作为首要任务;坚持理论联系实际,提高社会实践的针对性、实效性、吸引力和感染力;坚持课内与课外相结合,集中与分散相结合,确保每一个大学生都能参加社会实践,确保思想政治教育贯穿于社会实践的全过程;坚持受教育、长才干、做贡献,保证大学生社会实践长期健康发展;坚持整合资源,调动校内外各方面积极性,努力形成全社会支持大学生社会实践的良好局面。团队负责人或者指导教师首先要与所在单位联系,取得实践单位的支持与指导;其次要建立组织机构,完善实践团队网络体系,及时了解掌握团队动态,及时向指导老师反馈重要信息;再次,要为社会实践献计献策,做

好宣传工作明确分工，按照暑期社会实践活动的具体要求完成工作日志，平时认真登记同学工作表现，及时上交。社会实践，就是让大学生更好地体验社会生活，融入我们所必须生活的地方。而社会实践基地的选择，就很能够让我们在步入社会之前能力上得到提高，同时也可以减少大学生即将步入社会的恐惧感，作为指导教师，就应该积极引导，调配人员，选择适合大学生锻炼的实践基地。

三、大学生社会实践的实施与执行

（一）社会实践的准备

1. 自我调整：思想准备、身体调整、团队建设

社会实践临行前必须做好充分的准备，在思想、身体及团队建设上进行自我调整。第一，牢牢树立"安全第一"的思想，始终把安全工作放在首位。在实践过程中一定要计划周详，准备充分，严守纪律，服从指挥，不断增强自我保护意识，与实践地接收单位和老师保持密切畅通的联系，确保实践活动安全顺利开展。第二，把社会当作大课堂，虚心向优秀老师、向身边的朋友学习，脚踏实地，勤思多问，努力提高自己发现问题、分析问题、解决问题的能力；在实践中提高自身素质，促进全面发展。第三，敢于吃苦，不怕困难，发扬朴实沉毅的优良传统，坚持学习书本知识和投身社会实践的统一。无论身处何处，都要发扬革命传统和时代精神，自觉维护学校声誉，以实际行动展现学校师生积极进取、健康向上的精神风貌！

在社会实践的团队建设方面，大局意识、协作精神和服务精神是集中体现。团队精神的基础是尊重个人的兴趣和成就，核心是协同合作，最高境界是全体成员的向心力、凝聚力，也就是个体利益和整体利益的统一，从而推动团队的高效率运转。团队精神的形成并不要求团队成员牺牲自我，相反，挥洒个性、表现特长保证了成员共同完成任务目标，而明确的协作意愿和协作方式则产生真正的内心动力。没有良好的从业心态和奉献精神，就不会有团队精神。目标是十分重要的团队要素，而帮助团队设定明确的目标必须达成一致，团队动态取决于团队需要实现的目标和每名团队成员的个性。团队应该利用主要贡献列表制定一份任务明细，言简意赅地陈述团队为哪些工作而存在。团队任务明确之后，就要开列紧要事项清单——确定团队必须完成的工作和团队成员实现核心目标所必需的互动方式。

2. 物资筹备：个人必备物品、实践材料、经费预算与管理

社会实践物资筹备由许多环节组成，其中，实践现场的物资管理工作就是其中的一环，社会实践中消耗的材料成本、个人必备物品的准备及对基础工作的开展就是在这一环节完成的。物资管理工作是社会实践成本管理的重要基础之一，社会实践人员的专业技术能力直接影响着实践空间经济管理优化和成本有效控制的水准。一般来讲，物资管理的基本工作既包括物资社会实践的前期准备成本，又包括实践中的实务操作及实践材料，也包括某些具备一定综合性和复杂性的基础和提升工作，因此社会实践人员应具备一定的实践经验和专业知识，应在实践对象中克服传统观念中对这一工作岗位业务素质要求不高的认识，加强对实践人员业务能力的培训和指引，真正发挥其"桥头堡"作用。

在社会实践经费预算方案管理方面，实践团队要本着一切从勤俭节约出发，精打细算，合理化集约化实践进程。做好经费来源的预算与管理。经费来源一般来自学院社会实践活动专项经费（自筹除外）。经费开支与报销事项必须遵从以下几点：①活动的一切开支本着节约为前提，杜绝浪费；②应向实践成员公开当天的各种开销；③每一笔资金的支出都应有发票，并注明用途、经办人姓名，并交由指导教师签字后，方可报销；④各社会实践小组要保管好活动经费支出的发票或相关收据；⑤活动结束后，及时上交《活动收支明细表》。

（二）社会实践的资料保存与推广

1. 社会实践文章材料的记录与留存

在一个典型的社会实践工作日，社会实践过程的很多文件、报告、图表，还有一些其他文件，都能点滴记录实践活动流程，通常我们还要将这些资料保存起来稍后再提取出来。在需要的时候就能立即拿到这些材料，以便于做进一步分析。材料留存是反映社会实践价值最鲜明的因素，内容标准必须强调社会实践内容的重要性、独一性和时效性。留存材料是对既定事实的记载，而这些事实本身的重要程度直接影响社会实践的价值取向。

材料留存对象：①反映社会实践突出事迹或者对专业指导的重要内容的；②具有重要价值，且能为实习、就业提供重要参考的；③典型任务，能够为专业实践提供重要参考的；④能够见证实践脉络，为大学学习指明应用方向的。社会实践文档材料留存涵盖本人实践期间的实践目的、实践内容、实践效果等材料，全部属于原始材料，不可复制，反映了学校和学生对于此项任务的重视和实施情况，保存好社会实践文档是一项重要工作。

2. 社会实践图片、视频资料的记录与留存

图片是人们在社会交流中产生与进展而来，而图画与文字在某种意义上都是交流的基本媒介，从文字的产生角度来看，图画更早于文字，就如我们众所周知的象形文字，假如我们只有单纯的文字，就会产生各种的图画联想，作为我们的社会实践，"图文并茂"会更有优势，因为，可以更为直观地显示自己的活动，同时，能够通过潜意识让师生在观看之后，能够对社会实践有一定的了解，配合视频资料的记录，更好地营造良好社会实践氛围。

在社会实践活动中图片的作用是不容置疑的，能够为活动的总结与反思提供素材，但图片的选择必须经过精挑细选地记录与留存。繁杂的让人看得眼花缭乱没有重点，太少了又达不到想要的效果，因此，图片的截取能够展示社会实践过程中鲜活的素材和事例，内容少却能激发社会实践热情的图片对于材料留存甚为必要。

图片选好后社会实践指导教师还要引导学生进行欣赏。图片不一定要按照我们平时的观赏习惯来看，可以多角度进行欣赏，如内容亮点、专业应用、特色展示等，就会出现不同的理解和启发，其他学生就会有不同的感受。有价值的图片及视频资料对于实践教学意义十分重要。

（三）社会实践的安全防范

1. 人身安全、交通安全、财务安全

组织学生参加社会实践活动是学校教育的重要组成部分。学生社会实践活动的组织管理，特别是在安全方面，要做到确保参加实践活动的学生的人身安全，防止意外事故的发生，根据实际情况和学生的特点制定学生实践活动安全方案。

从学校层面来看，学校需要成立以校长为组长，以校委会成员为各个安全方面负责人员，组成学生社会实践活动安全领导小组。小组的职责是负责审核社会实践活动项目可行性，布置组织社会实践活动全过程，对社会实践活动中发生的一切安全问题进行及时处理的工作。凡学生在校期间由学校组织集体外出活动、社会实践之前，必须上报上级有关部门审核，出发前要严格法纪，组长、辅导员、老师都要强调遵守纪律、注意行路安全等内容，对学生进行安全教育，并指派班级干部对活动全过程的安全负责监督，对突发事件能够进行及时处理。

从交通情况看，要注意交通安全，遵守交通规则。注意乘坐交通工具的安

全，乘坐具有安全保障、具有合法客运资格的车辆，不乘坐超载、无照等非法车辆；乘坐长途交通工具时，可考虑购买交通票证附带的保险等。乘坐交通工具，贵重物品注意贴身存放，睡眠过程中不要将贵重物品放在行李架上，减少被盗窃的可能。如遇交通事故一定要及时处理，有严重受伤的，立即拨打120、110，并立即组织抢救，同时，迅速报告校领导，调动应急车赶到事发现场，视伤情确定立即送医院，还是紧急处理后送医院。再者要保护好现场，指挥师生撤离至安全地点，向上级领导报告事故情况。

从学生活动范围来看，凡学生外出进行活动，辅导员要负责安排成员统一规范，有秩序地出行，班主任老师随行班级队伍，监督学生的安全，及时对违反纪律和安全要求的学生提出批评和制止。班主任要负责对参加活动的本班学生人数进行清点避免发生危险事故。

从社会实践过程来看，班主任老师要对活动内容和安全事项进行说明，强调安全问题，并安排班级干部负责安全工作，掌握班级活动动态。在社会实践中防止应用专业知识时出现意外情况，同时确保活动有序进行。凡是组织参加社会实践活动，在结束后，组织者要对活动期间的安全状况进行总结，保证整个流程的人身、交通、财产安全。

2. 应急预案

参加社会实践的学生应在出行前，告知家长本次活动安排，让家长充分了解实践活动中可能存在的风险，在得到家长同意的情况下，以团队为单位在学校备案登记。注意防范诈骗案件，定期和家人联系，不向陌生人泄漏自己的身份证号码和家庭联系方式；请家人不要轻易相信陌生人传达的消息，如有任何消息应及时和学校有关部门联系，切勿向陌生人或者陌生账号转账汇款。

社会实践之前，相关部门应为参加社会实践活动的学生购买短期意外保险。在社会实践过程中，务必牢记"安全第一"的观念，严守安全纪律，不散漫、不冒险，不存有侥幸心理，对自己负责，对他人负责，共同确保实践过程安全顺利进行。在遇到媒体采访，要慎重接受，谨言慎行，在接受采访中任何人只能以个人身份发表意见，未经许可不得以校方名义发表观点。大学生社会实践中必须保持联系畅通。实践活动开始前，成员之间应加强认识与沟通，以便在实践期间分组活动时随时可以取得联系。

社会实践安全团队负责人在每天实践活动结束后清点成员人数并确认其身体健康和财物安全情况，对团队安全进行评价，每天做一次总结。要提前做好实践地联系及相关信息收集工作，每位成员应提前了解实践地点有关的政府部门、警方、医疗机构以及接待单位的联系方式。实践进程中，原则上不允许单个成员脱离实践队伍单独行动；必要情况下，有队员单独行动时，必须向团队安全负责人说明事由、前往地点、返回时间以及确保联络畅通；实践队伍尽量减少夜间外出，尤其禁止队员夜间单独外出，一般情况下，尽量不要让女生单独行动。

物品的保管方面，要注意贵重物品的保管和存放。成员之间互相熟悉携带的行李，便于互相照看；上下交通工具、更换住宿地点时注意清点物品，避免遗失；乘坐汽车等交通工具时注意记录车号，便于出现问题时查找和联系。活动前一天了解天气情况，做好相应准备。出发时遇天气变化，要认真分析趋势和可能，做出延时变更处理，不可冒险行动。

工作计划及预案方面，要事先制定每项活动的具体计划。临行前要检查生活必需品是否齐备，衣物、洗漱用具、防晒驱虫用品、雨具、常用药品等。行李压缩打包，精简为宜。颠簸中切忌饮食过量，最好找通风的地方，新鲜空气可以防止作呕。要有计划、有纪律地实行活动调研，避免造成因活动无目的、人员工作无秩序而导致时间浪费和人员安全问题的出现。应听从领队老师的指挥。遇到突发事件，应该沉着冷静。不在危险的地区（如江边、湖边）逗留。如在暑假，但为防天气骤变，应当根据当地的气候准备一两件较厚的衣服，准备一双舒适的运动鞋，留意天气动向，及时增减衣服。特别提出，应注意避免在高温、高湿、阳光直射等不利环境下长时间活动，合理饮食，充足饮水，尽量减少中暑情况的发生概率。注意饮食卫生，预防食物中毒。饭菜宜清淡。瓜果蔬菜一定要新鲜。外出就餐注意选择具有一定卫生条件的场所，尽量少食用生冷食品，尽量不要饮用生水。为避免水土不服引起的各类疾病及由于高温引起的中暑，应备好各类药品、尽量避免高温环境工作。要了解当地危险动物的活动情况，并做好相应准备。搞好个人卫生，根据当地情况准备合适的衣物及卫生用具并妥善保管，减少由于高温、高湿、蚊虫叮咬等原因引起的各种疾病。有人员出现病痛时，如果没有在医院接受治疗，务必安排身体状况良好的人员陪同，不要让伤病人员单独停留在住宿地点或活动地点，如病情恶化需要及时联系家长，并告知校方，同时做好应急处理。

四、大学生社会实践的总结与成果转化

(一) 实践总结报告的撰写

1. 社会实践材料的整理加工

资料是撰写实践报告的基础。收集资料的途径主要有：通过实地调查、社会实践或实习等渠道获得；从校内外图书馆、资料室已有的资料中查找。社会实践材料是在调查经历中发现并整理加工的。

拟订报告提纲是作者动笔行文前的必要准备。根据报告主题的需要拟订该文结构框架和体系。我们在起草报告提纲后，可请指导教师审阅修改。报告提纲确定后，可以动手撰写实践报告的初稿。在起草时应尽量做到"纲举目张、顺理成章、详略得当、井然有序"。报告初稿写好之后，需要改正草稿中的缺点或错误，因此应反复推敲修改后，才能定稿。

一般而言，要想写出一篇优秀的社会实践报告必须做到以下几点。①必须掌握大量的第一手材料。实践者要深入群众，了解调查对象各方面的材料，包括正面的、反面的，直接的、间接的，历史的、现实的，弄清它的来龙去脉，为分析研究提供大量、可靠的事实依据。②要善于做认真的分析与研究。对掌握的大量材料作去粗取精、去伪存真、由此及彼、由表及里的处理，要透过表面现象，看到事物的真面目，抓住它的本质，从而得出正确的判断和结论。③要选用切实、可靠的材料说明观点。社会实践报告所揭示的结论，必须通过对具体情况、具体事实做客观的叙述和分析很自然地得出。要善于用精确、充足的材料来说明观点。不能脱离材料空发议论；也不能只摆一大堆材料，而不提出明确的观点和结论。社会实践材料就是以这种方式整理加工而来的。

2. 社会实践报告的撰写

实践报告是进行实践后的报告，是指有目的、有组织、有计划地深入实际、深入社会，对完成的社会实践活动的一个总结报告。其起源于改革开放中提出的一系列的有关经济、生活、教育的方针、政策等，吸引在校学生，渴望了解社会现实。其作用在于增强社会责任感，大学生社会实践即积极参加社会各种活动，增加大学生社会阅历、职业阅历，并提高大学生就业竞争能力，接触社会，了解实际职业需求。

一份完整的实践报告应由以下部分组成。

（1）报告题目

报告题目应该用简短、明确的文字写成，通过标题把实践活动的内容、特点概括出来。题目字数要适当，一般不宜超过20个字。如果有些细节必须放进标题，为避免冗长，可以设副标题，把细节放在副标题里。

（2）学院及作者名称

学院名称和作者姓名应在题目下方注明，学院名称应用全称。

（3）目录

对于页数比较多的报告，应适当加上目录。

（4）摘要（有英文摘要的，中文在前，英文在后）

报告需配摘要，摘要应反映报告的主要内容，概括地阐述实践活动中得到的基本观点、实践方法、取得的成果和结论。摘要字数要适当，中文摘要一般以200字左右为宜，英文摘要一般至少要有100个实词。摘要包括：

①"摘要"字样；

②摘要正文；

③关键词；

④中图分类号。

（5）正文

正文是实践报告的核心内容，是对实践活动的详细表述。这部分内容为作者所要论述的主要事实和观点，包括介绍实践活动的目的、相关背景、时间、地点、人员、调查手段，以及对实践活动中得到的结论的详细叙述。要能够体现解放思想、实事求是、与时俱进的思想路线，有新观点、新思路；坚持理论联系实际，对实际工作有指导作用和借鉴作用，能提出建设性的意见和建议；报告内容观点鲜明，重点突出，结构合理，条理清晰，文字通畅、精炼。字数一般控制在5000字以内。

（6）结束语

结束语包含对整个实践活动进行归纳和综合而得到的收获和感悟，也可以包括实践过程中发现的问题，并提出相应的解决办法。

（7）谢辞

谢辞通常以简短的文字对在实践过程与报告撰写过程中直接给予帮助的指导教师、答疑教师和其他人员表示谢意。

（8）参考文献

参考文献是实践报告不可缺少的组成部分，它反映实践报告的取材来源、材料的广博程度和材料的可靠程度，也是作者对他人知识成果的承认和尊重。

（9）附录

对于某些不宜放在正文中，但又具有参考价值的内容可以编入实践报告的附录中。

（二）社会实践活动成果的转化与巩固

1. 学术性实践成果的转化：发表论文、参加竞赛、申请专利

社会实践活动展示成果的方式：活动报告、调查报告、调查表、实物标本、画图、摄影、活动日记、活动记录、手抄报和展板等多种方式。综合实践活动是新课程的核心课程，这门课程既不是课外活动，也不是活动课程，而是通过教育交往为中心的活动，其强调的是学生的参与，重视的是学生的体验、感受，以学生兴趣和内在需要为基础，以主动探索为特征，以实现学生主体能力综合发展为目的。大学生社会实践活动之后，即面临学术性实践成果转化，其主要有三种方式：发表论文、参加竞赛、申请专利。

论文常用来指进行各个学术领域的研究和描述学术研究成果的文章，简称为论文。它既是探讨问题进行学术研究的一种手段，又是描述学术研究成果进行学术交流的一种工具。它包括学年论文、毕业论文、学位论文、科技论文、成果论文等。社会实践成果转化就是将专业应用产生的成果进行表达和整理，经过理论系统地对大量的社会实践事实和材料进行分析、研究，使感性认识上升到理性认识，展示学术性成果。

竞赛是指一人或者多人按一定的规则，在技术技能等活动中，比较专业应用能力的高低。其目的在于充分展示专业教育改革发展的丰硕成果，集中展现师生的风采，努力营造全社会关心、支持教育发展的良好氛围，促进高等学校与行业企业的产教结合，更好地为经济建设和社会发展服务。作为社会实践，同样能够将大学生实际操作能力与专业水平融合体现于学术性实践成果转化，以便向技术技能型人才转变。

申请专利是在市场经济条件下保护发明创造知识产权的一项法律制度。凡具备专利条件的发明创新都应及早申请专利，以获得国家的法律保护。申请专利必须按照规定向国家知识产权局提交必要的申请文件。申请发明或者实用新型专利，应当提交请求书、说明书、权利要求书、说明书摘要和必要的附图等文件。申请外观设计专利，应提交请求书、该外观设计的图片或照片、简要说

明等文件。专利申请文件可以由申请人自己撰写，也可以委托他人撰写。大学生社会实践同样可以将其成果固定和转化，确保其独一性，因此，作为学术性成果转化之一，申请专利也是重要形式。

2. 活动型实践成果转化与巩固：实践基地建设

实践基地是由多个活动中心室组成，用于在校学生通过工学结合学习实践技能的场所。实践基地分为校内实践基地和校外实践基地。校内实践基地是指其位置在学校内部的实践基地，校外实践基地是指通过校企合作建设成立的，位置在企业内部，用于在校学生学习实践技能的场所。活动性实践成果在社会实践之后可以转化成实践基地，以彰显大学生社会实践的硕果。

高职院校实践基地功能的总体定位是：大学生学习实践的校园、集体生活的家园、专业实践的乐园。突出参与性、体验性、实践性、活动性，把基地建设成集素质拓展、自我奉献、专业应用、专题教育、科技实践于一体的，具有开放性的文化园、生态园、科技园。当下，教育在综合国力的形成中处于基础地位，国力的强弱越来越取决于劳动者的素质，取决于各类人才的质量和数量。建设创新型国家的战略目标，也对培育全民族创新精神、培养高水平创新人才提出更为迫切的要求。大学生是一个在社会上数量庞大、最为活跃的人群，是国家和民族的希望，社会实践基地建设，为大学生健康成长、践行"三观"提供一个良好的内外环境。

五、大学生社会实践的制度保障与思考

（一）建立大学生社会实践长效机制

大学生社会实践不够深入，缺乏自主实践活动，高职院校相关工作部门有效地协调好大学生社会实践和社会实习的关系还需进一步加强，社会实践的针对性还需进一步明朗化。同时，缺乏完善的评价体系直接影响到大学生对于社会实践的积极性。如今紧抓单点忽略全面的评价体系现象还存在，即仅仅重视系统性的社会实践活动，组织性和目的性比较强，忽视了每一个学生社会实践的自主性和创造性。因此，建立大学生社会实践长效机制还要进一步呈现。

创建大学生社会实践长效机制需要将软件与硬件相结合，实现资源的共享、互补和有效整合，走出一条适合当今社会发展和学生能力提升的大学生社会实践之路，创建一个新的目标即"实践＋技能＋人本"方式，充分利用校内实践和校外实习两种方式，强调学生在实践中动手能力的培养，体现对大学生性格

的塑造和情商的培养。在这个目标下，高校必须做到三点。①专业特色要明显。高校要在原来的基础上加大创新，进行系统的优化和提升，将专业做成一定的品牌效应，在该领域起到带头的作用。②使校际资源互补。各兄弟院校要合作发展，充分发挥每一个院校的特长弥补自己的不足，取长补短，实现高校之间的共赢。③资源实现整合共享。学生社会实践的项目和内容将按照专业分配给每一所高校。必须将资源整合起来，实现共享，共同承担起大学生社会实践的规模化和专业化发展，实现共赢共生的局面，自上而下地构建思想政治理论实践的芳草绿地。①

将大学生社会实践活动深入持久地进行下去，还必须在实践中做文章。①创新社会实践的形式和内容。高校需要经过不断的革新，将广泛的实践主体丰富化，将单一的形式多元化，将无趣的知识专业化，将陈旧的内容时效化。让学生学有所用，时刻把握未来的趋势和方向。结合自我特色，让大学生实践活动朝着思想认识提高、智力提升和社会化能力全面加强的方向高层次发展。②规范社会实践考核评价机制。考核的机制要具有一定的激发性和公平性，更能调动大学生参加社会实践的积极性。将定性评价和定量评价有效地结合起来，将实践活动具体的内容和效果记录和积累下来，形成一种总结。③开拓实践基地，整合有效资源。高校在开拓校外实践基地时，寻求长期合作，双方共赢，达到大学生社会实践的长效性，并为大学生将来的就业以及实习做好充分准备。④重视社会实践管理。为了让大学生能广泛地参与社会实践活动，不断增强大学生社会实践的实效与长效性，有必要对社会实践进行管理，使大学生社会实践充满活力，释放青年学生的创造和服务热情，保证社会实践活动可持续进行，夯实其"生态"性。②

（二）大学生社会实践存在的问题

首先，从思想认识上看，对社会实践的认识模糊、大学生参与的目的不明确时有存在，对社会实践存在重视不够的问题。一些院校往往把重心工作放在课堂教学上，忽视了实践教学，没有认识到社会实践是大学生健康成长的根本途径，是实现高等教育培养目标的重要措施，是思想政治教育的重要手段。而

① 黄慧，伍佰军. 大学生社会实践长效机制研究 [J]. 黑龙江教育：高教研究与评估版，2015（6）.

② 王文霞. 高等职业院校大学生社会实践长效机制的探索与研究 [J]. 中小企业管理与科技旬刊，2015（11）.

学生受长期应试教育的影响，重视理论知识的学习高于实践能力的提高，加之社会实践没有成绩考核方面的硬性规定，参与社会实践活动的积极性尚需进一步引导。

其次，部分学生参加社会实践的目的不明确。大学生参加社会实践的目的是什么，是提高自己的实践能力，以自己所学回馈社会，还是为完成学校布置的任务。虽然这些学生中有一个共同目的，通过社会实践接触社会，增长见识，但是认为社会实践仅是思想政治教育的一种形式，并没有意识到社会实践可以培养自己的计划、组织和协调能力，可以丰富自己的专业知识，增长自己的社会阅历。

再次，部分学校缺乏具体而有效的指导，指导师资严重不足。可以用来指导学生社会实践的指导老师比较稀缺。因此，社会实践活动中常常出现一个老师要指导较多学生开展社会实践，甚至没有指导老师指导学生社会实践的现象也有发生。由于缺乏有效的指导，大学生社会实践调查报告的形式较为宽泛，创新度和细化度不够。这就导致大学生社会实践活动水平的提升还要进一步加强。

（三）对大学生社会实践的思考及展望

社会实践对大学生来说具有重要意义，社会实践是大学生与社会接轨的必然阶段，是培养新世纪综合人才的重要途径之一。纸上得来终觉浅，投身实践觅真知。社会实践能让大学生预先踏足社会，了解将来所要走的路大致的轮廓。在社会实践中能够帮助大学生开阔视野，将理论知识生动化、实践化，同时在了解社会、深入生活、磨炼意志、培养实干能力等方面作用突出。

就大学生社会实践的现状和未来来看，实践活动的开展趋向系统化，开展大学生社会实践打破了之前的零散的局部的活动范围，而趋向自上而下整体的系统活动，活动的对象是社会，参与主体是大学生，学校、学生、社会三者结合起来才能更好地体现和落实大学生社会实践活动的积极成果。逐步把大学生社会实践活动建设成为一项由学校、学生和社会共同参与的系统工程，将学生由"学校人"转变成"社会人"，由"书本人"转变成"生活人"的趋势正在悄然发生改变。

就实践内容而言，实践中，高校与政府、企事业单位等开展合作共建的活动就是社会化的充分体现，这也是大学生社会实践的趋势。一般通过社会实践基地的建立，既为大学生提供开展实践活动的内容和必要的条件，同时也依托学生的专业知识，发挥高校的技术优势，为社会解决许多实际问题。以浙江大学为例，2005 年，学校与浙江省湖州市开展合作共建省级新农村示范区，其中一个子项目即为每年暑期选派大学生赴湖州基层农村担任村主任助理，开展为期一个月的挂职锻炼社会实践活动，帮助农村基层解决实际问题；2009 年，浙江大学又与浙江省工商行政管理局合作共建，推进以"创新创业"为主题的"求是强鹰实践成长计划"，每年选拔优秀大学生跟随知名浙商企业家学习创业技能，开展就业实践活动。实践活动有效促进了大学生的社会化程度，为其适应社会，就业预热打下坚实基础。

大学生社会实践何去何从？实践活动的载体趋向多元化，大学生活动的载体怎么拓展？怎样在有声有色的社会实践中把脉未来导向？这就必须改革社会实践的方式。大学生社会实践活动的载体比较单一，主要以政策宣讲和社会服务为主，因此要在具体实施中逐步转向带有调研考察的色彩，在带着问题带着专题实践的基础上调研，将实践活动的管理趋向制度化应该是高职院校必须思考的。大学生社会实践活动的规模逐渐扩大，参与人数逐渐增多，已成为涉及千百万在校大学生利益的一项庞大工程。因此，需要有更多的规范和制度来整合管理社会实践的各种资源。同时，社会各相关部门及高职院校又要维系更多的保障体系和服务体系来保护大学生的正当权益，在激励和奖惩机制上构建社会实践的空间，真正发挥大学生社会实践的系统能量。

第十章

承接"辅导育人"新使命，引导高职
学生做"追梦人"

加强高职院校思政育人能力，首先必须要有一支政治素质过硬、业务能力强的师资队伍。辅导员作为师资队伍的重要组成部分，是高职院校思政育人主要依靠的力量之一。可以说，辅导员专业素质的高低直接影响高职院校思政育人的成效以及人才培养的质量。加强对高职院校辅导员的选拔、培养和考核，全面提升高职院校辅导员队伍的专业素质，是增强高职院校思政育人能力的重要着力点。

第一节　坚持育人为本，履行辅导员育人使命

20 世纪 50 年代开始，我国的高等院校开始实行辅导员制度。当前，高校辅导员队伍建设愈来愈受到重视，辅导员已成为开展大学生思想政治教育的主要人员，同样肩负着培养德智体美劳全面发展的社会主义建设者和接班人的重要任务。

一、明确辅导员育人使命

加强高职院校宣传思想工作，归根到底是做人的工作。我们必须坚持"育人为本、德育为先"的原则，遵循教育发展规律，把育人为本作为思想教育的逻辑起点。要以学生为主体，以教师为主导，充分发挥学生的主动性，了解学生、尊重学生、关心学生成长，以学生的实际需求为根本出发点，关注学生的情感，重视学生的需要，设身处地为学生着想。《高等学校辅导员职业能力标准（暂行）》（简称《标准》）中指出，辅导员是高校教师队伍和管理队伍的重要组

成部分，具有教师和干部的双重身份。辅导员是开展大学生思想政治教育的骨干力量，是高校学生日常思想政治教育和管理工作的组织者、实施者和指导者。《标准》明确了辅导员的角色，也对辅导员的职责进行了定位，为高职院校加强辅导员队伍建设指明了方向。作为高职院校教师队伍和管理队伍的重要组成部分及开展大学生思想政治教育的骨干力量，辅导员需坚持育人为本，自觉践行育人使命。

二、坚守辅导员育人底线

（一）政治思想底线

高职院校在录用辅导员时，基本都要求应聘者是中共党员，思想政治素质必须过硬，这是高职院校选拔辅导员的基本要求。辅导员肩负教书育人与管理育人的双重重任，作为一名党员，辅导员必须用"忠诚"坚守政治底线。讲政治是每个辅导员最基本的要求，是必须坚守而不可逾越的底线。辅导员在日常的思想上和工作中必须要明辨是非，切实增强政治信念的坚定性、政治立场的原则性、政治鉴别的敏锐性、政治忠诚的可靠性；自觉地将教书与育人工作统一起来，切实处理好学生思想工作中的各种问题。在辅导员育人的过程中要有引领作用，要有高度的政治责任感，不但辅导员自己要确保政治思想的底线，还要正确引导学生政治思想教育的方向，① 通过辅导员的思想信仰、为人处世、言谈举止、育人措施、管理方法等人格魅力起到先锋模范带头作用，做到为人师表，以行动感人，以典范育人，耳濡目染地帮助学生树立正确的世界观、人生观、价值观等，不能脱离中共党员的先进性和纯洁性，为学生传递正能量。这便是辅导员在思想工作中所需要坚守的政治思想底线。

（二）伦理道德底线

伦理道德底线，是人们所普遍认同并遵守的最基本的伦理规范和道德规范。高职院校辅导员所面临的教育对象是充满朝气与活力的大学生，他们受价值观多元化影响，情感丰富、观念开放，自我意识增强，崇尚科学与时尚，对各种事物充满了好奇，但同时又缺乏应对各种突发事件和处理问题的能力与经验，伦理道德底线的自控力较弱。面临这样的教育群体，辅导员工作显得异常复杂。调查发现，多数学生将辅导员当作学习的榜样，多数专职辅导员在与学生交流

---

① 魏松. 高职院校辅导员工作职责的底线研究 [J]. 青年文学家，2015 (32).

过程中没有鸿沟，和学生相处比较容易，学生将辅导员定位为学习楷模、人生导师、知心朋友甚至哥哥（姐姐），这些良好关系的建立虽然为辅导员工作的开展带来了有利条件，但同时也需要辅导员把握好与学生相处的尺度，保持适当的距离才能确保伦理道德底线的坚守。向上突破或是向下突破该底线，都会给辅导员育人和管理工作带来问题。

（三）情感尺度底线

当前有一些高职院校辅导员喜欢以弟弟、妹妹等昵称称呼学生，这种称呼从某种程度上来说可以拉近辅导员与学生的距离，有利于辅导员与学生之间的沟通，但同时也是一把"双刃剑"，在没有把握好度的时候，可能会产生一些不好的后果。如一些学生把辅导员当成自己的哥哥或是姐姐，与辅导员老师过于亲近，有时还会发生肢体上的碰撞，造成误伤。因此，高校辅导员应该严格坚守师风师德要求，把控好与学生接触时的情感尺度。

（四）社会责任底线

辅导员工作繁杂而重要。很多辅导员在进入辅导员队伍后，面临着诸多的行政事务，很容易忘掉自己作为一名党员应该履行的社会责任。更多的辅导员开始抱怨待遇差、抱怨工作量大、抱怨工作辛苦等，易导致辅导员消极怠工甚至社会责任感和工作责任感缺失。人在岗而心不在岗，完全沦为一个"传声筒"，当学生发生矛盾纠纷、心理问题、情感问题、学习问题、身体健康问题时，不闻不问。与学生沟通交流、了解学生基本情况流于形式，如部分高职院校要求辅导员走进寝室，了解学生学习和生活的状况，部分辅导员下寝室只是简单地走马观花，更有甚者只是到宿舍管理人员处签字后直接走人，根本不进入学生寝室。这些都是辅导员社会责任中不可取的，这就是底线。触及社会责任底线就违背了自己的良心，就违背了当前国家赋予辅导员教书育人的社会责任。

三、承载辅导员育人新使命

（一）工作层面的优势

如前所述，辅导员具有教师和干部的双重身份。身份的独特性造就了辅导员工作的独特性，其需要承担两份工作。一是教育工作，主要是思想政治教育。辅导员除了自己需要亲自对学生展开思想政治教育外，还可以组织讲座或者活动，邀请其他思想政治教师、专家或是学生管理者对学生进行培训或者是讲课。

二是管理工作，主要是学生管理。辅导员是否拥有良好的综合素质是其在工作中取得工作优势的关键所在。因此，为确保辅导员工作优势，首先必须严格按照教育部24号令《普通高等学校辅导员队伍建设规定》（以下简称《规定》）的要求开展辅导员的选拔工作。《规定》中第八条要求，一是政治强、业务精、纪律严、作风正；二是具备本科以上学历，德才兼备，乐于奉献，潜心教书育人，热爱大学生思想政治教育事业；三是具有相关的学科专业背景，具备较强的组织管理能力和语言、文字表达能力，接受过系统的上岗培训并取得合格证书。严格选拔标准的规定为提升辅导员队伍的整体素质奠定了坚实的基础。辅导员在开展学生思想政治教育工作、谈心工作、职业生涯规划与就业指导工作、化解学生矛盾与冲突工作、资助工作、评优评先工作、主题班会工作、安全等工作的时候，要坚持马克思主义的指导地位，运用马克思主义基本原理、方法等解决实践问题。同时，在教育工作和管理工作中适时开展思想政治教育，将思想政治教育融入教育工作、管理工作，以提升大学生的思想素质。

（二）思想层面的优势

如前所述，辅导员自身的独特性致使其在开展思想政治教育过程中拥有思想层面的独特优势。第一，当前高职院校辅导员队伍特别是专职辅导员队伍从年龄结构来看普遍处于中青年，他们与学生之间年龄差距小，生活的时代背景与社会背景大致相同，会有相似的思维方式与行为方式，因此在与学生沟通时他们能够找到更多的契合点，产生共鸣之处，能够理解学生的所思所想所需。第二，多数高校都要求辅导员教师深入开展"三进"（走进教室、走进寝室、走进课堂）、"三做"（引导学生学会做人、做事、做学问）、"三了解"（了解学生思想状况、了解学生需求、了解学生规划）以及"三提"（提问题、提意见、提建议）活动，通过这些活动的开展与实施，能有效地帮助辅导员全面地了解学生思想、学习及生活中的状况，为后续相关工作的开展奠定坚实的基础。第三，按照《规定》，高职院校在招聘辅导员时基本都要求必须是中共党员，且多数辅导员都曾担任过学生干部；部分兼职辅导是来自教学一线的优秀青年教师。他们都有一个共同的特点，那便是具备较高的党性修养、过硬的思想政治素质、较好的人格魅力，是学生学习的榜样，能够起到良好的示范作用。以上三个优势无疑使辅导员在开展思想工作时，拥有得天独厚的交流优势。如果我们将某思想比作一件独立的"思想产品"，那么该产品就涉及设计、生产、流通、销售等各个环节。辅导员作为学生思想教育的主要参与者或主导者，鉴于其思想层面的优势，可以从源头上把好"思想产品"的质量关，将一些偏激的甚至是错误的意识产品从源头上切断与学生之间的联系，还能设计出符合学生需求，运用学生乐意接受的方式开展"思想产品"的设计，让该产品更加生动化，以此来吸引广大学生主动参与、主动学习、主动传播。

（三）情感层面的优势

辅导员作为战斗在学生管理第一线的教师，主要负责学生的思想政治教育以及日常管理工作，他们在与学生的相处过程中结下深厚的情谊，逐步成为大学生群体最为亲近也最想主动亲近的教师群体。这一情感积淀使辅导员在开展思想教育工作时拥有其他类型教育者无法比拟的情感优势。从辅导员的视角来看，根据辅导员的工作职责要求，辅导员必须要经常深入学生宿舍、走进教室与课堂，全面了解学生日常学习及生活的情况，积极组织各项互动，增强班级凝聚力与活动。由此，辅导员能够全面了解学生的思想状况、生活近况，了解学生所需、所想、所为。他们通过与学生深入交流，逐步进入学生的内心世界，了解学生的精神世界，了解学生真正的想法和秘密，这便使辅导员在开展思想工作时拥有更有利的条件。从学生的视角来看，通过与一位具有人格魅力、对待工作认真负责的辅导员长时间的接触，学生慢慢能体会到辅导员对他们的良苦用心，从而对辅导员产生亲切感、信任感，甚至是依赖感，伴随着这些情感体验的加深，会主动地向辅导员敞开自己的心扉，使辅导员的所言、所为得以有效地进行传递，这无疑极大地提高了辅导员开展思想教育的有效性。通过调查我们发现，在多数大学生心中，一名具有人格魅力拥有较高信誉的辅导员对他们来说既是老师，更是朋友，抑或是家长，他们对于这样的辅导员的思想教育非但没有任何的反感抵触情绪，反而乐于接受。鉴于此，我们发现，一名优秀的辅导员，其身上所散发出来的人格魅力，能潜移默化地影响着学生。辅导员在开展学生思想教育过程中应该充分挖掘自身的潜能，本着育人为本的思想，热爱自己的本职工作、关心关爱学生，以饱满的工作热情、负责的工作态度、有效的沟通方式，搭建与学生沟通的友谊桥梁，在努力提升自己综合素质的同时塑造独具个人特色的人格魅力，这样才能使思想教育真正建立在情感优势的基础之上。

（四）资源层面的优势

在实践工作中，辅导员作为学生管理的第一负责人，学生的评优、评先、评奖以及推优入党的工作都是由辅导员负责的，这使得辅导员掌握了其他思想教育教师所不具备的资源优势。这些资源优势为辅导员的思想教育提供了有利条件,使得辅导员在教育过程中掌握主动权。那么,辅导员如何将这些资源优势转换为思想教育优势呢?这便需要其把握好利益诱导原则。部分学者认为辅导员开展工作利用利益诱导原则有损师德风范,但是所谓利益,就是在一定的生产基础上获得了社会内容和特性的需要,是人们用来满足自身欲望的一系列物质的和精神的产品。利益依附于人的欲望而生,而人的基本属性也决定了欲望的存在。人们都是在一定的思想影响下生活的,思想伴随着利益要求而产生。鉴于此,辅导员在运用利益诱导原则开展思想教育时应该把握好尺度,要注意任何事物都是具备两面性的,要一分为二地来看。当辅导员发现学生正在追逐某项利益时,我们不能对学生进行一味地指责、批评,而是应该好好地利用自己的资源及平台优势,引导学生进入我们为其预设好的情境之中,潜移默化地影响学生的思想和行为。另一方面,辅导员在此过程中不能滥用利益诱导,应该更加注重引导学生的思想,帮助其树立正确的思想观念。

(五)手段层面的优势

手段,是我们为了达到某种目的而采取的方法与措施。辅导员在开展思想教育的过程中,由于其身份的特殊性及资源等方面的优势,使他们既可以利用第一课堂对学生进行思想教育,同时也可以采取创新性的活动方式对学生进行潜移默化的影响。在手段层面的选择上,辅导员相较于其他教育主体具有更强的灵活性、创造性,具备其他教育主体所不具有的手段优势。如在开展以马克思主义为核心的主流思想教育中,辅导员可以通过活动氛围的营造、创新活动方式的引导、主体人格魅力的感召及新媒体的运用等多种手段针对学生开展隐性教育,这既避免了学生的反感,也达到了教育引导的目的。与此同时,辅导员在选择思想教育引导手段时,必须坚持为人民服务及为社会主义现代化建设服务为基本原则,在坚持党的四项基本原则的基础上,以正强化、正面引导教育为主,与负强化、负面警示教育为辅相结合,尽可能做到教书与育人相结合,在他律的基础上增强学生自我教育、自我约束的能力,将政治理论教育与学生社会实践生活、学习相结合,在解决学生思想问题的同时也能够帮助学生解决日常的实际问题,通过不断地摸索,探索出适合新形势下的当代大学生的意识形态教育新手段、新办法。

作为新时期的高校辅导员,在面临不同类型、不同个性特征及问题的学生时,我们应该充分挖掘自身所具有的各种优势,努力提升自己的马克思主义理论修养及业务能力，努力成长为一名合格的思想教育工作者。

第二节　严格选拔任用，激发辅导员育人的工作积极性

严格辅导员"选拔关"，是提高大学生思想素质的基础。高职院校辅导员的选拔必须按照《规定》执行，明确要求，严格把关，注重程序，创新方式、方法。

一、制定科学合理的选拔标准

严把高职院校辅导员"准入"关，吸引优秀人才充实高职院校辅导员队伍，打造一支素质过硬、结构合理的辅导员队伍，以推进高职院校宣传思想工作的有效开展，提升大学生的思想素质。

（一）选拔标准

根据《规定》第八条的要求，高校辅导员队伍人员选拔必须具备的素质标准主要有：第一，思想素质标准：坚持四项基本原则，拥护并认真贯彻执行党的各项路线、方针、政策，在重大政治问题上立场坚定，旗帜鲜明，与党中央保持高度一致，坚决维护党和国家的利益及高校稳定，热爱本职工作，严以律己，为人师表，能做学生楷模；第二，专业素质标准：把专业背景应用到实际教育工作中，注意主流意识教育的特殊性；第三，心理素质标准：性格开朗，容易接纳新鲜事物，乐于与人交流，心理素质过硬，善于思考和总结。

（二）结构要求

大学生意识形态教育辅导员队伍的选拔，除了关注单个辅导员教师所应具备的能力、素质外，还应从整体出发，兼顾这支队伍的年龄、专业和学历结构。从年龄结构来看，应加强老、中、青的搭配，充分发挥各个年龄段成员的优势。从学历结构来看，实现博、硕、本相结合，在适应时代发展的要求下，不断调整其所占的比例。从专业结构来看，应强化专业知识结构互补理念，不要仅限于一两个专业范围内，应实现教育、管理与服务相统一。

（三）能力要求

一是意识形态的研究判断能力。意识形态工作是党的一项极为重要的工作，高校肩负着为中国特色社会主义建设培养合格建设者和可靠接班人的历史使命，

作为重要教育与引导主体的辅导员应该具备意识形态的研究判断能力。伴随着我国改革开放的步伐不断加快，我国与世界各国的联系更加紧密，同时意识形态也显现出更加多样化的趋势，价值追求更加物欲化、舆情汇集更加网络化。处于经济转型期中的各种社会心理在高校都有所折射和反应，高校师生在思想意识、价值取向以及行为观念等方面的选择性、独立性、差异性也更加地突出。西方敌对势力对于我国高校大学生的思想渗透、价值渗透从来都没有停止过，而是采取了更为隐蔽、更加多样化的方式进行着。当前，"90后""00后"的大学生，他们个性活泼、思想活跃，对待新鲜事物有强烈的好奇心，但因为他们的社会阅历及人生经历相对比较缺乏，对我国的国情、党情没有深入的了解，很容易被各种假象所迷惑，缺乏基本的认知和辨别能力。这就要求我们辅导员教师能够运用正确的方法与手段，加强自身对于各种意识形态问题的研究判断能力，对于国内国际所发生的重大事件应该保持高度的政治敏锐性，并能够在第一时间内做出正确的判断。辅导员应该掌握意识形态的底线、警戒线、红线在哪里，严格把控，合理耐心疏导，特别是在一些原则性的问题上面，应该要旗帜鲜明地树立观念，敢亮剑，会亮剑，才能更好地育人成才、助人成长。

二是社会思潮的管理、控制、引导能力。当前，伴随着互联网技术的不断发展，网络的普及率越来越高，信息的传递速度及数量正在以前所未有的速度向上攀升，这便给一些错误的价值观、错误的社会思潮，如"历史虚无主义"等思想观念提供了生存的空间和传播的途径，这些问题的存在，减弱了以马克思主义为核心和高校主流意识形态的控制力。高校辅导员作为学生教育与管理的一线工作者，拥有最多与学生接触、沟通的时间和平台，对于学生的思想动态、身心健康等也是最为熟悉的。因此，辅导员应该始终坚持以马克思主义为核心的主流意识形态标准，敢于管理、控制、引导学生，应该深入贯彻执行"三进"，全面掌握学生的基本动态，加强对寝室、对课堂、对网络、对校园文化活动的管理、控制及引导，以"党建促团建"，采用以点带面的工作方式，促使红色地带在学生当中不断扩大，尽力转化灰色地带，并且坚决消除黑色地带，严格控制各种舆论阵地和学生迷茫的思想焦点，主动出击、发声，做好学生的榜样及意见领袖。

三是马克思主义理论传播能力。习近平总书记在哲学社会科学工作座谈会上指出，我国哲学社会科学的一项重要任务就是继续推进马克思主义中国化、时代化、大众化，继续发展21世纪马克思主义、当代中国马克思主义。① 因此，作为辅导员应该深入把握新媒体时代的特点和规律，抓住重点、探索途径，扎实传播并推进马克思主义理论。当今的各种新媒体，如QQ、博客、微博、微信等不仅成了各种社会思潮、利益诉求、思想观念大交流的重要集散场所，而且更是意识形态领域斗争和较量的重要舆论阵地。在这种时代背景下，辅导员传播并推进马克思主义，必须进一步提高新形势下利用移动互联网和新兴媒体促进马克思主义理论传播的能力和水平，坚持运用马克思主义的立场、观点和方法加强对新兴媒体和学生的引导，用主流意识形态营造健康向上的网络舆论环境，强化互联网领域的舆论阵地建设。② 除利用新媒体开展传播推广外，辅导员还必须会利用传统渠道和自身的独特优势，将马克思主义理论和中国特色社会主义理论体系教育融入落实到具体的各个工作方面，贯穿学生管理服务全过程，以学生乐于接受和交流的方式，不断增强大学生对马克思主义的政治认同、理论认同和情感认同，增强大学生对中国特色社会主义的道路自信、理论自信、制度自信。

四是统筹意识形态工作与日常事务性工作的能力。学习习近平同志在全国宣传思想工作会议上的重要讲话，充分认识到意识形态工作政治性强、涉及面广的特点，辅导员平时行政事务性工作较多，如何统筹协调好二者之间的关系，将意识形态工作纳入学生日常管理工作中便显得尤为重要。辅导员应该学会从繁杂的事务性工作中跳出来，认真提炼、总结经验，将经验提升为理论，运用理论来指导实践工作，将意识形态工作融入日常教育与管理过程中，实现教育管理的科学化、法治化和规范化，做到动静结合、虚实结合。充分利用国家奖助学金评定、职业生涯规划与就业指导等工作的开展，详实、清楚地宣传国家的政策，激发学生爱党爱国热情，学会感恩。

二、严格辅导员选拔程序

大学生意识形态教育辅导员队伍的选拔，必须在明确要求的前提下，严格按照选拔程序进行，坚持民主、科学、公平、公正、完整与透明，让真正优秀

---

① 习近平：在哲学社会科学工作座谈会上的讲话（全文）［EB/OL］. 新华网，2016 – 05 – 18.

② 把握新媒体特点、实现话语有效转化、增强马克思主义理论传播能力［EB/OL］. 中国社会科学网，2016 – 08 – 22.

的人脱颖而出，加入这个队伍当中来。为此，选拔程序一定要做到"二结合"。

（一）坚持高校党委领导和相关部门参与相结合

辅导员的选拔应该坚持高校党委领导和相关部门参与相结合。在辅导员选拔的全过程中，高校党委必须始终牢牢把握辅导员的选拔的方向、政策和指导思想，各相关部门的参与主要是为了着眼细节，从实践的可操作性方面掌握尺度，两者缺一不可。因此，各高校必须严格遵守党委的统一领导、组织、纪检、人事、学工部门以及相关院系积极参加。这一结合体现了高等教育的办学大政指导方针和办学政策的有机结合。

（二）坚持"方与圆"相结合

"方"指的是原则性，"圆"指的是灵活性。辅导员的选拔，必须严格遵守相关规定，原则性的东西不能忘，更不能破。原则是基础，灵活是发展，原则是灵活变化的度，灵活是在原则的限制范围内的灵活。在辅导员的选拔问题上，需二者的结合，灵活性主要体现在选拔的方式以及途径上。如采取公开选拔推荐的方式，应当注意把有特长、有潜质、有发展前途的符合这项工作的优秀人员优先甚至破格录用，防止单纯"一刀切"现象。高校在保证大学生意识形态教育队伍选拔公平、公正、公开的前提下，可以接受组织推荐。

三、拓宽辅导员选拔渠道

根据教育部 1980 年发出的《关于加强高等学校学生思想政治工作的意见》中来看，政治辅导员应该从政治、业务都好的毕业生中选留或者从教师中选任。这也成为当前多数院校在开展辅导员选聘时的主要渠道。但是，伴随着时代的发展、形势的变化，辅导员队伍选拔，除了传统的选留优秀毕业生、优秀毕业生干部及教师中选任外，参与选聘的领导与工作人员还应不断开阔视野，加强扩宽辅导员队伍的选拔渠道。

（一）深入挖掘本校内的优秀人才

本校内优秀人才相较于从外校聘请的人员，他们已经在学校待了四年乃至更长的时间，对学校的基本情况、学生以及专业等都有深刻的了解，因此，深入挖掘并鼓励此类优秀的博士生、硕士生以及本科生参与辅导员的选拔，能有助于他们更快、更好地适应辅导员的工作，提升辅导员的工作效果。

（二）注重引进校外优秀人才

目前，高校辅导员人才引进更多来源于其他高校优秀的应届毕业生，在引进辅导员时应该特别注意从师范类大学中引进具有思想政治专业、教育学专业、管理学专业背景的学生。具备这些专业背景的优秀学生，他们自身具备良好的马克思主义理论素养，拥有较强的人际沟通协调能力，懂教育理论，能够深入分析学生的思想及心理动态，相较于其他类型学生更加适合辅导员这支队伍的工作需求。

（三）注意引进与吸收海外留学归国的优秀人才

在辅导员的选拔渠道方面，我们除了将视角放在本校及外校的优秀毕业生中，我们也可以适当地将辅导员选拔放在这部分优秀人才上面。结合时代的发展，越来越多的人出国深造并回归祖国、报效祖国，他们拥有较高的专业水平、生活经验及丰富的阅历，具备稳定的价值观，可以为学生的世界观、人生观、价值观等多方面给予帮助与指导，也更容易获得学生的信任与尊重。

四、创新辅导员选拔方式

创新辅导员选拔方式，需要将笔试、面试和考察相结合，针对目前辅导员选拔中的不足，有针对性地进行提高，确保选拔效率与质量的双提升。从三个环节来看，应该进一步弱化笔试环节及其所占的比重、强化面试环节及其所占的比重，积极利用先进的人力资源管理理论和国内外人才选拔的经验及技术，全面综合性地考察面试人员的综合素质是否适合辅导员工作岗位与要求。与此同时，在探索该校辅导员选拔方法时，对于一些非常优秀的人员可以减去笔试环节，直接进入面试和考察，担任相关职务。并且，还实行人才储备计划和优秀人才库计划，将适合辅导员工作岗位、优秀学生管理储备干部等人才纳入相应的人才库中，对其进行有针对性的着重培养，在高校相应学生管理及辅导员岗位出现空缺时，便能成为其最有效的补充，在减少人力资源招聘成本的同时，提高选拔质量与效率。

五、建立辅导员选拔的反馈机制

高校在开展辅导员人才选拔时是作为需求方，在完成招聘后应该及时地总结经验和不足，找出问题的解决方案。如解决人才招聘中所面非所需这一问题，招聘方学校就应该及时加强与供给方学校之间的沟通与交流，将自己的需求有效地传递给供给方，才能确保高校在培养人才的时候按照用人单位的需求展开，培养出适合岗位要求的优秀人才，彼此达到双赢的局面。

第三节 坚持养用结合，加强辅导员队伍建设

辅导员队伍是高校意识形态教育的主体之一，其整体素质将直接关系到高校学生意识形态工作的成效，辅导员走职业化发展道路，全面提升他们的工作能力与水平，以不断适应当前高校意识形态教育发展的要求，加强辅导员队伍之间的传帮带培养之路是其必然之路。目前高校意识形态教育辅导员队伍培养虽然已经有一定的体系，但是伴随着意识形态与队伍本身之间的变化及实际情况的发展，需要对其进行科学规划、采用动态培养方式，不断完善大学生意识形态教育辅导员培养队伍的创新机制。

一、坚持"养"与"用"相结合的原则

高校辅导员队伍是教师队伍、学生管理队伍的重要组成部分，是高校在开展思想政治教育、意识形态教育等工作的骨干力量。高校辅导员队伍走专业化、职业化发展道路是应对高等院校教育新形势的要求；是社会和国家的需要；是高校学生工作目标、意识形态工作目标达成的需要，同时也是辅导员自身职业发展的需要。在面临当前辅导员管理体制落后、辅导员队伍流动性增大、学历普遍较低、专业水平有待提升的整体情况下，为适应新挑战、新的时代要求，开展系统性和具有针对性的辅导员培养便显得尤为重要。在培养辅导员综合素质、使辅导员走上专业化发展道路之时，我们必须要树立起"系统培训和针对性培训形结合，长期性培训和阶段性培训，养与用相结合"的理念，把以马克思主义为核心的主流意识形态教育融入高校辅导员培养的整体工作规划当中，统筹协调好培养资源与培养节奏，既保证遵循人才培养的客观规律，同时也有针对性地加强社会培养载体及内容，使培训避免流于形式，促使其取得实际效果。与此同时，还应注意辅导员的工作性质，既要开展阶段性的集中培训，同时也要有针对性地开展长期性培训，使长期性培训与阶段性培训相结合，使辅导员综合素质通过点滴量的积累最终能形成质的飞跃。最后，在利用辅导员培训促使其走专业化道路的过程中，还要秉持辅导员"养"与"用"相结合的理念，坚持在培养中使用、在使用中培养的基本理念，构建高校辅导员队伍的培养制度，才能切实保证高校意识形态教育辅导员队伍培养环境的全面优化，推

进辅导员队伍的专业化、职业化发展之路。

二、推进培养工作的全面展开

高校意识形态教育辅导队伍培养的核心目标是全面提高辅导员队伍的总体综合素质，高校意识形态教育辅导员队伍应该具备的基本素质主要包括：思想政治素质、专业素质、文化素质、心理素质以及能力素质。因此，大学生意识形态教育队伍培养的主要内容有以下几个方面。

（一）切实加强政治素养和师德修养

大学生意识形态教育人员本身的素质、人格对于大学生的人生观、价值观、道德观的形成有着潜移默化的作用，有着很大的号召力和影响力。所以，高校在队伍培养过程中要切实加强他们的政治素养修炼，必须系统掌握马克思列宁主义、毛泽东思想和中国特色社会主义理论体系，尤其要重点掌握马克思主义哲学，因为它是科学的世界观、方法论，为人们提供正确的思维导向。加强师德师风培养主要是加强培养教育人员的敬业精神，让他们热爱社会主义高等教育事业，增强责任感，乐于教书育人，乐于奉献，做社会主义核心价值观的践行者和学生的楷模。

（二）深入开展专业和文化素养培养

为适应时代发展的要求，大学生意识形态教育队伍培养必须努力提高教育人员的业务素质和知识水平，包括专业知识培养和相关人文社会科学知识培养。首先，在专业知识培养中，只有掌握好思想政治教育工作的基础知识和基本规律，才能将学生的思想政治教育工作做到实处，主流意识形态教育才有实效。科学的教育思想及教育理论知识也必不可少，只有树立科学的育人观，才能注重学生的全面发展。其次，要重视相关人文社会科学知识培养，如中国历史、文化学、经济学、社会学等知识，这样才能做到博古通今、触类旁通、与时俱进。

（三）大力推进能力培养

大学生意识形态教育人员基本能力培养，第一是要培养出色的语言和文字表达能力，会讲也要会写，善于与大学生对话交流，掌握一定的沟通技巧。第二，培养与提高调查研究的能力。要了解学生的思想状况和活动规律，就要拥有良好的调查研究能力，"全""快""准"地获得信息。第三，提升网络教育能力。互联网迅猛发展，带来文明的同时，也使得拜金主义、自由主义、享乐主义等思潮泛滥，如何教育大学生运用马克思主义的立场和观点观察问题、分析问题，树立正确的人生观和价值观，辅导员必须学习和加强网络教育能力，运用现代科学技术手段，发展和丰富工作方法。① 第四，创新能力培养。现代社会经历着剧烈的深刻变革，面临着无数新挑战和新机遇，需要教育者具有创新精神特别是创新能力，大学生意识形态教育人员也必须不断增强创造性，发挥创造力，更有效地开展工作。

三、构建辅导员分层培养体系

加强辅导员队伍建设，应从实际出发，根据需要，采取多种形式手段开展，主要有以下几个方面。

首先，开展校内的在职培训，在工作实践中培养人才。一方面，针对新从事这项工作的人员集中进行岗前培训，帮助他们迅速熟悉环境，了解工作内容与流程，更好进入工作状态。另一方面，定期对在岗的人员开展培训，通过更新知识、交流经验等方式提高理论水平和工作能力。

其次，进行脱产进修培养，高校应创造条件，鼓励和支持教育人员去进一步深造学习，不断提高队伍的素质。在此，鼓励自学。现代社会是一个学习型社会，只有具备终身学习能力的人，才能不断满足社会和大学生发展的需要，大学生主流意识形态教育人员必须不断加强自我学习，完善自己的知识结构，理论联系实际，学以致用。

与此同时，高校在落实大学生意识形态教育队伍培养工作实践中，必须注意分层次、分阶段进行培养，参照全国、省（区、市）、高校及院系四级培养的工作格局，开办校、院（系）教育人员培养学校（班），建立大学生主流意识形态教育培养成绩体系。既要开展系统培养，又要组织具体学习，分期、分批选送培养高校大学生主流意识形态教育者，构建上下联动、整体推进、分层培养的组织格局，逐步完善培养环节。

四、提升培养对象的思想内涵

（一）引导培养对象"三想"

引导培养对象要为全面建成小康社会、实现中华民族的伟大复兴而奋斗着

---

① 张晋. 浅谈青年辅导员队伍培养［J］. 科教文汇，2012（4）.

想，引导培养对象为发展地方经济着想，培养对象为实现自己的人生价值、职业幸福和事业发展着想。

（二）引导培养对象"三做"

要成才先成人。要引导培养对象自觉肩负起历史的使命，争做一个有崇高理想和高尚品格，能诚实守信、遵纪守法的人；要引导培养对象做一个有决心、有恒心、有信心的人；要引导培养对象做一个学识广博、视野开阔、勇于创新、敢于拼搏的人。

（三）引导培养对象处理三方面的困难

一般来说，辅导员在职场中所遇到的困难，大多数可以归纳总结为以下四类：工作方面的困难、经济方面的困难、人际交往方面的困难以及个人能力方面的困难。古人云"天将降大任于斯人也，必先苦其心志，劳其筋骨"，纵观中国历史，有很多有成就的人，都是在苦难中逐渐成长起来的。我们虽然不希望我们的辅导员在工作及生活中遭遇苦难，但是如果遇到了困难，也不要畏惧苦难，而应该学会怎么去解决这些苦难，更不能在困难和苦难面前低头。当辅导员遇到困难和苦难时，应该用一种积极的心态来看待，把它视为是自己的一种财富，在克服困难与走过苦难的过程中，不断提升自己、完善自己，实现自己的人生价值。

五、构建辅导员经验分享及交流渠道

（一）搭建工作交流平台

高校可以利用自己的优势，创办融合学生管理、思想政治工作、就业工作、心理健康工作、意识形态工作、安全工作等于一体的读本或通讯等内部刊物，从事相关工作的教师及管理人员可以在此内部刊物中发表交流自己的工作经验的文章，一方面提升了教师的归纳写作水平，另一方面也加速了有益经验的传递，为其他教师与学生管理者提供工作参考。与此同时，有条件的学校还可以每年举行辅导员工作论坛，通过专题报告或论文的形式拓展理论实务的学习途径，也可以通过论文评优促进工作研究及经验成果的转换，或通过交流推进学生工作及意识形态工作的创新发展。最后，学院还可以开发组建网络办公系统，加强辅导员之间工作交流的及时性，全面提升工作效率。

（二）将优秀辅导员引入思想政治理论课教学平台

根据高校的具体实际情况，通过学院党委决定可以将优秀的辅导员纳入思想政治理论课教师队伍之中，参与部分思想政治理论课程的教学与研究工作。学校还可以根据辅导员的学历情况、理论研究功底、工作绩效，择优推荐辅导员进行相应的思政课的课程讲授与小班讨论指导，形成大学生思想政治教育课上与课下的有机结合，既充实了思政课教师队伍，又培养、锻炼并提高了辅导员的综合素养。

第四节　强化制度，抓住新特征，创新辅导员队伍管理的新举措

为了进一步理顺大学生意识形态教育队伍的关系，强化大学生意识形态教育队伍的职能，必须确保对这支队伍的有效管理，加强队伍管理创新。大学生意识形态教育队伍管理是指为了实现高校大学生意识形态教育的发展目标，借助科学管理的各种功能，以大学生意识形态教育队伍为对象进行的组织、协调、服务等活动。

一、创设"新制度"，稳固辅导员育人新基石

当前，辅导员一方面陷入大量事务性工作，影响思想政治教育及意识形态教育工作效果；另一方面，辅导员因自身发展渠道不畅，多数辅导员经过几年的辅导员工作已然进入职业倦怠期；更有甚者，辅导员根据自身的发展及所处的不同阶段会有不同的职业愿景，但当辅导员有转岗意愿时，却遭遇到转岗难的困境，非主观自愿地继续担任辅导员工作、从事意识形态教育都将严重影响其工作效果。因此，要提高辅导员意识形态工作效果，必须从制度层面上解决辅导员的后顾之忧，为辅导员营造良好工作环境。

（一）强化职能部门服务意识，依据辅导员角色定位减少事务性工作

当前，辅导员大量的事物性工作来源于与之相关的各个职能部门，如教务、组织、学生、财务、安全、就业等部分。这些部分都拥有大量与学生相关的工作，而辅导员又是学生管理第一线工作人员，具有完成这类工作的天然优势，因此便成为各职能部门邀请协助完成工作的主要对象。由于学院管理体制的问题，职能部门大多缺乏服务意识，大量事务性工作委托辅导员后便直接造成其事务性工作过多。因此，辅导员必须要理清自己的角色定位，应该突出其思想

政治教育工作为主、事务性工作为辅；从学院制度层面规范各职能部门的服务意识，用"服务"理念代替"管理"理念，以贴心到位的服务为辅导员工作提供帮助，尽可能减少其事务性工作。

（二）强化领导体制优化发展通道，破除辅导员职业倦怠之殇

学生工作是高校重点工作之一，解决辅导员职业倦怠之殇，需要从制度层面强化领导体制，优化辅导员发展通道。在此，我们可以借助三个着力点。第一，加强和完善现有的领导体制，增强学生工作的推动力。[①] 高校应成立学生工作委员会，由分管副校长担任主任，负责学生工作、安全工作、组织工作、就业工作的部门负责人以及各教学系的书记参加，形成"党政负责，齐抓共管"的领导体制。第二，根据《规定》定位，辅导员具备双重身份。因此，从辅导员职业生涯规划与发展来看，应畅通辅导员向行政管理岗位转岗的通道。对辅导员坚持"养与用"相结合的培养原则，建立起相应的干部选拔体制来吸引有转岗需求的优秀辅导员。第三，根据 2014 年 3 月教育部印发的《高等学校辅导员职业能力标准（暂行)》，其中介绍了辅导员职业概况、基本要求、职业能力标准等，高校应按照"重点培养、个别突破"的策略把愿意将辅导员职业当成自己毕生职业的老师进行重点培养，为其提供制度保障和资源保障，促使其更快地成长和发展。

二、抓住"新特征"，强化辅导员育人针对性

（一）大学生思政政治教育辅导员队伍管理是以创新为主导的发展性管理

全球化浪潮汹涌，互联网迅速普及，整个社会日益呈现出多元化的景象，尤其是中国，正处于特殊的社会转型时期，经济快速增长，利益日益分化，社会急剧变迁，矛盾不断激化，使得大学生意识形态教育队伍管理不得不面对新情况、新挑战。如何应对这些新情况、新机遇，唯有进一步加强队伍管理，以创新促发展。紧密结合时代背景，努力突破传统的框架和经验模式，探索新的大学生主流意识形态教育队伍管理的形式、途径、方法，构建理念先进、内容丰富、形式多样、体系开放的以创新为主导的发展性管理机制。

---

① 王宇翔. 加强和改进高校辅导员制度建设，确保高校意识形态安全 [J]. 吉林省教育学院学报，2016，32（8).

（二）大学生思想政治教育辅导员队伍管理是以党委为领导的目标性管理

意识形态教育是一定阶级统治的产物，鲜明的阶级性无疑成为其最重要的特征。大学生意识形态教育队伍必须始终牢牢坚持党委的统一领导，服务于中国特色社会主义事业的健康、有序、和谐发展。为了实现这一宏大目标，大学生意识形态教育队伍管理，必须牢固树立党的领导的观念，高校党组织应依据科学管理，通过计划、组织、指挥、协调等手段开展切实有效的活动。

三、运用"新策略"，提升队伍管理的实效性

（一）明确队伍管理理念，夯实队伍管理的基础

加强大学生意识形态教育辅导员队伍的管理，需要首先明确其管理理念，没有先进的理念作为指导，管理工作往往容易陷入盲目、不自觉、不清醒，大学生意识形态教育辅导员队伍的管理应该坚持解放思想，要与时俱进，变被动为主动，树立大学生意识形态教育辅导员管理队伍管理新理念。

第一，树立以人为本的理念。管理以人为中心，加强大学生意识形态教育辅导员队伍管理也需要牢固树立以人为本的理念，从人的实际需求出发，运用人性化的管理手段，尊重人、关心人、理解人，这是做好管理工作的基本前提，也是提高管理实效性的基础。第二，树立服务至上的理念。管理归根到底是一种协调人的活动，其最终的宗旨便是服务人。强化意识形态教育辅导员队伍管理必须坚持服务理念，认识到管理过程中的每个环节都具备服务性质，服务于辅导员发展，服务于辅导员所开展的意识形态工作，以此来确保辅导员能够全身心地投入到教育工作中，为其解除后顾之忧，为大学生意识形态工作的顺利开展、有序提升保驾护航。

（二）了解辅导员需求，组织与个人共同努力，培养辅导员能力

何为管理，管理是指以管理主体有效组织并利用其各个要素（人、财、物、信息和时空），借助管理手段，完成该组织目标的过程。对辅导员进行管理，提升辅导员管理实效性。作为管理主体，需要首先明白管理对象的所思、所想。因此，高校辅导员管理主体需要首先明白辅导员的真实想法，了解每个辅导员的真实需求、个人的职业生涯规划，根据个体不同情况，协助辅导员制定个人成长方案，帮助辅导员发展、提升，这将为良好的辅导员管理氛围，提升辅导员队伍管理实效性奠定基础。其次，辅导员自身也应加强学习，努力提升自身

修养。辅导员要想在开展具体工作中做到游刃有余，还必须首先强化自身素质，明白"打铁还需自身硬"的道理。辅导员通过终身地不断学习可以进一步提升自己的思想政治素养、道德素养和文化素养。第一，需要开展意识形态教育。辅导员自己首先要进行系统科学的学习，掌握党的各项基础理论和精神，要学会灵活地运用马克思主义观念、立场和方法去观察和解决实际问题。第二，要积极参加院系组织的各级各类业务学习和培训，提升自身的综合素质。第三，通过实践提升自身工作能力。辅导员必须通过发扬真抓实干的精神，锲而不舍地磨砺自己，勇于把新思路、新想法不断应用到实际工作中，拓宽工作思路，取得工作实效。辅导员拥有的强有力的综合素质有助于提升自己的成就感，强化队伍管理的实效性。

（三）明确辅导员岗位职责，掌握辅导员管理考核标准

首先，要切实贯彻执行国家教育主管部门及其省市教育部门制定的相关政策。党和政府就辅导员的工作曾先后发布多个纲领性文件。其中包括中共中央、国务院《关于进一步加强和改进大学生思想政治教育的意见》、教育部《关于加强高等学校辅导员、班主任队伍建设的意见》《普通高等学校辅导员队伍建设规定》等纲领性文件。高校认真贯彻执行这些文件，是增强辅导员管理实效性的基础，只有将这些文件精神真正贯彻、执行与落到实处才能确保对辅导员的管理不偏离国家及教育部的相关规定。

其次，要通过科学的手段，细化、明确、规范辅导员岗位职责。一直以来，高校各个部门对辅导员的岗位职责认识不统一，导致辅导员的工作内容模糊，部门辅导员在具体事务性工作中迷失了自己的工作方向，不知道自己的核心工作到底是什么，每天都疲于应付各类事务性工作，伴随着时间的推移，逐渐产生挫败感。因此，高校人事部门应该会同辅导员管理部门，开展深入的工作分析，再结合本校实际情况，科学合理地制定出本校辅导员的岗位职责及任职资格要求，让辅导员在具体工作中对自己的工作内容与评价方式做到心中有数，这不仅会提升辅导员的工作绩效，同时也会强化高校对辅导员队伍的管理水平。

（四）树立服务意识和规范意识，强化民主管理

高校在探索与构架大学生意识形态教育辅导员队伍管理的各项工作中，应该采用以服务辅导员为中心的管理模式，努力为其服务，为其教育工作服务，为其营造出舒适的工作环境以及宽松的学习氛围，为其所开展的活动及项目提供资金及技术支持，创造良好的工作条件，让辅导员在教育过程中能够放掉包

袄，以轻松舒畅的心态从事工作。在具体的工作中，多一点服务意识，少一点官僚意识，认识到这一点并不困难，关键还是在于如何将其具体落到实处。与此同时，提升高校意识形态教育辅导员队伍管理实效性，还需要从经验管理方式转换为规范管理方式，强化民主管理。高校意识形态教育辅导员队伍管理必须以客观事实为基础，从大学生意识形态教育的实际情况作为出发点，将成熟的、富有实效的经验进行总结、提升，形成规范性的、制度性的东西。在开展意识形态教育辅导员队伍管理过程时，不能仅凭经验随意决定，而是要采用科学的管理程序、方法及原则，确保队伍管理工作的协调性及有序性。强化民主管理，主要是充分发动和组织大学生意识形态教育辅导员队伍参与管理，调动积极性，不断提高大学生意识形态教育辅导员队伍的实效性。

第五节　结合时代特色，架构辅导员队伍考核的新框架

大学生意识形态教育辅导员队伍考核创新是大学生意识形态工作创新的重要组成部分，是进一步提高大学生意识形态教育工作水平的重要举措。考核是队伍管理的基础，在辅导员队伍管理中具有基础性、战略性和根本性的作用。通过抓考核，不仅可以检验大学生意识形态教育队伍工作效果好与坏，也可以通过考核，将具体的意识形态教育工作落到实处，还可通过发现问题、总结经验、奖励先进、鞭策后进，提升工作活力与效果，争抢意识形态教育辅导员队伍工作的活力。

一、把握思政育人新形势，明确考核方针与原则

大学生思想政治教育队伍考核的创新，必须明确考核的方针和原则，这是构建大学生思想政治教育队伍考核体系的基本前提。

（一）坚持科学的考核

大学生思想政治教育辅导员队伍考核必须科学地确定考核标准、时间、内容、方式、方法和程序。考核从标准的确定到结果的运用，整个过程要尊重科学，符合客观规律。正确运用现代科学技术手段，准确地评价大学生思想政治教育辅导员的思想水平、工作能力和工作实效。

（二）坚持公平、公开、公正的考核

这是保证大学生思想政治教育队伍考核工作真正实施、取得实效的关键。坚持公平、公正、公开考核，避免把个人喜好、主观倾向带进工作，消除不必要的认知因素障碍，避免考核中的主观性。

（三）坚持简便易行的考核

大学生思想政治教育队伍考核的具体操作要简便，在科学性的前提下，简便清晰，方便实施，以尽可能少的投入，达到尽可能好的考核效果。只有具备可操作性，以可测的具体指标和简便的考核手段进行考核，才能有利于考核工作的顺利进行，并长期坚持。

二、结合思政育人新重点，建立考核制度与内容

大学生思想政治教育辅导员队伍考核的内容，简单来说即考核什么。在确立具体考核内容时要注意以下两个方面：第一，要选择有考核价值的、对进一步改进大学生思想政治教育辅导员队伍建设工作有益的项目，立足于大学生思想政治教育辅导员队伍建设创新的需要；第二，考核要从整体、系统的高度分析和选择考核项目，以期尽可能全面地反应大学生思想政治教育人员的德、智、能、勤、绩、廉等方面的综合情况。

（一）思想政治理论素养

这是对大学生思想政治教育辅导员队伍考核的基本内容。考核其最基本的政治立场、观点和态度，是否能够运用马克思主义认识与分析问题，甄别各种思想，指导自身实践；是否坚持社会主义方向，执行党的路线、方针与政策，勤勉敬业，遵纪守法，公正廉洁，维护正常的工作和社会秩序；是否坚持社会主义核心价值观，树立爱国主义、集体主义思想，具有良好的道德修养。

（二）工作业绩

这是考核大学生思想政治教育辅导员队伍的主要内容，是考核内容的核心部分。它不仅体现考核的公平与公正，也是调动大学生思想政治教育辅导员从业人员主观能动性和工作积极性的催化剂，充分发挥他们的潜能和聪明才智，促进大学生思想政治教育工作的进步。主要可从其工作数量、工作质量、工作效率以及工作效益方面综合考核，以工作的实际成绩为标准。

三、找准思政育人着力点，创新考核方式与手段

在进行大学生思想政治教育队伍考核时，为了保证考核结果具有科学性，真实地反映客观实际情况，必须运用科学的方式方法进行。

（一）坚持定性和定量相结合

大学生思想政治教育辅导员工作复杂多变，有些可以量化，有些则难以量化。为避免机械量化的弊端，同时也避免主观随意性，需将定性考核与定量考核相结合，把握质和量两方面，使考核结果更加符合实际情况，力求使考核全面、客观、准确。

（二）坚持动态与静态相结合

大学生的思想处于动态变化的过程之中，必须把考核放在整个过程之中，既要看到原有的基础、当前的现状，也要看到发展的潜力和趋势，展开全面的动态考核。但是，整个动态过程也是由一个个静态构成。所以，在考核过程中需坚持动态与静态相结合。

（三）坚持重点抽查与全面考核相结合

重点抽查是选择具有代表性的某一个或几个方面进行考核，往往较为深入细致，但难免片面。全面考核是全方位地对各个内容逐一考核，较为费时费力。为此，在大学生思想政治教育辅导员队伍考核过程中坚持重点抽查和全面考核相结合的方式，以保证考核结果的科学性、全面性。

（四）坚持自我考评与组织考核相结合

坚持自我考评和组织考核相结合，以保证考核结果的有效性、客观性和全面性。首先，因组织考核具有较强的客观性和权威性，所以对大学生思想政治教育辅导员队伍的考核应以组织考核为主导。其次，自我考核也必不可少，"吾日三省吾身"，通过自身检查，自觉总结经验，找出存在的问题，有利于大学生思想政治教育辅导员更好地改进工作。积极地把自我考评和组织考核相结合，才能更好地彰显大学生思想政治教育辅导员队伍考核的目的，进一步加强和改善大学生思想政治教育辅导员队伍建设，推进大学生思想政治教育工作的发展与创新。

第十一章

创设"亮剑引领"新体系，密织考核评价的"监控网"

思政育人的考核评价，是检验思想政治教育工作有效性的强有力措施。密织"监控网"是提升思想政治教育工作有效性的终点。离开了思想政治教育工作的有效性，在教育的全过程中就无法将教育的各个要素有效地融合起来，无法实现教育惠及社会的宗旨。目前，由于国际国内形势的变化和高职院校自身存在的问题，思政育人在整个高职教育中的作用没有得到有效地发挥，高职院校学生的思想政治观念出现的诸多新问题说明了其思政育人有效性发挥欠佳。① 因此，针对高职院校思政育人有效性的困境，密织思政育人"监控网"，是新形势下高职院校教学改革的需要。

第一节　思政育人评价体系的构建

一、建立高职院校思政育人考核评价体系的条件保障

随着互联网的高速发展，学生易受各种不良信息的干扰，而且处于世界观、人生观、价值观形成关键期的青年学生在成长的过程中也会面临很多的困惑。显然，高职院校思政育人非常有必要，但思政育人的开展也存在很多的问题。加强对高职院校思政育人的考核评价，既是检验思政育人成效的需要，也是改进思政育人的需要。新时期，高职院校思政育人的考核评价可从以下方面着手。

---

① 白雪. 高职思想政治教育有效性发挥的困境及出路 ［J］. 内蒙古财经大学学报，2012，10（5）.

（一）加强组织领导，构建管理体系

设立以学校主要负责人为组长的高职院校思政育人工作领导小组，开展依法治校、国家安全、反邪防渗、反恐、爱国教育等活动，设置与系行政同级的思想政治理论课教学科研二级机构，把思政育人纳入人才培养方案中，明确各部门的权力与义务，做到分工明确、责任到人，才能实现思政育人工作的规范化管理。

（二）加强队伍建设，构建管理团队

独立设置团委、学工部，配备足额党政工团干部，密切配合团委、学工工作。按照师生比不低于1：400的比例配备意识形态育人的专任教师，不低于1：5000的比例配备专职心理健康教育教师，每学年至少安排1/4的专任教师参加社会实践和学习考察活动。按照师生比不低于1：200的比例配备足额专职辅导员，设置专业班主任，建立考核体系，落实辅导员、班主任待遇。学生思想教育工作的主要责任人是辅导员和任课教师，因此对他们素质和综合能力就有了很高的要求。首先，他们要具备扎实的思想理论知识及科学知识；其次，一定要具有良好的判断力及心理学知识；最后，必须以身作则，起到良好的带头、示范作用，为学生构建正确的人生观、价值观、世界观奠定基础，最终促进学生综合能力的全面健康发展。[①]

（三）加强教学管理，构建教改体系

课堂是实施思政育人工作的主要地点，把思想道德和法律基础纳入各高职院校重点课程建设，使用统编教材，强化教学管理，设置专项科研课，深化教学改革。把形式与政策教育、心理健康教育、法制安全教育作为必修课列入人才培养方案中，并落实规定的课时和学分，开设各类讲座。教师在教学中不断修订教学方式方法，增加学生对课堂的认同感，提高教学效果。在教学过程中，积极地引入生活中的时事政策及与学生生活相关的各种社会话题，并组织学生进行探讨，通过这些学生感兴趣的话题的探讨，进而使学生的思想道德素质、法律素质、心理素质得以提高。

（四）加强社团管理，构筑实践育人体系

开展课外思政育人工作，把培育和践行社会主义核心价值观融入教育的全过程中，开展实践育人工作，开展系列校园文化建设活动，创新校园文化活动，打造校园活动品牌，定期开展主题教育班团活动。建立思政育人专题网站，实

---

① 付贺伟，丁婷婷. 高职院校思想政治教育体系的构建方法［J］. 商，2013（10）.

行用户实名注册，完善校园网络舆情监控。加强学生骨干队伍建设，系部设立党总支、党支部，发展学生党员、入党积极分子，发挥学生的示范作用，提高学生自我管理能力。开设就业创业指导课程，加强学生就业思想政治教育，表彰基层建功立业典型。建立健全高校学生资助管理体系，配备专门人员负责学生贷款、奖助学金等工作。

（五）完善制度建设，增强规矩意识

建立健全高校规章制度，引导高校学生讲政治、守规矩。建立学生申诉机构，公正合理处理学生事件，规范学生日常行为，增强学生自我管理能力。完善思政育人工作的各类预案，促进有序应对各类"危险源"的侵害。

（六）加强群防群治，构建育人文化

强化校园及周边环境治理，密切与当地政府及相关部门的沟通联系，加强校园舆论监管，建立维护安全稳定的综合防控机制和突发事件紧急处理预案，有效抵御和防范邪教对学校进行的渗透和破坏行为，培养学生的自我防护意识。密切与家长的联系，互通信息，建立学校与社区合作育人的工作机制，开展高雅艺术进校园活动，形成良好的育人环境和氛围。

（七）加强硬件建设，构筑防范平台

设立大学生心理健康咨询室，投入必要教学、科研硬件设施，划拨专项经费开展法制、安全等专题讲座，从设施设备和经费方面全面保障高职院校思政育人工作的开展。

二、完善高职院校思政育人考核评价指标体系

开展大学生的思想教育工作，是为了促进学生身心的健康发展。因此，需要建构一个科学系统的评价体系，选取评估指标，明确评估标准，落实责任，细化评分细则。在指标的选取上，主要设置思政育人工作的7个一级指标和22个二级指标。

从组织领导机构的构建情况，学工团委干部队伍、专任教师队伍、辅导员、班主任队伍的建设情况，课堂教学情况、课外活动情况，思想政治教育活动开展情况，校纪校规、校风学风建设情况，家庭、社区等环境育人工作开展情况，设施设备、经费保障情况7个方面来设置一级考核指标。

细化一级指标，从领导机构设置、责任落实、专任教师队伍、辅导员队伍、思想道德与法律基础课课堂教育教学、形式与政策教育、心理健康教育、法制安

全教育、社会主义核心价值体系宣传教育、实践育人、校园文化建设、网络思政教育、就业与创业教育、校园周边环境治理等22个方面设置二级考核指标。

全方位对高职院校思政育人的相关部门、思想政治专任教师、辅导员、班主任及学生进行评定，根据考核综合得分进行排名，设置奖项并进行表彰。在评定时，充分考虑各种情况，如对学生进行评价时，就要考虑到学生的文化素质、思想水平及纪律意识等，在对教师进行评价时，就要对教师所使用的教学内容、教学手段及教学效果进行综合评价。完善相关管理制度，细化每项工作得分，从而得出最为科学、严格的评分细则，对意识形态育人工作进行科学合理的评价。

具体而言，高职院校思政育人考评体系，要遵循教育的客观规律，立足高职院校实际，针对学生的思想特点和发展需求，整合一切可利用的教育资源，构建和完善具有鲜明时代特征的评价系统。① 思政育人考核评价体系主要从内容体系、创新体系和队伍体系来进行构建。抓好"两课"教育，系统规划实施入学教育、国防教育、形势与政策教育、社会实践教育、职业道德教育、心理健康教育、就业与创业教育、法制安全教育等，帮助学生树立正确的世界观、人生观、价值观、道德观和法治观，促使学生全面、健康发展。通过开设心理健康教育课或系列讲座，提高学生解决自身心理问题的能力，为学生提供个体心理咨询服务。及时解决家庭经济困难的学生思想、心理及经济方面的实际问题，为他们提供贷款、奖助学金、勤工助学等帮扶活动。开设就业指导课和就业创业专题讲座，提高学生素质和就业竞争力。对学生进行主体性思想教育，培养学生主体意识、自主能力和创造才能，通过与学生进行双向认知、平等交流以及切实解决学生实际困难，培养自我管理的能力。通过"三进"——进网络、进社团、进学生公寓，"三寓于"——寓于校园文化建设、寓于课堂教学、寓于日常管理，"三体现"——体现在为学生进行心理健康教育、就业指导、排忧解困等方面，来创新学生思想教育工作的手段。建设一支"双师型"的教书育人专兼职队伍，建立一支以学生思想政治工作为主体的辅导员、班主任和党政工团干部参加的专兼职队伍。同时，意识形态育人要与严格的管理制度相结合，以增强学生的纪律和法治观念，使他们养成良好的行为习惯。思想教育应贴近实际、贴近学生、贴近生活，实现学生根本利益，促进学生全面发展，努力提高思想教育工作的针对性和实效性。

---

① 谢文娟. 当代高职学生思想政治教育的新特点新举措研究［J］. 大观，2014（12）.

高职院校思政育人考核评价指标体系，如下图：

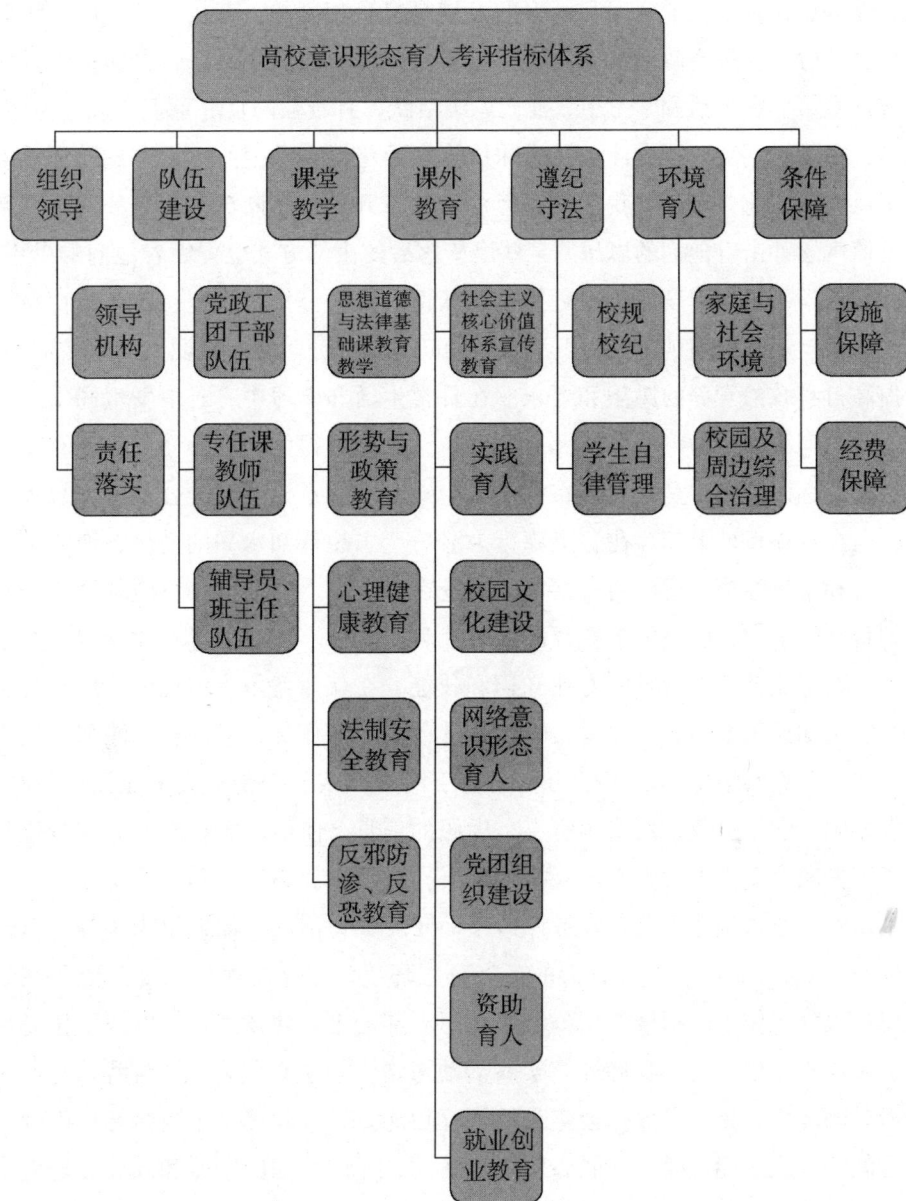

```
                    ┌─────────────────────────┐
                    │   高校意识形态育人考评指标体系   │
                    └─────────────────────────┘
```

组织领导	队伍建设	课堂教学	课外教育	遵纪守法	环境育人	条件保障
领导机构	党政工团干部队伍	思想道德与法律基础课教学	社会主义核心价值体系宣传教育	校规校纪	家庭与社会环境	设施保障
责任落实	专任课教师队伍	形势与政策教育	实践育人	学生自律管理	校园及周边综合治理	经费保障
	辅导员、班主任队伍	心理健康教育	校园文化建设			
		法制安全教育	网络意识形态育人			
		反邪防渗、反恐教育	党团组织建设			
			资助育人			
			就业创业教育			

三、落实高职院校思政育人考核评价

为了全面了解和准确把握高职院校学生的思想状况，我们从学生的学习观、生活观、恋爱观、就业观和思想政治观五个方面进行了问卷调查。调查结果显

213

示，高职院校学生的主流思想素质是积极、健康、向上的，他们关心国家的前途，能够意识到个人的命运和国家的发展是息息相关的，有较强的爱国意识和社会责任感。在思想政治方面，他们热爱党，热爱社会主义，坚决拥护党的路线方针政策。在生活和学习中，他们思维活跃，有较强的自尊意识和成才愿望。但是，在新时期新阶段，社会开放和价值多元化使大学生的生活和成长环境发生了巨大的变化，伴随着我国市场经济和改革开放的不断深入，各种文化思潮和价值观念冲击着他们的思想，某些腐朽落后的生活方式也侵蚀着他们的思想。高职院校学生不同程度地存在理想信念淡薄、社会公德意识差、职业道德意识弱化、人生观和价值观呈消极下滑态势的问题。部分学生有较明确的政治信仰，有提高自身政治素养的愿望和要求。在日常生活和学习中，时常发生同学之间不文明的言语和行为，考试作弊现象普遍，衣着不得体、装扮怪异，与学生身份不符，逃课旷宿也是大有人在。大学生诚实守信意识、社会公德意识总体较好，但在具体行动上却存在着道德行为滞后于思想认知水平的情况，说明学生与社会和市场经济相适应的道德观念正处在养成中，要把学生思想教育工作落实到日常生活中，加强思想教育的针对性和实效性。大学生对专业学习的要求较高，希望能够掌握过硬的专业知识和技能，在就业竞争中占优势。但同时也存在实用知识至上，人文知识欠缺，大量存在考试作弊、逃课、上课聊天玩手机的现象，更有学生不愿意学习，沉迷于网络游戏、恋爱，或干脆无所事事，虚度光阴。学生接收了网络中有害、虚假的信息，使他们的理想信念和价值观发生了偏离，造成了学生道德人格的缺失，对学生身心健康和人际交流产生了不利影响。通过构建思政育人考评体系，开展教育活动，加强组织领导，营造"学校—社会—家庭"三方合力的良好育人环境，充分发挥"三支队伍"在学生思想教育工作中的积极作用，做好党团支部的组织建设工作，发挥学生党员的引领带头作用。通过开展社会实践活动来增强学生自我管理、自我教育、克服困难的能力，充分发挥社会实践的德育功能。充分发挥思想政治专任教师的课堂教学育人功能，通过开展心理普查活动、开设心理健康课和开展心理咨询活动等方式来增强学生心理承受能力，培养学生健康的心理素质。主动占领网络阵地，全面加强校园网建设，使网络成为弘扬主旋律、开展思政育人工作的重要手段。通过实施"三贴近"原则，紧密联系学生在学习、生活、就业中的实际需要和现实问题，解决他们的实际困难，同时，树立全面、全员、全过程育人的思想教育意识来增强思政育人的针对性和实效性。从近几年的考评工作来看，学生思想素质得到了全面提升，学风、班风有了明显改善，逃课旷寝率有所下降，学生参加校园活动和社会实践活动的积极性大大增加，日常行为规范明显好转，思政育人工作效果显著。

第二节　高职院校思政育人工作考核评价指南

一、考核评价的目的和意义

第一，开展思政育人考核评价工作，是高职院校解决"信仰危机"、应对"颜色革命"、抵御"西化"和"分化"的迫切需要，有利于分析影响高职院校政治稳定、思想安全的影响因子，完善风险研判体系，释放高职院校思政育人"红利"。

第二，开展高职院校思政育人工作的考核，是高职院校管理标准化的需要。有利于肯定成绩，找出思政工作存在的突出问题，制定并实施整改方案；有利于进一步明确"为谁培养人，培养什么样的人，怎样培养人"，规范办学标准，自觉建立人才培养质量自我保障和监控机制；有利于总结高职院校思政育人经验，树立典型，不断提高高职院校人才培养质量和社会声誉；有利于发挥评价对高职院校人才培养工作的规范、导向作用。

第三，通过思政育人评价工作的实施，完善教育评价制度、质量保障机制和社会对人才可靠的认可制度；积极探索高职院校思政育人评价理论和制度体系；改善与加强政府教育行政部门对高职院校的宏观管理，促进高职院校持续健康发展。

第四，通过思政育人评价工作的实施和评价结果的公布，发挥社会对高职院校人才培养工作的支持与监督作用，为用人单位择人用人提供信息依据；促进学校主动服务社会，把满足"合格、可靠"的社会需求作为制定人才培养质量标准的基本依据。

二、考核评价的指导思想

以毛泽东思想、邓小平理论、"三个代表"重要思想和科学发展观为指导，深入贯彻习总书记系列重要讲话精神，针对当代大学生面临的政治思想、道德法律问题，有效开展马克思主义的世界观、人生观、价值观以及道德观、法律观教育，开展社会主义核心价值观教育，引导大学生提高思想道德素质与法律素质，使大学生成为中国特色社会主义事业的合格建设者和可靠接班人。①

三、考核评价的工作方针

评价工作要始终坚持"以评促建，以评促改，以评促管，防控结合"的方针。通过评价，加强高职院校的软硬件建设，深化教育教学改革，建立健全"监控网"，彻底净化高职院校的思想"雾霾"，"秒杀"高职院校的精神"病毒"，促进各项工作的规范化管理，使人才培养工作迈上一个新台阶。评价要抓住重点，边评边改。要防止在评价过程中做表面文章和形式主义的做法。

四、考核评价的基本任务

评价的本质是根据高职院校思政育人的目标，运用一定的途径和方法，对学校的人才培养工作进行价值判断。高职院校人才培养工作评价的基本任务是，根据高职院校人才培养目标和标准，通过系统地搜集高职院校的各种信息，准确地了解实际情况，定期进行科学分析，对学校人才培养工作质量做出判断，形成经教育行政部门批准的评价结论。

评价的核心是建立标准（办学标准和质量标准），评价指标体系是标准的分解，指标是标准在某一方面的要求的具体化或行为化的体现。由于现行方案是一个试行方案，需要通过评价实践不断加以完善。

评价的关键是通过系统地搜集学校人才培养工作的主要信息，在准确地了解实际情况的基础上，实事求是地进行科学分析，做出正确的价值判断。

评价的结果是形成经教育行政部门批准地对学校具有规范、激励、导向作用，体现社会对学校人才培养工作满意程度的具有一定权威性的评价结论。

五、考核评价的依据

国家法律法规和方针政策依据：主要指《关于进一步加强和改进新形势下高校宣传思想工作的意见》《中华人民共和国高等教育法》《中华人民共和国职

---

① 韩凤英，刘金同，张子林．思想道德修养和法律基础［M］．北京：中国书籍出版社，2010.

业教育法》《普通高等学校教育评价暂行规定》。

教育科学依据：遵循高等教育规律和人才培养规律，突出高职院校思政育人的基本特征。

管理科学依据：遵循高等教育管理、评价理论，重视全面质量管理和系统方法在高职院校思政育人管理实践中的应用。

六、考核评价的原则

一是学校内部自评与外部专家评价相结合。专家评价与被评学校学生和教师对本校评价相结合。通过内外结合的评价，有效地促进学校思政育人工作的持续发展。

二是条件、过程、目标、结果相结合。既要重视"硬件"条件，更要注重"软件"建设；既要重视过程，更要重视结果，即更加重视学校确定的人才培养目标和工作的结果是否符合社会需要和国家法律法规要求。

三是全面评价和重点评价相结合。评价一定要抓住重点，对重要指标要予以特殊控制。

四是静态评价和动态评价相结合。既重视学校的现实状态，更要重视其与时俱进的状况，重视其发展过程的进步程度与今后的改革发展趋势。

五是规范性和创造性相结合。在遵循高校教育规律和国家有关规定的前提下，强调学校开拓创新，办出思政育人特色。

六是注重客观、科学、民主、公正、效率和效益相结合。

七、考核评价的程序

省（市）教育行政主管部门将按如下程序开展评价工作：

①学校自评，并向省（市）教委提交自评报告及相关材料一式10份。

②省（市）教委组织专家组成员对被评学校上报的文件材料进行审核。

③省（市）教委组织专家组到学校进行现场考察评价，形成专家组与被评院校及其上级主管部门交换意见的考察评价反馈意见以及向省（市）教委评价委员会提交的评价结论建议和评价工作报告。

④省（市）教委评价委员会审议专家组评价结论建议，向省（市）教委提出结论建议，由省（市）教委审定后，向社会公布评价结论。

⑤学校根据公布的评价结论和专家组的考察评价意见制定并实施整改方案。

⑥省（市）教委组织专家组对被评学校进行"回头看"，检查整改落实情况，达到标准者上报市政府，可确定为"意识形态育人工作示范高校"。

八、学校自评工作

参评学校要根据省（市）教委有关文件和评价方案要求，切实做好自评工作。自评工作要与学校的日常教学工作有机结合，不应影响正常的教学秩序。

①组织干部、教师认真学习省（市）教委有关评价的文件，准确理解基本精神，掌握各评价指标及观测点的内涵与等级标准，以及学校特色或创新项目要求。

②认真回顾总结学校意识形态育人的成果、经验和特色，找出存在的主要问题，研究解决的对策，制订整改的方案和措施，把"以评促建、以评促改、以评促管、防控结合"的方针落到实处。

③按评价指标、观测点的等级标准和特色或创新项目要求，系统地搜集、整理、提供主要信息。提供的资料可分两类：一是各评价指标的依据材料，需单独成卷供专家组审阅；二是其他背景材料和原始材料需列出目录备查。

④组织校内专家和干部、教师，按评价指标进行分项自评赋分，并提出各二级指标的自评等级建议，撰写特色或创新项目的论证报告。

⑤填写学校自评结果汇总表和学校分项自评结果一览表。

⑥在民主讨论的基础上，由学校党政领导审定，最终形成学校的自评报告。

⑦自评材料和数据的准备应本着实事求是、少而精的原则，充分体现针对性、原始性、真实性，不允许临时突击修改原始材料和数据。对于修改原始材料和数据的，一经发现并核实，将严肃处理。

九、专家组评价工作

1. 专家组的组成

高职院校思政育人工作评价由省（市）教委负责组建评价委员会，随机派遣5—7名专家，成立专家组，承担赴被评高校进行实地考察评价或抽查的任务。

2. 专家组的工作职责和任务

①通过多种途径和方法对学校提供的主要信息和自评结果进行现场检查和复核，准确掌握学校人才可靠培养工作的实际情况。

②以掌握的学校实际情况为基础，通过科学分析和民主讨论，对学校人才培养工作水平按评价方案分项赋分、评定等级（每个专家赋分到小数点后 2 位，专家组综合赋分到小数点后 1 位），并提出评价结论建议。

③对学校申报的特色或创新项目，在现场复核、准确掌握实际情况的基础上，通过民主讨论投票确认，必要时也可进行咨询或答辩。

④对学校人才培养工作水平进行系统分析，肯定成绩，指出问题，提出改进意见，形成考察评价反馈意见，并与被评学校及其主管部门交换意见。

⑤向评价委员会提交评价工作报告、评价结论建议和相关材料。

3. 现场评价工作的具体内容和方法

现场评价时间为两天。评价工作的具体内容和方法包括：听取学校领导自评报告、参观教学基础设施和实验实训条件、查阅资料、实地观察、问卷调查、听课、座谈会、专题研讨会、个别访谈、技能测试、专业剖析等。

4. 注意的问题

①专家组要严格按照评价方案和省（市）教委有关规定进行考察评价。考察工作要抓住高校人才培养工作的特点和主要环节，有重点地进行。

②评价考察意见要客观、准确、公正、针对性强，重点突出，要真正反映参评学校的实际情况和特点。

③进一步严肃评价考察纪律，树立良好的评价考察风气。[1]

---

[1] 教育部高等教育司. 高职高专院校人才培养工作水平评估（附光盘）[M]. 北京：人民邮电出版社，2004.

第三节 高职院校思政育人考核评价指标体系

一级指标	二级指标	评价内容	评价标准	评价办法
1. 组织领导（15分）	1.1 领导机构（8分）	1. 建立由学校主要负责人担任组长的高职院校学生思政教育人工作领导小组，有依法治校、国家安全、反恐、反邪防渗、爱国主义等专项领导小组 2. 独立设置与学校其他二级院（系）行政同级的思想政治理论课教学科研组织二级机构，并配齐机构主要负责人 3. 高职院校思政育人工作纳入学校事业发展规划和人才培养方案中	有领导小组和专项工作小组，且每学期至少召开一次专门工作会得 3 分；独立设二级机构得 1 分；有专人负责得 1 分；纳入学校人才培养体系得 1 分；"立德树人"在学校人才培养方案中有具体体现得 1 分；有全员、全过程、全方位的思政育人体系的得 1 分	查阅文件及相关资料，问卷调查、访谈等
	1.2 责任落实（7分）	1. 高校党委领导思想政治工作和德育工作责任，层层分解落实思政育人工作责任，形成学校党委书记负总责，相关部门各司其职，齐抓共管的工作格局 2. 学校党政主要领导每年分别到课堂听思政育人课≥4学时	党委领导学校思想政治工作和德育工作完善得 1 分；意识形态育人的制度完善得 1 分；建立责任制度得 1 分；学校将大学生思想政治教育与教学、科研、安全教育、法律教育同时部署，同时检查，同时评估得 1 分；有贯彻落实中共中央办公厅、国务院办公厅《关于进一步加强和改进新形势下高校宣传思想工作的意见》精神的实施办法得 1 分；责任制及各种办法满足落实得 1 分；主要领导听课满足最低学时得 1 分	查阅相关资料，问卷调查及访谈等

续表

一级指标	二级指标	评价内容	评价标准	评价办法
2. 队伍建设（15分）	2.1 干部队伍（5分）	1. 党政工团干部足配，工作协调配合 2. 独立设置团委、学工部	学校对党政工团干部足额配备，工作协调配合得1分；有实施大学生思想政治教育工作的明确要求得1分；每年对党政工团干部履职情况有考核得1分；对党政工团干部从事思想政治课教育，大学生党课团课等教学有具体管理措施得1分。独立设有团委、学工部得1分	查阅课表、教案及相关资料，问卷调查与访谈等
	2.2 专任教师（6分）	1. 思政育人的专任教师，不低于师生1：400的比例配备，师资结构合理，按师生比不低于1：5000的比例配备专职从事心理健康教育的教师，且不少于2名 2. 思政育人的教师、专业技术职务高级职称比例不低于学校设置高级岗位设置的平均水平 3. 每学年至少安排1/4专任教师开展社会实践和学习考察活动 4. 对思政育人教师的表彰纳入学校各类教师表彰体系中	足额配备思政育人的专任教师，师资数量、结构合理得3分；高级职称岗位设置比，且不低于专业重点专业岗位设置的平均水平得1分；鼓励教师攻读马克思主义理论相关专业博士、硕士学位，定期足额选送培、参加社会实践得1分；为从事思想政治教育的教师确定一定比例，纳入学校进行统一表彰得1分	查阅相关资料，问卷调查及访谈等
	2.3 辅导员队伍（4分）	1. 配足辅导员、班主任 2. 落实辅导员、班主任待遇 3. 对辅导员、班主任严格考核	按师生比不低于1：200的比例设置一线专职辅导员岗位，专职辅导员比例不低于50%得2分；辅导员享受师资培训规划和人才培养计划，开展队伍轮训，享受专任教师同等待遇和年度考核结果，并纳入教师表彰优秀辅导员、班主任得1分；有辅导员、班主任工作考核办法和年度考核结果，定期评选表彰优秀辅导员、班主任，并纳入教师表彰体系得1分	查阅相关资料，问卷调查及访谈等

221

续表

一级指标	二级指标	评价内容	评价标准	评价办法
3. 课堂教学（20分）	3.1 思政课教学（7分）	1. 思想道德修养与法律基础、毛泽东思想和中国特色社会主义理论体系概论两门课程作为学校重点课程建设 2. 使用国家统编教材，教学严谨、规范；教学方法合理，手段多样，有针对性 3. 探索"慕课"与翻转课堂相结合的教学模式改革 4. 设有意识形态育人专项研究课题	"基础""概论"课建设列入学校事业发展规划，作为学校重点课程建设得3分；有教材，有计划，有考核得1分；落实规定的"基础""概论"课规定课程和学分及对应的课堂教学课时，教学效果改革效果好得2分；设立思政育人教学研究专项课题得1分	查课表、教案和相关资料，现场听课，问卷调查，学生学业效果评价
	3.2 形势政策课教学（3分）	1. 作为必修课列入人才培养方案 2. 落实规定的课时和学分 3. 开设有各类讲座	有教材，有计划，有考核得1分；制定并落实形势与政策集体备课制度得1分；有地方党政领导干部、校外专家者、校级领导为学生作形势政策报告的制度有有效实施得1分	查课表、教案和相关资料，问卷调查
	3.3 心理健康教育（4分）	1. 作为必修课列入人才培养方案 2. 落实规定的心理健康咨询机构 3. 心理健康教育和心理咨询机构 4. 每年开展新生心理健康普查，在校学生建有心理健康档案 5. 定期开展心理健康讲座及宣传教育活动	有教材，有计划，有考核得1分；制定并落实心理健康教育课集备课制度得0.5分；有校级心理咨询机构，有专门的心理咨询得0.5分；建立有班、院（系）、校级三级心理健康教育工作网络，有学生心理危机预防与干预体系得0.5分；每年开展心理健康普查，在校学生建有心理健康档案0.5分；定期开展心理健康宣传档案教育活动得0.5分	查课表、教案和相关资料，问卷调查

续表

一级指标	二级指标	评价内容	评价标准	评价办法
3. 课堂教学（20分）	3.4 法制安全教育（4分）	1. 作为必修课列入人才培养方案 2. 落实规定的课时和学分 3. 开设有各类讲座	有教材，有计划，有考核得1分；制定并落实安全教育集体备课制度得1分；有公安、国安、派出所专家来校开办讲座的制度并有效实施得1分；学生法制安全教育效果好得1分	查课表、教案、学生违纪记录、相关资料、问卷调查等
	3.5 反邪防渗、反恐教育（2分）	1. 有反敌对势力渗透和破坏的专门机构和人员 2. 践行"三严三实"和"两学一做"，课堂讲授有纪律 3. 定期开展实践教学和反恐怖演练	有反敌对势力渗透和破坏的专门机构和人员得1分；教师践行"三严三实"和"两学一做"，课堂讲授有纪律得0.5分；定期开展实践教学和反恐怖演练得0.5分	查课表、教案、相关资料、问卷调查等
	4.1 核心价值观宣传教育（3分）	开展系列教育活动，把培育和践行社会主义核心价值观融入教育全过程	开展马克思主义中国化最新成果宣传教育0.5分；开展党的基本理论、基本纲领和基本经验以及党史史实宣传教育得0.5分；利用重要节庆日、重大事件，开展爱国主义教育、民族团结进步教育和时代精神教育得1分；开展社会主义荣辱观教育得1分	查阅文件及相关资料、问卷调查，访谈等
	4.2 实践教育（4分）	1. 实践育人工作纳入人才培养计划 2. 建有相对稳定的校外实践基地 3. 开展国防宣传教育，将军事训练纳入必修课 4. 实践育人效果好	将实践育人工作纳入人才培养方案，落实规定的学时学分得0.5分；建有相对稳定的校外实践教学基地，实践教学覆盖大多数学生得1分；定期组织开展社会实践活动的年度计划，支持、组织学生开展社会实践活动0.5分；支持、组织学生开展志愿服务和公益活动，深入开展学雷锋活动0.5分；开展国防宣传教育，将军训纳入必修课得0.5分；表彰宣传实践育人先进典型，定期召开实践育人经验交流会、座谈研讨会得1分	查阅文件及相关资料、问卷调查，访谈等

（接上页：一级指标 4. 课外教育（23分））

223

续表

一级指标	二级指标	评价内容	评价标准	评价办法
4. 课外教育（23分）	4.3 校园文化建设（4分）	1. 有校园文化建设总体规划 2. 校园校风、教风、学风建设措施得力 3. 努力开展校园文化创新,打造活动品牌 4. 校园定期开展各类主题教育活动	有校园文化建设总体规划,有明确牵头部门负责,并加强校园文化建设统一标识建设得0.5分;有加强科学道德和校园风建设(室)得0.5分;有加强科学道德和校园风建设的措施,并开展督查工作得0.5分;结合传统节庆日、重大事件和开学典礼、毕业典礼等开展主题教育活动得1分;定期开展学生宿舍及生活园区文化活动得0.5分;努力开展校园文化创新,打造活动品牌得1分	查阅文件及相关资料,问卷调查,访谈等
	4.4 网络思想政治教育（4分）	1. 有网络思想政治教育的总体规划 2. 建思政教育人专题网站 3. 有专门的网络用户归口管理部门,有完善的校园网络舆情监控工作机制 4. 有校园网站登记、备案制度,实行用户上网实名注册	有网络思想政治教育的总体规划得1分;建思政教育人专题网站,积极推进大学生网络社区建设,开展网络思想政治教育活动得1分;有专门的网络用户归口管理部门,有完善的校园网络舆情监控工作机制,肃清"网毒",并配备专职"网络红军"工作人员得1分;有校园网站登记、备案制度,实行用户上网实名注册得1分	查阅文件及相关资料,问卷调查,访谈等
	4.5 党团组织建设（3分）	1. 有学生党员和党支部 2. 建立党校、团校 3. 有学生社团管理办法,配备社团指导老师	有学生党员和党支部,开展党组织生活得0.5分;建立党校、团校,定期开展教育培训工作得0.5分;学生党员每年培训时间不少于16学时得0.5分;校级团学组织独立设置,院(系)班级团学组织健全得0.5分;按规定开展推荐优秀团员作为大学入党积极分子的工作得0.5分;有学生社团管理办法,配备社团指导老师得1分	查阅文件及相关资料,问卷调查,访谈等

续表

一级指标	二级指标	评价内容	评价标准	评价办法
4. 课外教育（23分）	4.6 资助体系（2分）	大学生资助体系健全	有学生资助工作机构和专职工作人员得0.5分；家庭经济困难学生资助经费达到学校事业收入的4%，经费做到专款专用得0.5分；建立资助育人机制，宣传表彰优秀家庭经济困难学生得1分	查阅文件及相关资料，问卷调查、访谈等
	4.7 创新创业教育（3分）	1. 有学生创新创业教育的专门机构并配备专职工作人员 2. 创新创业指导课程纳入学校必修课或选修课 3. 加强大学生就业思想政治教育，宣传表彰基层建功立业先进典型	有学生创新创业教育的专门机构并配备专职工作人员得1分；创新创业指导课纳入学校必修课或选修课得1分；加强创业就业思想政治教育，宣传表彰创业就业先进立业功立业典型得1分	查阅文件及相关资料，问卷调查、访谈等
5. 遵纪守法（7分）	5.1 校规校纪（3分）	1. 学校各类规章制度齐全 2. 学校符合依法治校示范校验收标准 3. 建立和实行学生申诉制度，建立了学生申诉机构	学校管理制度健全，符合依法治校验收标准，并及时解决学校依法治校工作中的重大问题得2分；学生处分程序合法，事实清楚，证据充分，适用依据正确，处理得当得1分	查阅文件及相关资料，问卷调查、访谈等
	5.2 自律管理（4分）	学校坚守思想政治工作生命线，师生们拧紧世界观、人生观、价值观这个"总开关"；筑牢立志躬行的"自律墙"，思想安全的"预警墙"，师生监督的"联防墙"，法纪约束的"高压墙"，自觉和实行学生自我管理效果好	遵守校规校纪，遵守党纪国法得2分；师生严格要求自己，日常行为规范，讲诚信，思政育人意识较强，能够坚守"政治底线""思想底线""道德底线""法律底线"得2分	查阅文件及相关资料，问卷调查、访谈等

续表

一级指标	二级指标	评价内容	评价标准	评价办法
6. 环境育人（12分）	6.1 家庭与社会环境（4分）	1. 建立并落实有家校联系的制度 2. 定期召开学生家长代表座谈会，每年组织开展合作育人活动 3. 学校与社区有合作育人工作机制，每年组织高雅艺术进校园活动 4. 形成高雅艺术进校园的机制	学校建立并落实有家校联系的制度得1分；定期召开学生家长代表座谈会得1分；学校与社区有合作育人工作机制，每年组织高雅艺术进校园活动，开展合作育人活动得2分	查阅文件及相关资料，问卷调查，访谈等
	6.2 校园及周边综合治理（8分）	1. 有维护安全稳定有综合防控机制和突发事件紧急处置预案 2. 有校园舆论阵地建设与管理办法，有哲学社会科学研讨会、报告会、论坛等审批制度；课堂讲授有纪律 3. 有抵御和防范利用宗教对学校进行渗透的措施和办法 4. 有抵御和防范境内外敌对势力对学校进行渗透和破坏的措施 5. 有与当地政府有关部门门信息沟通制度 6. 经常性开展学生安全教育，每半年开展一次安全稳定的实战演练 7. 校园周边综合治理效果较好 8. 学校及周边200米内无夜总会，无"黄、赌、毒"场所 9. 教育引导师生坚决抵制敌对势力的策反、拉拢、威胁、利诱，利诱插手、破坏、捣乱活动，坚决防止发生规模性非法集聚游行活动，坚决防止发生有重大影响的政治案件，坚决防止发生重大群体性事件，确保高校的政治稳定	有维护安全稳定的综合防控机制和突发事件紧急处置预案得0.5分；有校园舆论阵地建设与管理办法，有哲学社会科学研讨会、报告会、论坛等审批制度，课堂讲授有纪律得0.5分；按需要设置校园安全标识，校园安全通道畅通得0.5分；有抵御和防范利用宗教对学校进行渗透的措施和办法得0.5分；有抵御和防范境内外敌对势力对学校进行渗透和破坏的措施和办法得0.5分；有与当地党委政府有关部门的信息沟通制度得0.5分；经常性开展学生安全教育得0.5分；每年无重大安全稳定责任事故得0.5分；学校及周边综合治安人员和治理专门机构、办公场所、专职人员、每半年排查经费、工作有专项经费得1分；每年排查一次学校周边环境的突出问题，并制定有效措施子以解决得1分；打击学校及周边地区存在的各类违法犯罪活动，依法及时处理各类侵害师生合法权益的刑事和治安案件得0.5分；学校及周边200米内无夜总会，无"黄、赌、毒"场所得0.5分；校园政治稳定和周边治安稳定得1分	查阅文件及相关资料，问卷调查，访谈等

一级指标	二级指标	评价内容	评价标准	评价办法
7. 条件保障（8分）	7.1 设施保障（4分）	1. 有思政育人必须的固定的硬件设施设备 2. 有固定的场所（含心理健康教育和心理咨询场所满足使用要求）	有教学、实践、科研的硬件设施设备得2分；建设有"警务室"，健全应急预案新机制，掌控有"新媒体"，设置有"谈心室"，传播中国特色好声音，有特别"行动队"，解疑释惑种种正能量，高挂有"常鸣钟"，专反黄赌毒恶和邪教，有固定场所展播思政课反面教材等，有固定场所所能满足实际需要得2分	查阅资产账，实地察看，问卷调查及访谈等
	7.2 经费保障（4分）	学校宣传思想工作有保障，设有大学生思想政治课教育，反邪防渗恐怖教育、法制教育及安全教育的专项投入	有大学生思想政治课教育、心理健康教育、反邪防渗恐怖教育的专项投入，学校能为"合格可靠"接班人的培养及实现中华民族伟大复兴的"中国梦"奠定坚实的思想基础，各项措施保障有力，各得1分	查阅财务预算通知单、财务票据及年终决算

参考文献

一、著作

[1] 马克思恩格斯全集：第1卷 [M]. 北京：人民出版社，1956.

[2] 马克思恩格斯全集：第2卷 [M]. 北京：人民出版社，1957.

[3] 马克思恩格斯选集：第1卷 [M]. 北京：人民出版社，1972.

[4] 马克思恩格斯选集：第1卷 [M]. 北京：人民出版社，1995.

[5] 马克思恩格斯选集：第2卷 [M]. 北京：人民出版社，1995.

[6] 马克思恩格斯选集：第4卷 [M]. 北京：人民出版社，1995.

[7] 马克思恩格斯文集：第2卷 [M]. 北京：人民出版社，2009.

[8] 列宁选集（修订版）：第1卷（第3版）[M]. 北京：人民出版社，2012.

[9] 列宁选集：第4卷 [M]. 北京：人民出版社，1995.

[10] 毛泽东选集：第4卷 [M]. 北京：人民出版社，1991.

[11] 毛泽东文集：第8卷 [M]. 北京：人民出版社，1999.

[12] 毛泽东. 中国共产党在抗战时期的任务 [M]. 北京：人民出版社，1960.

[13] 中共中央关于加强和改进新形势下党的建设若干重大问题的决定 [M]. 北京：人民出版社，2009.

[14] 景跃进，张小劲. 政治学原理 [M]. 北京：中国人民大学出版社，2006.

[15] 郑永廷，等. 社会主义意识形态发展研究 [M]. 北京：人民出版社，2002.

［16］李素菊，刘绮菲. 青年与"宗教热"［M］. 北京：中国青年出版社，2000.

［17］闫旭蕾. 教育社会学［M］. 北京：高等教育出版社，2011.

［18］蓝颖. 浅谈"中国梦"赋予当代青年的历史责任［C］//中国武汉决策信息研究开发中心，决策与信息杂志社，北京大学经济管理学院. 学术视域下的 2015 全国两会热点解读——决策论坛论文集（上）. 科技与企业，2015.

［19］陈万柏，张耀灿. 思想政治教育学原理（第 2 版）［M］. 北京：高等教育出版社，2007.

［20］肖川. 教育的理想与信念［M］. 长沙：岳麓书社，2002.

［21］焦满金. 大学生社会实践研究［M］. 兰州：甘肃人民出版社，2007.

［22］韩凤英，刘金同，张子林. 思想道德修养和法律基础［M］. 北京：中国书籍出版社，2010.

［23］教育部高等教育司. 高职高专院校人才培养工作水平评估（附光盘）［M］. 北京：人民邮电出版社，2004.

［24］莎士比亚. 雅典的泰门（第 2 版）［M］. 北京：大众文艺出版社，2010.

［25］罗伯特·A. 达尔. 现代政治分析［M］. 上海：上海译文出版社，1987.

［26］格·阿·阿尔巴托夫. 苏联政治内幕：知情者的见证［M］. 徐葵，等，译. 北京：新华出版社，1998.

［27］阿·梅特钦科. 继往开来——论苏联文学发展中的若干问题［M］. 石田，等，译. 北京：商务印书馆，1995.

［28］MACKENZIE D，CURRAN M W. A History of Russia the soviet Union and Beyond（4th ed）［M］. Cambridge, MA：Wadsworth publishing Company，1993.

二、期刊

［1］莫岳云. 抵御境外宗教渗透与构建我国意识形态安全战略［J］. 湖湘论坛，2010（4）.

［2］戴艳君，马连鹏. 大众传播对青年学生信仰教育作用的调查分析［J］. 辽宁教育研究，2004（2）.

［3］李志英. 信教大学生的思想倾向及成因分析［J］. 当代世界与社会主义，2007（1）.

［4］冼德庆. 对广东高校学生宗教观的调查与分析［J］. 高教探索，2008（2）.

［5］何桂宏，何虎生. 当前我国高校"宗教文化热"的心理解读［J］. 青海社会科学，2011（5）.

［6］李晓宁. 校园"宗教热""民族热"现象对高校思想政治教育的影响及对策［J］. 云南民族大学学报（哲学社会科学版），2008（5）.

［7］马莉，万光侠. 当代大学生宗教信仰调查与分析——以山东某高校为例［J］. 宁夏社会科学，2012（2）.

［8］张久献. 大学生宗教信仰状况调查及对策研究——以兰州高校为例［J］. 大众文艺，2011（17）.

［9］刘秀伦，等. 当代大学生宗教信仰现状及其对策［J］. 黑龙江高教研究，2013（7）.

［10］莫岳云，李娜. 境外宗教渗透与高校意识形态安全的几个问题［J］. 湖湘论坛，2014（2）.

［11］匡长福. 浅谈西方对华文化渗透的新路径［J］. 思想理论教育导刊，2011（5）.

［12］张明. 高校校园网络舆情问题探析［J］. 当代教育理论与实践，2015（3）.

［13］王路坦. 错误思潮冲击下主流意识形态话语权的时代境遇［J］. 贵州师范大学学报（社会科学版），2015（5）.

［14］胡扬名，谢倩，朱梅，等. 基于能力培养的高校全面育人机制建设研究［J］. 中国农业教育，2013（3）.

［15］耿进昂. 国家安全视角下的高校主流意识形态教育［J］. 学校党建与思想教育，2016（18）.

［16］阳金萍，石丽敏. 大众文化背景下社会育人机制的不足与完善［J］. 黑龙江教育学院学报，2011（4）.

［17］王玉兰. 开发利用社会资源，发挥社会育人功能——社区管理专业合作教育途径探索［J］. 天津职业大学学报（高等职业教育），2002（6）.

［18］马海燕. 新形势下高校意识形态教育的困境与选择［J］. 江西科技学

院学报，2015（4）.

[19] 周君丽. 高校思政课吸引力问题研究——以"供给侧结构性改革"为视角 [J]. 山东工会论坛，2016（4）.

[20] 郑岩. 高校意识形态教育的功能审视 [J]. 思想政治教育研究，2015（3）.

[21] 赵楠. 培育社会主义核心价值观与大学生意识形态教育 [J]. 高教论坛，2015（12）.

[22] 曲担娃. 加强大学生意识形态教育以促进社会主义核心价值观的形成 [J]. 现代经济信息，2016（10）.

[23] 董前程，刘经纬. 新形势下加强大学生社会主义意识形态教育的思考 [J]. 山西高等学校社会科学学报，2016，28（8）.

[24] 齐润生. 大学生的梦想教育 [J]. 山西高等学校社会科学学报，2013，25（12）.

[25] 向飞，廖顺群，杨欣怡. 大学生理想与现实矛盾的探究 [J]. 读与写：教育教学刊，2012（4）.

[26] 涂珊. 大学生的"三观"教育与思想导向分析 [J]. 云南社会主义学院学报，2013（4）.

[27] 张雷声. 思想政治理论课："三观"教育的主渠道 [J]. 高校理论战线，2007（1）.

[28] 张桂芬，张磊. 主题班会琐谈 [J]. 中等医学教育，1999（5）.

[29] 赵大柱，薛薇. 新形势下对主题班会的几点思考 [J]. 中国石油大学胜利学院学报，2007（2）.

[30] 李艳. 高校主题班会的功能定位与功能实现——兼论主题班会教育与班级管理的关系 [J]. 理论观察，2011（2）.

[31] 张巧利，李罗，姚聪，等. 高校大学生班团活动现状调查与分析——以川北医学院为例 [J]. 科技创新导报，2014（13）.

[32] 庄健，粟斌. 新形势下加强高职院校大学生安全教育的必要性初探 [J]. 大观，2016（7）.

[33] 丁树岐. 在校大学生安全教育的途径和方法探讨 [J]. 江苏技术师范学院学报，2006（3）.

[34] 曾继平. 探索社会实践推动学生党建的有效途径 [J]. 文教资料，

2009（35）.

[35] 王武. 论当代大学生"三个自信"的教育和培养 [J]. 科教导刊（电子版），2015（12下）.

[36] 刘蕴莲. 论新形势下加强大学生社会主义核心价值观教育 [J]. 思想政治教育导刊，2014（5）.

[37] 田永静，陈树文. 加强大学生社会主义核心价值观教育有效途径探究 [J]. 思想教育研究，2010（5）.

[38] 高凡夫. 以习近平爱国主义思想引领大学生中国梦教育探析 [J]. 高教学刊，2016（24）.

[39] 陈子君. 浅析当代大学生的信任危机 [J]. 中国电力教育，2014（2）.

[40] 戴宏，黎能进，谢树林. 诚信——大学生素质教育的切入点 [J]. 思想政治教育研究，2005（1）.

[41] 李卫红. 深入贯彻党的十七大精神，不断开创高校校园网络文化建设和管理工作新局面 [J]. 思想理论教育导刊，2008（1）.

[42] 陈涛，潘伟国，穆玉兵. 高校校园网络文化的育人功能及实现形式 [J]. 学校党建与思想教育，2011（31）.

[43] 张光慧. 大学生网络思想政治教育机制创新研究 [J]. 教育与职业，2008（33）.

[44] 王栾生. 大学生上网情况调查报告 [J]. 河南科技大学学报（社会科学版），2002，20（1）.

[45] 李向平. "人心依旧"的中国问题 [J]. 南风窗，2009（20）.

[46] 蒋大华，翟春花，王世伟. 浅析大学生信仰危机原因及对策 [J]. 金色年华：下，2011（9）.

[47] 徐魁峰，罗箭华. 大学生信仰的危机与精神家园的重建 [J]. 广西民族师范学院学报，2001，18（3）.

[48] 徐海荣. 唱响网上主旋律 凝聚网络正能量 [J]. 党建，2013（11）.

[49] 文选德. 当前意识形态领域的若干问题 [J]. 湖南社会科学，2004（2）.

[50] 张家明. 论新时期加强马克思主义理论教育的重大意义 [J]. 教育探索，2009（6）.

[51] 史绍伟. 网络对当代大学生的影响 [J]. 合作经济与科技, 2010 (13).

[52] 张小媚. 公平正义: 社会主义核心价值观的价值基础 [J]. 中央社会主义学院学报, 2011 (3).

[53] 王永贵. 意识形态领域新挑战与马克思主义大众化 [J]. 当代世界与社会主义, 2010 (6).

[54] 梅荣政, 王炳权. 坚持以社会主义核心价值体系引领社会思潮 [J]. 思想理论教育导刊, 2007, 36 (6).

[55] 徐艳霞. 引领和认同: 社会主义核心价值体系的实现路径 [J]. 史志学刊, 2013 (2).

[56] 李忠军. 大学生思想政治教育目标新探 [J]. 思想理论教育导刊, 2013 (12).

[57] 宋雪霞. 大学生思想政治教育的任务构成及模型分析 [J]. 福州大学学报 (哲学社会科学版), 2012, 26 (6).

[58] 教育部、共青团中央关于加强和改进高等学校校园文化建设的意见 [J]. 中华人民共和国教育部公报, 2005 (3).

[59] 江英. 大学生思想政治教育工作的新要求新任务 [J]. 理论视野, 2015 (2).

[60] 姚培珍. 高校学生思想政治教育的现实思考 [J]. 甘肃政法学院学报, 2002 (5).

[61] 郑菊芳. 高校思想政治教育工作中存在问题根源分析 [J]. 新西部, 2010 (6).

[62] 房教凤. 建立新型师生关系的几种尝试 [J]. 青年教师, 2007 (7).

[63] 白丽洁. 学前教育专业情境教学法在一体化教学中的应用 [J]. 校园英语, 2014 (9).

[64] 张义霞. 思想品德课教学中如何有效开展课堂活动 [J]. 考试周刊, 2015 (29).

[65] 吴武英, 叶春林. 加强高职院校思政课教师与辅导员交流研究——以长沙民政职业技术学院为例 [J]. 湖南邮电职业技术学院学报, 2014 (3).

[66] 刘峰, 黄凯. 大学"和谐班级"建设路径探析 [J]. 中国职工教育, 2014 (10X).

[67] 阎立强. 高校青年教师参与学生暑期社会实践活动的思路与创新 [J]. 读写算: 教育教学研究, 2011 (28).

[68] 胡晔. 浅谈大学生的诚信缺失及教育途径 [J]. 教育与职业, 2008 (12).

[69] 翁兴旺, 王平, 陶永进. 论高职思政课教学如何有效利用网络资源 [J]. 当代教育论坛, 2010 (30).

[70] 刘剑, 邹颖. 思想政治教育与主题网站的建设 [J]. 江苏科技大学学报 (社会科学版), 2004, 4 (2).

[71] 韩帅. 校园文化引导大学生思想政治教育探讨 [J]. 现代商贸工业, 2011 (6).

[72] 赵新法. 中等职业学校校园文化建设初探 [J]. 学周刊 c 版, 2010 (8).

[73] 丁朝东. 浅谈校园文化的内容在德育渗透中的作用 [J]. 成功, 2009 (9).

[74] 李正荣. 校园文化建设中德育功能开发利用的现状与对策研究 [J]. 中学课程辅导: 教师教育, 2016 (5X).

[75] 葛君梅. 浅谈大学生社团的作用 [J]. 商情, 2010 (5).

[76] 余亮, 鲁玮. 暑期社会实践在大学生就业创业中的作用 [J]. 人力资源管理, 2010 (1).

[77] 侯方高, 高江. 对大学生开展社会主义荣辱观教育刻不容缓 [J]. 现代企业教育, 2007 (2X).

[78] 张光君. 社会实践是促进大学生全面发展的重要途径 [J]. 学园: 教育科研, 2011 (19).

[79] 马小红. 社会实践是提高大学生就业能力的重要途径 [J]. 教育探索, 2013 (4).

[80] 黄慧, 伍佰军. 大学生社会实践长效机制研究 [J]. 黑龙江教育: 高教研究与评估版, 2015 (6).

[81] 王文霞. 高等职业院校大学生社会实践长效机制的探索与研究 [J]. 中小企业管理与科技旬刊, 2015 (11).

[82] 白永生, 李俊俊. 高校辅导员应具备的意识形态工作能力 [J]. 教育与职业, 2015 (32).

［83］魏松. 高职院校辅导员工作职责的底线研究［J］. 青年文学家，2015（32）.

［84］张晋. 浅谈青年辅导员队伍培养［J］. 科教文汇，2012（4）.

［85］王宇翔. 加强和改进高校辅导员制度建设，确保高校意识形态安全［J］. 吉林省教育学院学报，2016，32（8）.

［86］白雪. 高职思想政治教育有效性发挥的困境及出路［J］. 内蒙古财经大学学报，2012，10（5）.

［87］付贺伟，丁婷婷. 高职院校思想政治教育体系的构建方法［J］. 商，2013（10）：253－253.

［88］谢文娟. 当代高职学生思想政治教育的新特点新举措研究［J］. 大观，2014（12）.

三、报纸及电子资源

［1］李长春. 以改革创新精神加强改进思想政治工作 为推动党和国家事业发展提供有力的思想保证和精神力量［N］. 人民日报，2009－12－17（2）.

［2］叶征，宝献. "网络国防"脆弱 后果不堪设想［N］. 中国青年报，2011－12－09（9）.

［3］许开轶. 政治安全视域下的网络边疆治理［N］. 光明日报，2015－04－15（13）.

［4］郑江华. 美日政客叫嚣抗击"中国崛起"［N］. 参考消息，2010－10－20.

［5］王凌. 完善高校意识形态教育工作机制［N］. 光明日报，2016－07－30（10）.

［6］金灿荣. "颜色革命"危害深重［N］. 人民日报，2015－06－14（5）.

［7］葛慧君. 做好高校思想政治工作的着力点［N］. 人民日报，2016－01－25.

［8］冯刚. 坚持立德树人 加强大学生思想政治教育［N］. 中国教育报，2016－07－22.

［9］中国印刷圣经超过1亿册［EB/OL］. 新华网，2012－11－25.

［10］应对西方"网络自由"必须维护我国意识形态安全［EB/OL］. 新华网，2016－05－07.

［11］全国高校思想政治工作会议召开［EB/OL］. 新华网, 2016 – 12 – 09.

［12］中共中央关于构建社会主义和谐社会若干重大问题的决定［EB/OL］. 中国共产党新闻网, 2008 – 10 – 18.

［13］中共中央关于加强社会主义精神文明建设若干重要问题的决议［EB/OL］. 人民网, 1996 – 10 – 10.

［14］合师院思政教师与辅导员构建"大思政"平台［EB/OL］. 新华网, 2014 – 09 – 30.

［15］（授权发布）习近平：在哲学社会科学工作座谈会上的讲话（全文）［EB/OL］. 新华网, 2016 – 05 – 18

［16］把握新媒体特点 实现话语有效转化 增强马克思主义理论传播能力［EB/OL］. 中国社会科学网, 2016 – 08 – 22.

四、学术论文

［1］赵良. 当代大学生宗教信仰问题调查分析与对策［D］. 长春：吉林农业大学, 2011.

［2］李忠军. 国家意识形态安全与大学生政治价值观教育研究［D］. 长春：东北师范大学, 2008.